UTA RUPPRECHT (HG.) | Immer schön cool bleiben

Fragen an die Herausgeberin Uta Rupprecht

Vierzehn Geschichten über die schönste Jahreszeit, die ja trotz viel Sonne auch unliebsame Überraschungen bereithalten kann.
O ja, Abwechslung ist garantiert! Die Bandbreite der Krisen reicht von Herzschmerz über Alltagsdramen mit Familie bis Wassernotstand und Terrorangst. Aber was zunächst wie eine wahre Katastrophe aussieht, erweist sich oft als notwendige Erschütterung und hat unerwartet glückliche Folgen.

Welche der beschriebenen Sommerpannen fanden Sie besonders schlimm?
Mir kann schon eine einzige Stechmücke gründlich die Sommerlaune verderben – da habe ich bei Anette Göttlichers Beschreibung monströser Mückenschwärme geradezu körperlich gelitten. Sehr beeindruckend fand ich aber auch, wie Stefanie Gerstenberger von der Sehnsucht nach Liebe erzählt.

Gibt es etwas, was Sie am Sommer wirklich stört?
Dass er viel zu schnell zu Ende ist! Ein gutes Gegenmittel: Das BRIGITTE-Sommerlesebuch.

Uta Rupprecht (HG.)

Immer schön cool bleiben

Brigitte Buch
im
Diana Verlag

MIX
Papier aus verantwortungsvollen Quellen
FSC® C014496
FSC
www.fsc.org

Verlagsgruppe Randomhouse FSC-DEU-0100
Das für dieses Buch verwendete
FSC®-zertifizierte Papier *Holmen Book Cream*
liefert Holmen Paper, Hallstavik, Schweden.

BRIGITTE-Buch im Diana Verlag
Originalausgabe 06/2011

Herstellung | Gabriele Kutscha
Umschlagmotiv | © Plainpicture/Etsa
Umschlaggestaltung | © t. mutzenbach design
Satz | Leingärtner, Nabburg
Druck und Bindung | GGP Media GmbH, Pößneck
Printed in Germany
978-3-453-35577-4

www.diana-verlag.de

Inhaltsverzeichnis

Vorwort der Herausgeberin

Der Sommer ist die Jahreszeit, in der alles möglich ist. Der zarte Frühling ist in helle, heiße Tage übergegangen, die endlos scheinen. Für die meisten von uns stehen die Ferien, der Urlaub vor der Tür, und wir sehen den kommenden sonnigen Wochen mit Vorfreude entgegen. Doch auf einmal werden unsere Pläne durchkreuzt – und nichts ist mehr so, wie wir es erwartet und erträumt haben. Was nun? Wenn alles plötzlich ganz anders kommt, so, wie wir es ganz bestimmt nicht geplant haben, dann hilft auf jeden Fall eines: *Immer schön cool bleiben!*

Von Sommerpleiten, Pech und Pannen – und allem, was danach passiert – berichten vierzehn Autorinnen in dieser unterhaltsamen Anthologie. Dabei liegen die Sommerdramen und die Sommerfreuden in ihren Geschichten ganz nah beieinander, ja es scheint sogar so, als würde das eine dem anderen erst auf die Sprünge helfen. Man sollte nämlich die Chancen, die im Pech und insbesondere in der Sommerpleite stecken, nicht unterschätzen. Viele der Katastrophen, von denen wir hier lesen können, erweisen sich auf wundersame Weise als glückliche Umstände und geben manchmal sogar dem ganzen Leben einen völlig neuen Sinn.

Die geschilderten Krisen sind vielfältig und oft durchaus dramatisch: Da wird – von Susanne Becker – der sehnsüchtig erwartete Aufenthalt im südlichen Ferienhaus durch einen plötzlichen Wassernotstand in unerwartete Bahnen gelenkt, führen – bei Birgit Hasselbusch – fehlende Französischkenntnisse zu peinlichen Missverständnissen und in verzwickte Situationen, haben – in der Geschichte von Anette Göttlicher – riesige Mückenschwärme erstaunliche Folgen und erweisen sich – bei Steffi von Wolff – die sehnlichst erwarteten Handwerker als höchst anspruchsvolle Gesellen.

Sommerliche Liebe ist ein reicher Quell für Pleiten, Pech und Pannen. Bei Barbara Schaefer wird sie beim Lauftraining zum Stolperstein, bei Claudia Toman geht sie plötzlich verloren und muss mit der Hilfe eines altbekannten Liebesboten wiedergefunden werden. Aber oft erscheint die Liebe ganz unerwartet, und zwar dort, wo man am wenigsten mit ihr gerechnet hätte: beim Psychotherapeuten, in einem umgebauten Bauernhaus oder – in der schweißtreibenden Geschichte von Manuela Golz – sogar im überhitzten Obergeschoss eines Amtsgerichts.

Natürlich geht es auch um die Schattenseiten der Liebe. Es ist wirklich besonderes Pech, ausgerechnet im Sommer verlassen zu werden. Wenn man in den lauen Nächten am Grillfeuer oder am sonnigen Strand um sich herum nur glückliche Paare erblickt, ist es doppelt schmerzlich, einsam zu sein. Doch gerade in solchen Lebenskrisen können ein Stolpern, ein Irrtum oder eine Panne erstaunliche Nachwirkungen haben.

Jede der vierzehn Autorinnen hat sich der heißen Jahreszeit auf ihre eigene Weise angenähert, mit jeder erleben wir den Sommer ganz anders. Kate Morton nimmt uns mit auf eine hinreißend nostalgische Erinnerungsreise aus den australischen Bergen zu ihrer Großmutter, die in der großen Stadt lebt. Bei Stefanie Gerstenberger erwartet ein junger Koch heiße, einsame, öde Monate zwischen Küche und Single-Wohnung, bis er die neue Freundin seines Bruders kennenlernt. Und bei Hera Lind bringt ein Hund namens Socke nicht nur die Pläne der Tochter, sondern auch das Liebesleben der Mutter gründlich durcheinander.

Vom Urlaub wird oft erzählt, der ja ebenfalls ein großes Pannen-Potenzial in sich birgt. Das beginnt bereits bei der Reisebegleitung, etwa den sehr gegensätzlichen Freundinnen, die bei Vera Sandberg gemeinsame Wochen in einem Häuschen am Meer verbringen, oder den etwas langweiligen Verwandten, die in Regina Kramers Geschichte auf einmal bislang ungekannte Eigenschaften offenbaren. Die Suche nach einem Hotelzimmer birgt in gleich mehreren Erzählungen unerwartete Hindernisse – und Chancen. Und Bettina Haskamp schildert, wie eine spontane Flucht aus dem festgefügten, sicheren Alltag auf die sprichwörtliche Insel ebendiesen Alltag in einem einzigen Augenblick gründlich und dauerhaft verändern kann. Aber die ultimative Katastrophe ist wohl eingetreten, wenn man sich, während der Liebste vor der Abreise nach

Spanien am Flughafen wartet, versehentlich in einem Zimmer einsperrt, ohne Telefon, ohne Handy und ohne Nachbarn, die einen befreien könnten – damit beginnt die Erzählung von Rebecca Fischer.

Was fasziniert mich als Herausgeberin dieser Anthologie eigentlich so sehr an diesen misslichen Situationen? Ist es vielleicht Schadenfreude oder gar Misanthropie? Nein, ganz im Gegenteil. Die Geschichten haben mich durchaus beflügelt, denn auch in meinem Leben gab es schon einige Sommerpleiten. Das waren zum einen viele kleine Pannen, wie sie vorwiegend im Sommer passieren: die vergessenen Korkenzieher, die platten Fahrradreifen, die griechischen Magenverstimmungen … Aber manchmal hatte die Sache auch auch recht kostspielige Folgen.

Da war zum Beispiel dieser Moment an der Haltestelle des Flughafenbusses, am Ende eines sonnendurchglühten Urlaubs an der Küste südlich von Neapel, als mein Begleiter plötzlich fragte: »Wann kommen wir eigentlich in München an? In meinem Kalender steht nur die Abflugszeit.« Ich wühlte in der Außentasche des Koffers nach dem Ticket und erkannte mit einem Blick, dass die Abflugszeit, bei der wir uns so sicher gewesen waren, die Ankunftszeit in München war. In stiller Übereinstimmung hatten wir uns beide geirrt. Während in der Ferne das Dieseltuckern des Busses zu vernehmen war, hob am Flughafen von Neapel gerade unser Flieger nach München ab. Es war Sonntagnachmittag, und am Montag sollten wir beide wieder im Büro antreten …

Oder der Augenblick, als ich entdeckte, dass der so

sorgfältig im Badeanzug festgebundene Autoschlüssel jetzt unwiederbringlich im reißenden Bach irgendwo zwischen den Kieseln lag.

Oder der Tag, als ich in Florenz in den Zug stieg, weil der VW-Bus für zwei, die sich nur noch anschweigen, auf einmal viel zu klein geworden war.

Ich habe mir oft die Frage gestellt: Warum passieren mir solche Missgeschicke ausgerechnet im Sommer, wohingegen ich im Winter meist kompetent und zielgerichtet durch meinen Alltag steuere? Ist es die Hitze, sind es die langen Tage, die mich in diesen Monaten auf südländische Weise lässig werden und leichter stolpern lassen? Habe ich im Sommer einfach mehr Gelegenheit, Pech zu haben, weil ich nicht wie im Winter meist sicher in der warmen Stube sitze? Oder handelt es sich vielmehr um ein psychologisches Problem, weil die wärmere, schönere Zeit des Jahres so sehr mit Erwartungen überfrachtet ist?

An nebeligen Herbst- oder eisigen Wintertagen sehnsüchtig erträumt, finde ich den Sommer wunderbar. Da denke ich nur an die glühende Hitze, die Sonne auf der Haut, die endlos langen Tage, an das viele Draußensein, das Grillen mit Freunden … herrlich wird das! Dann ist er da plötzlich da, der Sommer, und mir fällt wieder ein, was ich an dieser Jahreszeit nicht leiden kann: die schweißtreibende Hitze, die meinen Kopf dumpf macht, die Sonne, die meine Haut schon nach wenigen Minuten rot werden und brennen lässt, die endlos langen Tage, an denen ich spät ins Bett gehe und frühmorgens aufwache und nicht mehr einschlafen kann, das schöne Wetter, das ungenutzt bleibt, weil ich am Schreibtisch sitzen und arbeiten muss, das Grillen mit Freunden, das von Wespen gestört wird … und diese Aufzählung ist noch längst nicht vollständig.

Doch trotz all dieser Pannen, Plagen, kleineren und größeren Katastrophen, die mich – wie es mir vorkommt – immer ausgerechnet im Sommer heimsuchen, ist der Sommer doch meine allerliebste Jahreszeit, und ich freue mich jedes Jahr aufs Neue darauf. Denn was ich bei der Schilderung meiner Sommerleiden ganz unterschlagen habe, ist, dass auch für mich aus vielen dieser unangenehmen Situationen immer wieder unerwartete Überraschungen, Chancen und Freuden entstanden sind. Ganz ähnlich der Erlebnisse, von denen die Autorinnen in diesem Buch erzählen.

Genießen Sie die Lektüre dieser amüsanten Sommergeschichten am besten ganz ohne irgendwelche Aufregungen am heißen Strand oder im schattigen Garten auf dem Liegestuhl, und freuen Sie sich, wenn es Ihnen im Sommer so richtig gut geht!

Das wünscht Ihnen von Herzen
Uta Rupprecht

SUSANNE BECKER

Annabelle, da läuft nichts mehr!

»Schö nö wu kompro pa.«

»Hä?« Annabelle verstand kein Wort. Bernd grinste sie an, stellte seine Reisetasche in den Kofferraum und meinte trocken: »Genau das heißt es. Nur etwas höflicher.« – »Und wie soll ich mir das jetzt so schnell merken?« – »Ich bin doch nur drei Tage weg. Da brauchst du kein Französisch in dieser Einöde. Der nächste Nachbar wird wohl kaum über zwei Kilometer zurücklegen, nur um sich mit dir zu unterhalten. Entspann dich und mach dir einfach eine schöne Zeit!«

Annabelle schaute zum Himmel, von dem die Sonne schon um acht Uhr morgens ungehindert herunterstrahlte. Auch heute würde es wieder ein wunderschön heißer Sommertag werden. Den sie, im Gegensatz zu ihrem Mann, in einem hübschen Ferienhaus in den südfranzösischen Bergen verbringen durfte. Bernd hatte Recht, das sollte man wirklich genießen. Und von der Tatsache, dass er heute für ein paar Tage zu einem geschäftlichen Termin nach Marseille musste, ließ sie sich die Urlaubsfreude ganz bestimmt nicht verderben. Sie spürte die angenehme Wärme auf der Haut und bekam bereits jetzt Lust auf gut gekühlten Eistee. Sobald Bernd abgefahren war, würde sie sofort einen ansetzen.

»Mach's gut, Schatz.« Er gab ihr einen Kuss auf den Mund und ging zum Wagen. »Eigentlich beneide ich dich. Ich würde jetzt auch lieber hier bei euch bleiben, anstatt in die überfüllte Großstadt zu fahren.« Bevor er ins Auto stieg, warf er seiner Frau noch einen imaginären Handkuss zu, dann brauste er in einer riesigen Staubwolke davon. Annabelle sah ihm hinterher, bis sich der Schleier gelichtet und man wieder einen guten Blick auf die Lavendelfelder im Tal hatte. Sie nahm einen tiefen Atemzug der würzig-warmen Sommerluft und schloss genießerisch die Augen.

»Mamaaaaa!«, zerriss ein spitzer Schrei die köstliche Stille. Das war zu erwarten gewesen. Spätestens mit Nikis Erwachen war es jeden Morgen mit der Ruhe vorbei. Annabelle seufzte und riss sich von den idyllischen Lavendelfeldern los, um ihren Zweitjüngsten aus dem Bett zu holen. »Nicht so laut. Du weckst ja die anderen«, versuchte sie seine Freude über den beginnenden Tag zu bremsen, während der Kleine seine Ärmchen um ihren Hals schlang. »Fahren wir heute wieder ins Schwimmbad, Mama?« – »Das geht leider nicht. Papa ist doch mit dem Auto weggefahren, und zu Fuß ist es viel zu weit in den Ort. Aber wir können das Planschbecken hinter dem Haus aufstellen.« – »Au ja!«

Nachdem sie ihren Sohn auf die Toilette gesetzt hatte, steckte sich Annabelle die langen Haare mit einer Klammer hoch. Schon jetzt spürte sie im Nacken kleine Schweißperlen, die Luft am Hals war angenehm. Dann ging sie in die Küche, um das Frühstück zu machen. Sie setzte einen Filter in die Kaffeemaschine und füllte ihn mit einigen Löffeln des herb duftenden Pulvers. Dann hielt sie die gläserne Kanne unter den Wasserhahn und drehte auf.

Bpfffglglck. Der Hahn gab nur ein paar glucksende Laute und etwas braun-trübe Brühe von sich und schwieg dann. Ungläubig betätigte Annabelle noch zwei Mal beide Schraubknöpfe, entlockte ihm jedoch damit auch kein einziges Tröpfchen sauberes Wasser. Erneut drehte sie den Kaltwasserhahn bis zum Anschlag auf und wartete einige Sekunden. Nichts.

»Mamaaaa! Fertig!!«, rief Niki auffordernd aus dem Badezimmer. Böses ahnend ging Annabelle zu ihm. Ihr Sohn saß entspannt auf der Toilette, ließ die Beine munter hin und her baumeln und grinste seine Mutter stolz an: »Stinker gemacht!« Einer solch eindeutigen Ansage hätte es in diesem Moment keineswegs bedurft, wie Annabelle schnuppernd feststellte. Ein Druck auf die Klospülung bestätigte gleich darauf ihre Vorahnung: auch hier kein Plätschern, nicht einmal ein schwaches Gurgeln. Und das, obwohl Bernd noch vor einer Stunde munter und ausgiebig geduscht hatte.

»Auch das noch«, entfuhr es ihr, als sie den Dreijährigen von der Toilette hob und säuberte. »Was noch?«, fragte der mit unschuldigem Augenaufschlag und meinte danach wichtig: »Du musst jetzt spülen.« – »Das würd ich gern tun«, antwortete seine Mutter heftiger, als sie eigentlich wollte, »aber wir haben kein Wasser.« – »Dann hol's doch aus der Küche, du darfst auch meinen Sandeimer nehmen«, schlug Niki vor. Er riss sich los und lief eifrig in das Zimmer, das er zusammen mit seinen beiden Geschwistern während des Sommerurlaubs bewohnte. Annabelle hörte, wie er dort geräuschvoll seine Förmchen auf den Boden leerte, und kurz darauf die genervte Frage ihrer Tochter Pauline: »Was willst du denn um diese Zeit schon mit dem?« Worauf ihr Bruder lautstark erklärte: »Den brauch ich! Ich muss nämlich Mama helfen!«

Im selben Moment begann Linus, der eben noch friedlich geschlummert hatte, in seinem Gitterbettchen zu plärren. Na toll. Acht Uhr morgens, alle schon an Deck, aber kein Tropfen Wasser im Haus, dafür schon jetzt schwül-warme Luft in den Zimmern – genau so hatte sich Annabelle ihren wohlverdienten Urlaub vorgestellt. Hoffentlich wurde das Problem, welchen Grund es auch haben mochte, möglichst bald behoben. Schließlich konnte sie mitten im Gebirge ohne Auto nicht so einfach Wasser kaufen gehen wie zu Hause.

Zunächst nahm Annabelle ihren zehn Monate alten Sohn aus dem Bett und beruhigte ihn. Dann konnte sie gerade noch Niki davon abhalten, mit einer waghalsigen Kletteraktion an das Spülbecken in der Küche zu gelangen, wo er seinen Sandeimer füllen wollte. Um sicherzugehen, öffnete sie selbst erneut den Wasserhahn, doch nichts tat sich. Bpfffglglck – mehr war ihm beim besten Willen nicht zu entlocken. Und auch nachdem alle Kinder angezogen und frisiert waren, hatte sich daran immer noch nichts geändert. Nun musste sie die Frühstückszubereitung wohl oder übel erst einmal ohne Wasser in Angriff nehmen.

In Gedanken ging sie schnell sämtliche Flüssigkeitsvorräte in ihrem Feriendomizil durch. Mineralwasser war nicht im Haus, seit ihrer Ankunft vor vier Tagen hatten sie nur Leitungswasser getrunken. Vorgestern hatte sie zwei Eiswürfelbehälter gefüllt und eingefroren, die waren notfalls wieder in ihren Ursprungszustand zurückzuverwandeln. Ein Blick in die Blumengießkanne auf dem Fensterbrett bestätigte, dass auch hier bereits die Trockenzeit ausgebrochen war. Ein erneuter erwartungsvoller Griff zur Toilettenspülung war ebenfalls vergeblich. Was für eine Bilanz!

»Mama, kann ich Eistee bekommen? Mir ist jetzt schon so warm.« Pauline kam in die Küche geschlurft und rieb sich die Augen. »Was ist denn mit Linus los?« Tatsächlich hatte ihr kleiner Bruder wieder zu schreien begonnen, nachdem sein Morgenfläschchen ausblieb.

»Nimm dir Milch aus dem Kühlschrank, ich kann jetzt keinen Eistee machen«, antwortete Annabelle und versuchte gleichzeitig, ihren Jüngsten zu beruhigen. »Ich muss mich erst mal um Linus kümmern.« – »Milch?« Pauline zog angewidert die Nase hoch: »Ich bin doch kein Baby mehr! Dann nehme ich lieber Malzkaffee.« – »Wenn dir der auch ohne Wasser schmeckt …«, bei dem Gedanken musste ihre Mutter nun doch etwas schmunzeln, »aber pass auf, dass du dich am Pulver nicht verschluckst.«

Annabelle nahm die Hälfte der Eiswürfel aus dem Gefrierfach und drückte fünf davon in einen Topf. »Was machst du denn da?«, fragte Pauline stirnrunzelnd, hielt den Wasserkocher unter den Hahn und drehte ihn auf. Einen kurzen Moment hoffte Annabelle auf ein Wunder, doch dann vernahm sie das bereits wohlbekannte Bpfffglglck.

»Da kommt kein Wasser raus«, verkündete die Tochter und sah ihre Mutter vorwurfsvoll an. – »Ich weiß, wir haben im ganzen Haus kein Wasser«, gab diese leicht gereizt zur Antwort, stellte den Topf zum Schmelzen der Eiswürfel auf den Herd und fügte anschließend im Babyfläschchen etwas Milchpulver hinzu.

»Und was soll ich jetzt trinken?« Pauline stellte den Wasserkocher zurück an seinen Platz neben der jetzt ebenfalls nutzlosen Kaffeemaschine.

Vor Annabelles innerem Auge entfaltete sich ein Horrorszenario. Was, wenn das Wasser im Haus noch tagelang ausblieb? Kein Mann, kein Auto, keine Nachbarn, dafür drei Kinder und eine Menge Berge – wie in aller Welt sollte sie die Zeit bis zu Bernds Rückkehr überbrücken? Spätestens am Nachmittag würde das Badezimmer die Duftnote einer Bahnhofstoilette verströmen, die Kinder deutliche Symptome akuter Dehydrierung zeigen und sie selbst zum wiederholten Mal die Nerven verloren haben. Wie sollte das erst morgen und übermorgen werden? Und wie lange konnte ein Mensch überhaupt ohne Wasser überleben? Und ein Kind?

Zum Glück hatten sie noch Milch und Saft, fiel Annabelle ein, und das Panikgefühl legte sich. Im gleichen Moment wurde ihr bewusst, dass ihre Tochter immer noch ungeduldig nach einem Getränk verlangte. »Dann nimm dir von mir aus Saft«, erlaubte sie gegen ihre sonstigen Erziehungsprinzipien.

Jubelnd rannte Pauline zu Niki ins Kinderzimmer und

teilte ihm freudig mit: »Wir dürfen Saft haben! Komm schnell!« Wenigstens zwei, die von der widrigen Situation profitierten. Und als hätten sie Angst, die Mutter könnte es sich in den nächsten Sekunden wieder anders überlegen, kamen beide sofort zurück in die Küche und bedienten sich ausgiebig an den Saftvorräten. Für Prinzipien war heute wirklich nicht der richtige Tag.

Kurz darauf hatte Annabelle in einem improvisierten Eiswürfel-Wasserbad auf dem Herd endlich Linus' Fläschchen erwärmt und ihren Kleinsten gefüttert. Sie selbst nahm sich auch etwas Saft, was für sie, im Gegensatz zu den Kindern, ein Opfer darstellte. Denn erstens mochte sie süße Getränke überhaupt nicht, und zweitens war der Verzicht auf ihren üblichen Morgenkaffee so etwas wie die Höchststrafe.

Aber wenigstens sie musste auf jeden Fall gute Miene zum bösen Spiel machen, wenn sie nicht wollte, dass zum Wassernotstand und den saharaähnlichen Temperaturen auch noch drei missgelaunte Kinder kamen.

»Jetzt frühstücken wir erst einmal«, verkündete sie. Und sie sprach sich vor allem selbst Mut zu: »Danach sieht die Welt schon ganz anders aus.« Vielleicht war ja das Wasser inzwischen wieder da? Doch auch der nächste Versuch, dem Hahn ein paar Tropfen zu entlocken, blieb erfolglos.

Als sich Niki beim Essen seines Marmeladenbrotes beide Hände mit dem klebrigen Aufstrich beschmierte und wie am Spieß zu brüllen anfing, musste Annabelle das noch warme Fläschchen-Wasserbad verwenden, um ihn zu säubern. Was die Flüssigkeitsvorräte im Haus weiter dezimierte.

»Hört mal, ihr Naschkatzen, heute müssen wir alle sehr aufpassen, dass wir uns nicht schmutzig machen«, schärfte sie ihrem gut gelaunten Nachwuchs ein.

»Mama, kriegen wir jetzt nie mehr Wasser?«, fragte Niki. Er schien das äußerst spannend zu finden. – »Doch, doch«, erwiderte seine Mutter und hoffte inständig, dass sie damit Recht hatte. »Aber wir wissen noch nicht, wann das sein wird. Und bis dahin müssen wir ohne auskommen.« Die beiden Großen nickten wichtig und schafften es tatsächlich, den Rest des Frühstücks ohne weitere Zwischenfälle zu bestreiten.

Dass im Anschluss kein Geschirr gespült werden konnte, sorgte für einen gewissen Erholungseffekt bei der geplagten Mutter, allerdings nur so lange, bis Linus wieder zu krakeelen begann, weil er die Windeln voll hatte. Annabelle traten die ersten Schweißperlen auf die Stirn. Der Wegfall der morgendlichen Körperpflege mochte den Kindern erst mal ganz gut gefallen, für sie wurde es schon jetzt zur Qual. Ganz gegen ihre Gewohnheit sprühte sie sich im Bad extra viel Deo an sämtliche Problemzonen. Anschließend legte sie ihren Jüngsten trocken, was ohne Wasser auch nicht ganz einfach war.

»Wann bauen wir endlich das Planschbecken auf?«, fragte Niki, der die Tragweite des Ganzen offensichtlich doch nicht so ganz begriffen hatte. Seine Mutter musste ihn enttäuschen: »Ohne Wasser können wir das doch gar nicht füllen, mein Schatz!« Der Kleine zog einen Flunsch und schien erst jetzt zu erkennen, dass die Situation auch für ihn durchaus nicht nur Vorteile hatte. Annabelle musste ihm versprechen, sämtliche Möglichkeiten noch einmal sorgfältig zu prüfen, bevor das Planschvergnügen ganz ausfallen durfte.

Weitere Kontrollgriffe zu allen Wasserhähnen des Hauses bestätigten ihre Vermutung: Bpfffglglck. Inzwischen konnte es sich nicht mehr nur um eine vorübergehende Wassersperre handeln. Vielleicht war etwas kaputt oder verstellt?

Annabelle positionierte Pauline am Spülbecken und stieg hinunter in den Keller, um den Haupthahn zu suchen. Vielleicht hatte ja eines der Kinder daran herumgespielt? Sie wusste selbst, wie unwahrscheinlich das war, wollte sich aber nicht vorwerfen müssen, nicht jede naheliegende Möglichkeit ausgeschlossen zu haben, bevor sie bei Bernd Alarm schlug. Vielleicht konnte er ja unter diesen Umständen früher aus Marseille zurückkommen?

Sie fand den großen Drehknopf sofort, doch von Pauline kam keine Erfolgsmeldung, in welche Richtung und mit welcher Energie ihre Mutter auch schraubte. Zurück in der Küche schwitzte Annabelle nur noch stärker, und auch die Kinder verlangten schon wieder nach einem kühlen Getränk. Je mehr Saft sie ihnen gab, desto durstiger würden sie, so viel war klar. Doch die restlichen Eiswürfel brauchte sie für Linus' Fläschchen, und auch dieser Vorrat würde selbst bei strengster Rationierung höchstens noch bis zum frühen Nachmittag reichen.

Annabelles Bestandsaufnahme war dürftig: kein Wasser, kein Mann, kein Auto – absolute Dürre also in jeder Hinsicht. Wie nur sollte sie in einem einsam gelegenen Ferienhaus in den provenzalischen Bergen mit drei kleinen Kindern im Schlepptau und ohne Auto mal schnell an Wasser kommen? Der einzige Nachbar wohnte über zwei Kilometer weit weg, einen Laden oder Supermarkt gab es erst in etwa zehn Kilometer Entfernung, und ihre Französischkenntnisse beschränkten sich auf ein paar Standardausdrücke wie »boschur«, »merci« und »schö täm«. Aber damit ließ sich hier leider nicht besonders gut telefonieren.

Gedankenverloren blickte Annabelle aus dem Fenster auf die serpentinenreiche Gebirgsstraße, die bereits jetzt in der sommerlichen Hitze flirrte. Vielleicht konnte sie ein Auto anhalten und um Hilfe bitten? Da bemerkte sie in einer der Kurven riesige Staubwolken, die bei genauerem Hinsehen von einer Baustelle herrühren mussten. »Ihr bleibt hier, ich bin gleich zurück«, wies sie Pauline und Niki an, schnappte sich Linus, der ob ihrer Hast lautstark protestierte, und verließ eilig das Haus.

Vor der Tür schlug ihr die geballte trocken-warme Sommerluft entgegen und trieb ihr sofort wieder Schweißperlen auf die Stirn. Wie hatte ich an heißen Tagen eine kühle Dusche immer als so selbstverständlich ansehen können?, schoss es ihr durch den Kopf. Doch für philosophische Überlegungen war jetzt keine Zeit. Mit Linus auf dem Arm nahm sie Kurs auf die Baustelle, deren Lärm beim Näherkommen erheblich anschwoll. Endlich dort angelangt, fragte sich Annabelle, wie sie nur auf die Idee hatte kommen können, das Baby mitzunehmen. Aber vielleicht unterstützte der Anblick des bereits murrenden Linus ja auch die Dringlichkeit ihres Anliegens, falls diese Handwerker überhaupt etwas mit dem Ausfall der Wasserversorgung zu tun hatten.

Es waren drei an der Zahl, die alle höchst beschäftigt schienen. »Pardon!«, schrie sie in dem Versuch, den Lärm des Presslufthammers zu übertönen, der den Arbeiter dahinter in eine mächtige Staubwolke hüllte. Ihre spärlichen Französischkenntnisse verhallten ungehört. Dafür begann Linus zu brüllen.

Vielleicht war die Aussprache unverständlich gewesen? »Excuse me«, versuchte sie es erneut. Aber auch mit Englisch gelang es ihr nicht, den Lärm und die Sprachbarriere zu durchbrechen. Aber es musste sie doch, trotz Staubwolke, zumindest einer von ihnen sehen?

Annabelle begann mit dem Arm zu wedeln, als wollte sie ein Flugzeug zur Landung auffordern. Und als sie schon glaubte, in Kürze mit ausgekugelter Schulter oder Kreislaufkollaps zusammenzubrechen, blickte einer der Bauarbeiter zu ihr herüber und tippte den beiden anderen auf die Schulter.

Sofort herrschte Stille – sowohl die Baugeräte als auch Linus schwiegen. Drei Augenpaare sahen die Mutter mit dem Baby fragend an. Dann kam aus einem der Münder genuschelt so etwas wie »Kwoa?«. »Was kann ich für Sie tun?«, hieß das sicher nicht. Aber da es sich ganz offensichtlich um eine Frage handelte, vermutete Annabelle, dass sie jetzt wohl ihr Anliegen vortragen konnte.

»I'm sorry«, begann sie vorsichtig, »I'm on holiday with my family in this house over there, and we have no water.« Sie deutete die Straße hinauf zu ihrem Feriendomizil und versuchte, einen bemitleidenswerten Eindruck zu machen.

Die Bauarbeiter schienen kein Wort zu verstehen, denn sie sahen einander fragend und die Frau mit Kind verständnislos an. »No water in our house«, versuchte es Annabelle knapper, doch auch hierauf erhielt sie keine Antwort. »Pa Donglä«, meinte derjenige, der sie als Erster gesehen hatte. In den durchweg abweisenden Gesichtern las sie, dass auch dieser Kommunikationsversuch gescheitert war.

»Sprechen Sie vielleicht Deutsch?«, fragte sie völlig überflüssigerweise und erntete so etwas wie »pa Dallmo«. Das schien wohl ebenfalls eine Absage zu sein. Dann eben mit Händen und Füßen … mit einem Baby auf dem Arm noch schwieriger als ohnehin schon. Um wenigstens Linus ein bisschen vor der prallen Sonne zu schützen, legte Annabelle ihm ihren dünnen Baumwollschal über das Köpfchen. Dabei überlegte sie verzweifelt, wie sie den Bauarbeitern »kein Wasser« pantomimisch darstellen sollte.

Ihre Wasserhahn-Schraub-Bewegungen verstanden die Männer ebenso wenig wie die nachempfundenen Wellen, die sie mit der rechten Hand beschrieb. Als sie es mit angedeutetem Trinken versuchte, hellten sich die Gesichter jedoch auf.

»Ahhhh, komprii«, meinte der, der sich offensichtlich als Einziger zu so etwas wie einer Konversation mit der fremden Frau herabließ. Er lief zum nahe stehenden Bagger und kam kurz darauf mit einer Bierflasche wieder, die er ihr großzügig anbot.

Annabelle schüttelte energisch den Kopf: »No, no, no!« Ihre anschließende Regen-Pantomime schien endlich verstanden zu werden, brachte jedoch auch nicht den erhofften Erfolg. Im Gegenteil. Wenn sie das Gesagte richtig verstand, wurde ihr nun etwas ungeduldig mitgeteilt, dass mit fließendem Wasser in ihrem Haus in der nächsten Zeit nicht zu rechnen war. Na bravo! Was für ein Urlaub.

Unverrichteter Dinge kehrte Annabelle mit ihrem Sohn ins Ferienhaus zurück, wo sie weder Pauline noch Niki vorfand. Auch auf ihr Rufen hin meldete sich keiner von beiden. In einem leichten Anfall von Panik legte sie schnell ihren Jüngsten in die Babywippe und machte sich in sämtlichen Zimmern auf die Suche. Vielleicht hatten sie sich ja nur versteckt? Die schwül-stickige Luft im Haus und die Aussicht auf weitere Stunden ohne Wasser ließen Annabelles Stimmung langsam, aber stetig auf den absoluten Nullpunkt sinken. Und wenn jetzt auch noch die Kinder verschwunden waren …

Als sie schon überlegte, ob sie nun doch Bernd um vorzeitige Rückkehr bitten sollte, entdeckte sie bei einem zufälligen Blick aus einem Fenster im ersten Stock plötzlich ihre Sprößlinge. Sie saßen hinter dem Haus und waren offenbar sehr beschäftigt. Doch in ihre Erleichterung darüber, dass den beiden nichts zugestoßen war, mischte sich sogleich Entsetzen über das, was dort unten gerade geschah.

Im Laufschritt stürmte Annabelle die Treppe hinunter, warf im Vorübergehen einen kurzen Blick auf Linus, dem es gut zu gehen schien, und stürzte durch die Hintertür ins Freie. Draußen auf dem Acker hatten ihre beiden »Großen« inzwischen ein Loch von nicht unbeträchtlichem Ausmaß gegraben. Dabei hatten sie es tatsächlich geschafft, das gesamte ausgehobene Erdreich gleichmäßig über Körper und Kleidung zu verteilen. Sie hatten die klaffende Grube nicht etwa mit der durchaus vorhandenen Sandschaufel ausgehoben, nein, ihre Arme steckten fast bis zu den Schultern in der Erde. Bei näherem Hinsehen bemerkte Annabelle nicht nur Dreckklumpen an Füßen und Beinen, sondern auch in den Haaren und in sämtlichen Hautfalten.

»O nein, was macht ihr denn da? Wofür erklär ich euch eigentlich stundenlang, dass zum Schmutzigmachen heute der denkbar ungünstigste Zeitpunkt ist?«, schimpfte Annabelle und merkte im selben Moment, dass der Ausdruck »schmutzig« eine maßlose Untertreibung war. Ihre Kinder sahen eher aus wie Schlammcatcher oder wie Erdhörnchen nach getaner Arbeit. Selbst mit genügend Wasser wäre eine gründliche Säuberung ein aufwendiges Unterfangen gewesen, aber in ihrer momentanen Lage war sie definitiv ein Ding der Unmöglichkeit.

»Wir haben schon mal angefangen zu graben«, erklärte Niki wichtig und wischte sich mit der Hand einen weiteren Schmutzstreifen ins Gesicht. »Ja, das seh ich«, meinte seine Mutter trocken. Sie sah derzeit keine andere Lösung, als die Kinder abends vor dem Zubettgehen notdürtig abzubürsten. »Musste das denn unbedingt heute sein?« – »Na klar!« Pauline wirkte fast beleidigt. »Wir finden bestimmt Wasser, wenn wir noch ein bisschen weitergraben. Dann haben wir unseren eigenen Brunnen. Das hab ich mal im Fernsehen gesehen.«

Annabelle fand, dass »Jugend forscht« unter anderen Umständen eine durchaus lobenswerte Sache war, aber im Moment verfluchte sie alle Kinderdokumentarsendungen. Wer allerdings hätte eine solch ungünstige Auswirkung schon vorhersehen können? Sie verzichtete zunächst darauf, ihrem Nachwuchs das Problem mit dem Grundwasser näher zu erläutern, und überlegte stattdessen, wie sie das sich ausbreitende Chaos in geordnete Bahnen lenken konnte.

Drinnen begann Linus nun wieder eindringlich zu jammern. Das konnte nur Durst oder eine volle Windel bedeuten. Beides wurde inzwischen zu einer immer größeren Herausforderung.

»Ihr bleibt hier draußen und rührt euch nicht von der Stelle!«, herrschte sie Niki und Pauline heftiger als gewollt an. Sie fürchtete, die beiden Erdferkel könnten in ihrem momentanen Zustand auch noch das Haus hoffnungslos verschmieren. Dann eilte sie hinein und bereitete ihrem Jüngsten einen weiteren Milch-Eis-Cocktail. Der Kleine konnte damit zufriedengestellt werden, die Flüssigkeitsvorräte brachte es aber gefährlich nah an die bedrohliche Nullmarke.

»Mamaaaaa«, kam es von draußen. Annabelle sah erschrocken zur Tür, in der Erwartung, ihre Dreckspatzen in der – bis eben noch – sauberen Wohnung zu erblicken. Doch niemand war zu sehen. Stattdessen hörte sie erneut ein gellendes »Mamaaaaa«. Anscheinend hatte ihre Standpauke von vorhin zumindest so viel Wirkung gezeigt, dass die Kinder es nicht wagten hereinzukommen.

Mit Linus auf dem Arm und dem Fläschchen im Anschlag eilte sie in den Flur und sah Niki und Pauline so dicht hinter der Türschwelle stehen, dass ihre erdigen Fußspitzen bereits in den Raum hineinragten.

»Mamaaaaa, wir haben Durst«, tönte es ihr entgegen. Das konnte Annabelle ihnen nun wirklich nicht verdenken. Inzwischen hatte es sicher schon über dreißig Grad im Schatten, die Köpfe der Kinder waren hochrot. Für mütterliche Hygienevorstellungen war jetzt der falsche Zeitpunkt. Zum Glück kam Annabelle in diesem Moment eine geniale Idee, wie sie den Kindern auch ohne Wasser Abkühlung verschaffen konnte. Sie nahm den Kellerschlüssel vom Haken, holte eine Flasche Saft aus dem Kühlschrank und ging mit allen dreien ins Untergeschoss des Ferienhauses. Hier waren Schmutzspuren ziemlich egal und die Temperaturen wesentlich erträglicher.

»Müssen wir jetzt hier unten wohnen?«, fragte Niki und zeigte seine Zähne, an denen ebenfalls Erdreste zu sehen waren. Annabelle sagte: »Wisch dir erst den Mund ab, bevor du trinkst«, reichte ihm ein Papiertaschentuch aus ihrer Hosentasche und zog es vor, seine Frage nicht zu beantworten.

Im Moment hatte sie ohnehin keine Ahnung, was sie heute und in den nächsten Tagen noch machen würden. Der Tag hielt ja offensichtlich eine Fülle an Überraschungen für sie und ihre Familie bereit. Wie gut hatte es doch Bernd, der mit dem Auto in einer Stadt mit fließend Wasser und diversen Einkaufsmöglichkeiten unterwegs war!

»Jetzt passt mal auf«, instruierte Annabelle ihren Nachwuchs, »ich versuche, beim Nachbarn etwas über die Lage herauszubekommen. Am besten, ihr bleibt im Keller, da ist es schön kühl, und ihr könnt nichts schmutzig machen. Ich bin bald wieder zurück.«

Als sie mit Linus auf dem Arm ins Freie trat, wünschte sie kurz, auch sie hätte einfach im Schutz des angenehm temperierten Kellers bleiben können. Es war noch viel heißer geworden. Sobald man aus dem Schatten trat, war einem, als würde man auf offenem Feuer gegrillt. Und nun auch noch zwei Kilometer zu Fuß mit dem Baby auf dem Arm!

Was für ein Urlaub! Etwas Einsamkeit fernab des täglichen Trubels hatten sie sich ja gewünscht. Jetzt allerdings hätte sie so einiges für einen komplett überlaufenen Touristenort gegeben. Aber zum Umbuchen war es nun zu spät. Annabelle hastete mit Linus die staubige Bergstraße entlang und versuchte dabei, ihren Sohn so gut wie möglich vor der mediterranen Vormittagssonne zu schützen. Als sie die Baustelle passierte, waren die Arbeiter gerade gemütlich bei einer Brotzeit, was der nach Luft ringenden Mutter einen neidvollen Seitenblick entlockte. Doch die Männer erneut anzusprechen, wagte sie nicht.

Am nachbarlichen Anwesen angekommen, liefen Annabelle vor Erschöpfung, Wut und Hitze Tränen übers Gesicht. Auch Linus fing wieder zu jammern an. Sie machten wohl beide einen äußerst bemitleidenswerten Eindruck, denn plötzlich hörte sie aus einem der Fenster im ersten Stock eine tiefe Stimme, die etwas rief wie: »Eksküsee moa! Awee wu ö probläm?«

Annabelle hob erleichtert den Kopf und nickte heftig. Irgendetwas wie »Problem« hatte sie verstanden, und das war definitiv die richtige Beschreibung für ihre momentane Lage.

Der Mann, der gerufen hatte, war um die sechzig, hatte eine Halbglatze, und trug eine lustige Nickelbrille, die ihm ein sympathisches Aussehen verlieh. »Keski se passee?«, fragte er, aber leider erneut auf Französisch. Annabelle versuchte es lieber wieder mit Englisch: »We have no water in our house. Can you help me?« – »Yes, we can!«, kam es wie aus der Pistole geschossen, und Annabelle konnte in diesem Moment besser denn je nachvollziehen, dass dieser kleine Satz bei vielen Amerikanern so viel Hoffnung ausgelöst hatte.

»Ontree«, forderte sie der Mann freundlich auf und winkte sie heran. Dann verschwand er vom Fenster und öffnete ihr gleich darauf die Eingangstür. »Schö swi Jean-Louis«, sagte er, als sie mit Linus auf dem Arm ins Haus trat, und tippte sich mit dem Finger auf die Brust. Annabelle stellte sich ebenfalls vor und gab ihm die Hand. Was er danach sagte, während er heftig mit den Händen gestikulierte, konnte sie jedoch nicht einmal im Ansatz verstehen. Weil er dabei aber auch aus dem Fenster in Richtung Baustelle wies und mehrmals an seinem Wasserhahn drehte, ohne dass dieser einen Tropfen von sich gab, schloss sie, dass auch er bis auf weiteres kein Wasser hatte.

Jean-Louis öffnete seinen Küchenschrank und wies stolz auf eine stattliche Batterie Mineralwasserflaschen, mit der er offensichtlich für alle Eventualitäten vorgesorgt hatte. Dann führte er Annabelle in den Garten, wo mehrere volle Wasserkanister im Schatten geduldig auf ihren Einsatz zu warten schienen. Je länger die Demonstration seiner optimal durchorganisierten Vorräte dauerte, desto mehr Angst bekam Annabelle. Angst, nicht nur um Pauline und Niki, die vermutlich immer noch im Keller ihrer Rückkehr harrten, sondern auch um das Wohlbefinden der ganzen Familie in den nächsten Tagen. Wenn der Nachbar solche Vorkehrungen getroffen hatte, musste die Situation wirklich dramatisch sein!

Zum Glück klingelte jetzt ihr Handy, und sie zog es mit einem entschuldigenden Blick zu Jean-Louis eilig aus der Hosentasche. »Bernd« zeigte das Display, und Annabelle hob erleichtert ab. Vielleicht hatte ihr Mann eine Idee, kam schon früher zurück oder konnte zumindest später das Nötigste mitbringen.

»Sag mal, was denkst du dir eigentlich dabei?«, drang es sofort vorwurfsvoll an ihr Ohr. »Pauline hat mich gerade mit ihrem Handy angerufen. Wieso hältst du sie und Niki im Keller fest?« Na, danke. Statt Hilfe oder Trost erntete sie nun auch noch Kritik.

»Du hast ja keine Ahnung, was hier los ist«, gab sie bissig zurück. »Wir haben seit heute Morgen keinen Tropfen Wasser im Haus, das Auto hast du, und wir kommen hier nicht weg.« – »Aber warum müssen die Kinder deshalb im Keller bleiben?« – »Das kann ich dir jetzt so auf die Schnelle nicht erklären. Komm einfach so bald wie möglich zurück und bring sehr viel Mineralwasser mit.« Jetzt war Annabelle erst richtig genervt. Den ganzen Vormittag hatte sie verzweifelt versucht, den Laden (wenn schon nicht das Wasser) am Laufen zu halten, und erntete dafür nur Unverständnis und ungerechte Kommentare. »In Ordnung, mach ich«, tönte es aus dem Handy. Wenigstens etwas. Und dann: »Du, ich hab die Kinder aber wieder rausgeschickt. Tschüss.«

Das war ja wunderbar. Nicht nur, dass ihr der allwissende Ehegatte mal eben per Ferndiagnose vorwarf, sie würde die gemeinsamen Kinder ohne jeden Grund im Keller sitzen lassen. Jetzt mischte er sich auch noch ohne genaue Kenntnis der Umstände in ihre Vorsichtsmaßnahmen ein. Annabelle fluchte kurz in sich hinein, was Jean-Louis zum Glück nicht verstehen konnte.

Der hatte inzwischen einige Flaschen Wasser in eine Leinentasche gepackt und drückte sie ihr in die Hand. Ihre Bezahlbewegung mit den Fingern wehrte er kopfschüttelnd ab: »No, no, no. Pad probläm.« Mit ausgiebigen Gesten bedankte sich Annabelle für die dringend nötige Erste Hilfe.

Auf dem Weg zurück zu ihrem Feriendomizil versuchte sie sich auszumalen, was sie dort gleich erwarten würde. Waren die Kinder in ihr Zimmer gegangen und hatten auf dem Weg dorthin und im Raum selbst diverse Schmutzspuren hinterlassen? Für einen auch nur marginalen Hausputz hatten sie trotz Jean-Louis' tatkräftiger Unterstützung nicht genug Wasser. Das musste dann eben warten.

Oder waren sie wieder nach draußen gegangen und hatten sich weiter mit Erde beschmiert? Dass sie bei ihren Bohrungen tatsächlich auf Wasser gestoßen waren, konnte man vermutlich ausschließen.

Als sie sich ihrem Ziel näherte, war es Annabelle so heiß, dass sie die mühsam errungenen Wasservorräte am liebsten ganz allein ausgetrunken hätte. Da kam Pauline plötzlich hinter dem Haus hervor und rannte ihr aufgeregt entgegen: »Mama, Mama, dem Niki ist schlecht! Und Kopfweh hat er auch, sagt er!«

Schnell drückte ihr die Mutter die Tasche mit den Flaschen und den kleinen Bruder in die schmutzigen Arme und lief hinters Haus zu ihrem Zweitjüngsten. Der saß mit hochrotem Kopf in der prallen Sonne und würgte. Seine Augen blickten sie glasig an, als er matt flüsterte: »Papa hat gesagt, wir sollen wieder rausgehen.« Vorsichtig nahm sie ihn hoch und redete beruhigend auf ihn ein: »Ja, ja, ich weiß, das war ein Fehler. Aber gleich wird alles wieder gut.«

Doch so sicher war sie sich da im Moment gar nicht. Vermutlich litt Niki an einem Sonnenstich. Seinen besten Freund hatte dies im vergangenen Sommer ins Krankenhaus gebracht. Sie allerdings verfügte weder über ein Auto noch über irgendetwas zum Kühlen seines heißen Kopfes. Die Flaschen, die Jean-Louis ihr mitgegeben hatte, erwiesen sich beim prüfenden Befühlen kaum kälter als lauwarm. Da half es nichts, sie musste den Nachbarn noch einmal um Hilfe bitten.

»Mama, muss ich jetzt sterben?«, hauchte Niki auf ihrem Arm, während sie im Laufschritt die Straße entlanglief – Pauline mit Linus nur wenige Meter hinter ihr. »Nein, nein«, beruhigte sie ihn, »gleich geht's dir wieder besser.«

In Rekordzeit stand sie keuchend und mit Kind und Kegel erneut vor Jean-Louis' Haustür. Auf ihr drängendes Klingeln öffnete ihr Nachbar schnell und blickte die außer Atem geratene kleine Karawane überrascht an. »Oh la la«, meinte er nur und bat sie mit einer einladenden Geste herein. »My son …« Mehr brachte Annabelle nicht mehr heraus – den Rest versuchte sie, mit verzweifelten Armbewegungen deutlich zu machen. Was »Sonnenstich« auf Englisch oder gar auf Französisch heißt, hatte sie leider noch nie gewusst. Aber auch sämtliche anderen Fremdsprachenkenntnisse schienen in diesem Moment wie weggeblasen.

Zum Glück erkannte Jean-Louis sofort, dass es sich um einen Notfall handelte. Er hob Niki von ihrem Arm und legte ihn vorsichtig auf die Eckbank in der Küche. Doch anstatt direkt zum Telefon zu greifen, um einen Krankenwagen zu holen, begann er geschäftig zwischen den verschiedenen Zimmern des Hauses hin und her zu laufen. Dabei redete er ununterbrochen, ohne dass Annabelle ein einziges Wort verstand.

Sie nahm Pauline Linus ab und drückte beide Kinder an sich. Erst jetzt spürte sie, dass ihre Kleider vom Schweiß ganz feucht waren. Und ihr Nachwuchs sah noch viel schlimmer aus als sie. Pauline klebten die schmutzig-nassen Haare am Kopf, ihr Gesicht war vom Laufen und der Hitze gerötet, und sogar Linus war bei weitem nicht so blass wie sonst. Nur die Erdschicht, die den beiden Wassersuchern anhaftete, war inzwischen getrocknet und teilweise abgeblättert, sodass Annabelle keine Sorge haben musste, dass das Haus des Nachbarn zu sehr in Mitleidenschaft gezogen wurde. Jean-Louis verlor kein Wort über das ungewöhnliche Aussehen der Kinder, sondern kümmerte sich ausschließlich um den kleinen Patienten, dem er nun eine zusammengerollte Decke unter den Kopf schob.

Niki begann wieder zu würgen und bekam vom Hausherrn gerade noch rechtzeitig eine Schüssel vorgehalten, in die er sich übergeben konnte. Anschließend feuchtete Jean-Louis einige Tücher mit Mineralwasser aus dem Eisschrank an und kühlte Nikis hochroten Kopf. Er wirkte so sicher, als würde er tagtäglich Kinder mit Sonnenstich fachgerecht versorgen. Daher hielt es Annabelle für angebracht, sich nicht in seine Behandlungsmethoden einzumischen.

Auf seine Aufforderung hin goss sie Pauline und sich gekühltes Wasser zum Trinken ein und behielt immer ihren Sohn im Blick. Allmählich schien es ihm besser zu gehen.

»Schö swi doktör, nö wu senerwee pa«, erklärte ihr der Nachbar schließlich, und den ersten Teil des Satzes verstand sie sogar. Ein Arzt! Wenigstens ein Glücksfall an einem derart verkorksten Tag! Erleichtert drückte Annabelle dem Retter die Hand, lehnte sich beruhigt zurück und konnte nun auch seinen Worten einigermaßen folgen. Offensichtlich wollte er ihr zu verstehen geben, dass ein Krankenwagen bis in diesen abgelegenen Ort relativ lange unterwegs sein würde.

Doch Niki bewies, dass es ihm schon wieder recht gut ging, indem er fragte: »Mama, kann ich Schokolade haben?« Für Annabelle war dies der Anlass, sich erneut ausführlich bei ihrem hilfsbereiten Nachbarn zu bedanken und mit ihren Kindern einigermaßen erholt den Heimweg anzutreten. Erst jetzt bemerkte sie, dass der Himmel inzwischen von dunklen Wolken bedeckt war und ein leichter Wind aufkam. Weitere Hitzeattacken mussten demnach nicht befürchtet werden.

Langsam schleppte sich die Familie zurück zu ihrem Ferienhäuschen, wo Annabelle ihre beiden »Erdferkel« wenigstens würde abbürsten können. Ihre eigene Sehnsucht nach einer erfrischenden Dusche versuchte sie vorsichtshalber zu verdrängen – das musste eben warten, bis irgendwann in den nächsten Tagen das Wasser wieder floss.

Doch als hätte der Himmel ihre Gedanken erhört, ging im selben Moment ein warmer Platzregen auf die Urlauber nieder, der alle im Nu komplett durchnässte. »Mama, wir haben endlich Wasser«, rief Pauline begeistert und tanzte von einer Pfütze zur nächsten. »Tja, nur können wir das leider nicht trinken. Hier draußen hilft es uns wenig«, antwortete die Mutter trocken.

»Es regnet, es regnet!« Auch Nikis Lebensgeister erwachten wieder. Er drehte und streckte sich unter den prasselnden Tropfen, als stünde er unter der Dusche. Tatsächlich wies er schon bald keinerlei Erdspuren mehr auf.

Die immensen Wassermengen strömten Annabelle über das Gesicht und den gesamten Körper. Bis in die Augenwinkel lief ihr der Regen, so dass sie kaum noch etwas sehen konnte. Schon bekam sie Angst, ihre Kinder in der Gewitterflut zu verlieren, da hörte sie Niki wie aus weiter Ferne nach ihr rufen.

Mit einem kurzen Schrei und schweißgebadet schreckte Annabelle aus dem Schlaf und sah sich ihrem Sohn gegenüber, der ausgelassen auf dem Ehebett herumhopste und ihr mit seiner neuen Wasserpistole unaufhörlich ins Gesicht spritzte. »Mama, Mama, wach endlich auf«, plärrte er fröhlich und schickte eine weitere Fontäne in ihre Augen. »Du musst aufstehen. Papa sagt, wir fahren bald los!«

Gott sei Dank, alles nicht wahr! Erst ganz allmählich

wurde ihr klar, dass die schrecklichen Ereignisse der letzten Stunden nichts als ein schlimmer Albtraum gewesen waren. Kein Wassernotstand, keine unwilligen Bauarbeiter und auch kein Sonnenstich würde ihr den wohlverdienten Urlaub verderben, den sie heute mit ihrer Familie antreten wollte. Erleichtert sandte Annabelle ein spontanes Stoßgebet zum Himmel und ließ sich in die Kissen zurücksinken.

Dann hielt sie schützend beide Hände vors Gesicht: »Schluss jetzt mit der Spritzerei, Niki. Hilf schon mal Papa beim Koffereinladen, ich komme auch gleich.«

Mit einem Satz war sie aus dem Bett, in tiefster Seele froh darüber, den albtraumartigen Zuständen in den französischen Bergen auf so wundersame Weise entkommen zu sein. Beim Gedanken an die ausweglose Situation, in der sie sich gerade noch scheinbar befunden hatte, liefen ihr sogar jetzt noch Schauder über den Rücken. Schnell machte sie sich auf den Weg ins Bad, um erst einmal ausgiebig das üppig fließende Wasser zu genießen.

»Pauline und Niki haben schon gefrühstückt, Linus schläft noch. Wir können bald los«, meldete Bernd, der gerade mit mehreren Taschen behängt auf dem Weg zum Auto war. In der Realität war erfreulicherweise weit mehr Verlass auf ihre bessere Hälfte als in der nächtlichen Vision.

»Haben wir auch genug Mineralwasser eingepackt?« Ihr Mann sah sie verständnislos an. »Wieso denn? Das können wir doch noch vor Ort in Frankreich kaufen.« – »Man kann nie wissen!«, meinte Annabelle vielsagend und ging schnell unter die Dusche – glücklich, unbegrenzt Wasser zu haben.

REBECCA FISCHER

Und es war Sommer …

»Ich wünsche euch beiden eine ganz, ganz tolle Zeit«, sagt meine Mutter, mit der ich telefoniere, während ich gleichzeitig packe. »Und ich bin so froh, dass sich nun alles endlich für dich zum Guten wendet«, fährt sie fort – offenbar in Plauderlaune. Da ich im Gegensatz zu ihr im Stress bin, beende ich eilig das Telefonat: »Lass es dir gut gehen, ich melde mich, wenn ich gelandet bin.«

Dann beäuge ich panisch den Haufen, der auf meinem Wohnzimmersofa liegt. Momentan sieht es eher danach aus, als wollte ich nicht verreisen, sondern auswandern.

Hoffentlich passt das auch alles in meinen Koffer, schließlich liegen noch Berge von Klamotten im Schlafzimmer!

Ich könnte natürlich auch einfach gar nichts mitnehmen, bloß mich selbst und meinen rattenscharfen schwarzen Bikini.

Als ich das nagelneue Ding in die Hand nehme, um es ein letztes Mal zu bewundern, platze ich beinahe vor Stolz. Stefan wird hin und weg sein, wenn er mich darin sieht. Ich kichere albern wie ein Teenager.

Das Lachen vergeht mir allerdings, als ich sehe, was auf dem Etikett steht: Größe 34. Schluck.

Wieso 34? Ich habe doch …

Und dann fällt es mir wieder ein: Das Mädchen an der anderen Kasse des Bademodengeschäfts hatte sich exakt für dasselbe Bikini-Modell entschieden, nur eben zwei Nummern kleiner. Offenbar ist wegen des Gewusels beim Einpacken etwas schiefgegangen.

Mist, Mist, Mist.

So kurz vor dem Abflug kann ich keinesfalls noch mal los, um das Teil zu tauschen.

Das Klingeln des Telefons im Flur unterbricht meine kurze Irritation, die sowieso keine Chance hat, sich zu echtem Ärger aufzublasen – dazu freue ich mich zu sehr auf diesen Urlaub.

Der erste gemeinsame Urlaub, seit …

»Und? Bist du startklar?«, spricht meine Freundin Vera auf den Anrufbeantworter und klingt ein bisschen so, als hoffte sie insgeheim, eine Sommergrippe, eine Fischvergiftung oder etwas ähnlich Gemeines hätte mich in letzter Sekunde außer Gefecht gesetzt.

Hat es aber nicht, und das ist auch gut so!

Ich beschließe, nicht dranzugehen, und Vera später vom Taxi aus anzurufen. Habe ich auch wirklich an alles gedacht? Mal sehen: Meine Tochter Lilly ist seit gestern Abend bei ihrer Oma und freut sich darüber, eine Woche lang nur Süßes essen und bis zum Umfallen fernsehen zu dürfen.

In der Redaktion wissen alle Bescheid, dass ich dieses Mal keinesfalls gestört werden möchte und deshalb kein Handy mitnehme. (Was natürlich nicht stimmt, denn ich will ja für Lilly erreichbar sein.)

Meine Nachbarin kümmert sich um die Post, Pflanzen habe ich keine.

Das Telefon klingelt schon wieder, diesmal ist es Stefan, und diesmal gehe ich ran. »Ich freue mich schon so auf die Zeit mit dir, mein Liebling«, säuselt er durch den Hörer, und ich turtele verliebt zurück.

Dann schaue ich auf die Uhr und stelle fest, dass es höchste Zeit ist. Der Flug nach Barcelona geht um 14 Uhr. Stefan und ich sind um halb eins am Air Berlin-Schalter verabredet.

Beim Gedanken an ihn schlägt mein Herz einen kleinen Salto: Ich kann es immer noch nicht glauben, dass wir zusammen wegfliegen. Drei Jahre lang habe ich darauf gewartet, dass er sich von seiner Frau trennt und für mich entscheidet.

Drei Jahre, die sich für mich anfühlten wie ein halbes Leben.

Der Barcelona-Trip soll der Auftakt für unsere gemeinsame Zukunft sein. Bei der Vorstellung, dass Stefan nach dem Urlaub bei uns einziehen wird, bekomme ich Gänsehaut vor Vorfreude.

Ich rechne nach: Wenn ich um halb eins am Flughafen sein muss, sollte ich das Taxi für spätestens zwölf Uhr bestellen.

Nachdem ich wichtige Unterlagen von der Ablage des Schreibtisches in eine abschließbare Schublade gelegt habe, öffne ich die Tür zum Flur, um die Taxizentrale anzurufen.

Das heißt: Ich will sie öffnen, doch es klappt nicht.

Denn ich halte plötzlich die Klinke in der Hand.

Mist, die wollte ich doch schon seit Wochen reparieren, aber immer ist irgendetwas dazwischengekommen.

Routiniert stecke ich das Eisenteil in das Vierkantloch an der Tür – da höre ich es auf der anderen Seite poltern.

Ich rüttle an der Klinke und kann es kaum fassen: Es rührt sich nichts.

Ruhig, ganz ruhig!, rede ich mir zu und probiere es noch einmal.

Nach drei weiteren ergebnislosen Versuchen ist klar: Ich sitze hier fest.

Nun steigt doch Panik in mir auf. Es ist zwanzig vor zwölf. Und ich bin eine Gefangene in meinem eigenen Wohnzimmer.

Das Handy ist in meiner Handtasche in der Küche, das Telefon im Flur. Alle denken, ich bin auf dem Weg nach Barcelona.

Zu allem Überfluss wohne ich auch noch im fünften Stock eines Altbaus. Keine besonders günstigen Voraussetzungen, um einfach aus dem Fenster zu springen …

Denk nach, Olivia, denk nach!

Mir fällt doch sonst auch immer eine Lösung ein, sporne ich mich selbst an. Ich muss es irgendwie schaffen, mich bemerkbar zu machen, egal, wie.

Hätte ich meinen Laptop nicht letzte Woche zur Reparatur gebracht, könnte ich wenigstens eine SOS-E-Mail verschicken. Warum musste das Ding auch ausgerechnet letzte Woche seinen Geist aufgeben?

Ob ich es schaffe, von hier oben einen Passanten auf mich aufmerksam zu machen? Wenn ich laut genug schreie, müsste es eigentlich klappen.

Doch bevor ich meine Stimmbänder ruiniere, versuche ich es erst einmal mit der Wohnung nebenan. Ich ziehe meine Sandaletten aus und haue mehrfach damit gegen die Wand.

Jeder weiß, wie hellhörig Altbau ist, warum sich also diesen nervigen Zustand nicht einfach zunutze machen?

Leider dröhnt es zwar ordentlich, und der Putz beginnt zu bröckeln, aber neben mir ist entweder niemand zu Hause, oder derjenige ist taub.

Und dann fällt es mir wieder ein: Die Wohnung steht leer, weil sie saniert wird. Na toll!

Okay – bleiben offenbar doch nur noch die Passanten auf der Straße unter mir.

Doch so sehr ich auch gewillt bin, mir die Kehle aus dem Leib zu schreien, es bringt nichts, weil kein Mensch unterwegs ist.

Kunststück. Es sind Ferien und Mittagszeit.

Und es ist sehr, sehr heiß. Alle, die nicht arbeiten müssen, sind im Schwimmbad, am See oder essen irgendwo ein kühles Eis. Was ich unter anderen Umständen ja auch machen würde.

Bis kurz vor zwölf stehe ich tapfer am geöffneten Fenster, übe mich in positivem Denken, schicke Stoßgebete ans Universum und verrenke mir den Hals auf der Suche nach jemanden, der mich aus meiner misslichen Lage befreien kann. Dummerweise wohnt uns gegenüber auch keiner, ich blicke lediglich auf einen idyllischen kleinen Park mit angrenzendem Spielplatz. An sich ja ganz schön, momentan aber eine Katastrophe!

Um zehn nach zwölf klingelt das Telefon. Stefan spricht auf den Anrufbeantworter und klingt ein bisschen gereizt: »Olivia, wo bleibst du? Ich stehe am Schalter und würde gern einchecken. Du gehst nicht an dein Handy und scheinst auch nicht zu Hause zu sein. Bist du denn wenigstens schon unterwegs? Melde dich bitte!«

So sehr ich auch versuche, mich gegen apokalyptische Visionen zu wehren (ich werde NIE MEHR aus diesem Zimmer kommen und elendiglich verhungern/verdursten/ersticken oder – noch schlimmer – Stefan verlieren), gelingt mir das nur bedingt.

Im Geiste sehe ich schon Stefan mit der Bodenstewardess flirten, sich in die Verkäuferin am Kiosk verlieben oder in seine Nachbarin im Flugzeug.

Stefan wird nicht ohne mich fliegen!, sagt meine innere Stimme, die ein bisschen zittert.

Natürlich wird er das, schließlich freut er sich seit Wochen auf diesen Urlaub!, widerspricht das Teufelchen auf meiner Schulter energisch. *Nach Hause kann er schließlich nicht, denn da sitzt seine Frau, die ihn sofort ermorden würde, sobald er auch nur einen Fuß auf die Schwelle setzt.*

Da ich momentan nichts unternehmen kann, bleibt mir wohl nichts anderes übrig, als auf meine liebsten Mitmenschen zu vertrauen, beziehungsweise darauf, dass sie sich irgendwann wundern, wenn sie nichts von mir hören.

Die Betonung dabei liegt allerdings auf dem Wort *irgendwann*. Denn dummerweise bin ich tendenziell unpünktlich und auch nicht besonders gut darin, Anrufe zeitnah zu beantworten. Daher dürfte es vermutlich eine Weile dauern, bis meine Mutter, Vera oder andere Freunde sich darüber wundern, dass ich nicht aus Barcelona anrufe, um damit anzugeben, wie fantastisch alles ist.

Insbesondere mit Vera ist es momentan ein bisschen schwierig, was daran liegt, dass wir uns wegen Stefan gezofft haben. Sie findet es nämlich ganz, ganz schrecklich und außerdem unsolidarisch gegenüber allen anderen Frauen auf dieser Welt, sich mit einem Mann einzulassen, der seine Familie verlässt, um sofort nach der Trennung mit seiner Geliebten nach Barcelona abzudüsen.

Und so ungern ich es auch zugebe: Sie hat Recht!

»Du gönnst mir mein Glück nicht«, habe ich neulich abends traurig gesagt, als Vera und ich uns nach ewiger Zeit mal wieder einen netten Abend bei unserem Lieblingsgriechen machten. Lilly übernachtete bei ihrer Freundin Nane, und so hatte ich endlich, endlich mal wieder Gelegenheit auszugehen.

»Natürlich gönne ich es dir, schließlich bist du meine beste Freundin«, antwortete Vera empört und bestellte sich einen zweiten Ouzo. »Ich wünschte nur, du würdest es finden, ohne dabei das Lebensglück einer anderen Frau und drei Kindern zu zerstören.«

*

»Sie brauchen mich doch gar nicht, um diesen Traum zu interpretieren, nicht wahr, Olivia?«, behauptet Doktor Randolf Thesenfitz und sieht mich über den Rand seiner Lesebrille hinweg streng an.

Mir ist warm, ich spüre, wie erste Schweißperlen an meinem Rücken hinunterrinnen.

Ich fühle mich ertappt – und zerfließe gleich. Hoffentlich sehe ich trotz der Hitzewallungen einigermaßen manierlich aus.

»Noch etwas Eistee?«, fragt Doktor Thesenfitz und zeigt zum ersten Mal so etwas wie eine menschliche Regung.

Während ich überlege, wie man bei dreißig Grad im Schatten so aussehen kann, als wäre man gerade einer Kühltruhe entsprungen, schenkt er nach. Ich umklammere das Glas, dessen Inhalt herrlich nach Zitrone duftet, und grüble darüber nach, was ich jetzt am besten sage.

»Wollen Sie damit andeuten, dass ich mich in eine unmögliche Situation hineinmanövriert habe, aus der ich den Ausweg selbst finden muss?«, frage ich und schaue aus dem Fenster. Ausnahmsweise ist es nicht gekippt – dazu ist es draußen einfach zu heiß.

Der hellgelb lackierte Standventilator in der Ecke zieht summend seine Kreise und neigt sich mir immer wieder zu, wie eine Sonnenblume. Ach, wie schön wäre es jetzt, an einem anderen Ort zu sein als an diesem.

Zum Beispiel in Barcelona.

»Sagen Sie mir, ob das wirklich so ist …«, entgegnet Doktor Thesenfitz.

Kann der Mann nicht auch einmal etwas anderes tun, als meine Frage mit einer Gegenfrage zu beantworten? Das ist erstens unhöflich und zweitens kontraproduktiv.

Außerdem kostet mich der ganze Spaß jedes Mal einen Haufen Geld.

»Was glauben Sie denn, wie Ihr Traum weitergegangen wäre, wenn ich Sie nicht durch meinen Anruf geweckt hätte?«

Huch? Was ist denn jetzt auf einmal los? Wieso löst Dr. Thesenfitz sich auf einmal von seinem üblichen Konzept?

»Ich hätte es vermutlich irgendwie geschafft, mich bemerkbar zu machen, und wäre noch rechtzeitig am Flughafen gewesen, um mit Stefan nach Barcelona zu fliegen«, behaupte ich und recke trotzig das Kinn.

Soll keiner behaupten, ich hätte mir eine Rettung in letzter Sekunde durch einen Ritter in Form meines Lovers oder wahlweise eines netten Herrn vom Schlüsseldienst zurechtfantasiert. Ich bin eine emanzipierte Frau von vierunddreißig und kann mich selbst an den Haaren aus dem Sumpf ziehen! Im Traum allerdings eindeutig besser als im echten Leben, wie man daran sieht, dass ich einmal pro Woche bei meinem Therapeuten sitze und mit seiner Hilfe die Ereignisse der letzten Woche, wahlweise auch meine Träume, analysiere.

»Schön, schön«, bemerkt Randolf Thesenfitz ohne erkennbare emotionale Regung. Ich werfe einen Blick auf die Uhr, die links neben ihm auf einer Kommode steht. Meine Sitzung ist in fünf Minuten zu Ende, was also soll ich jetzt noch groß sagen?

»Eine Frage hätte ich aber noch, bevor Sie gehen. Haben Sie einmal darüber nachgedacht, weshalb Sie im Traum eine kleine Tochter haben?«

Ich antworte knapp »nein« und stehe auf.

Das Rattan, aus dem der Patientenstuhl geflochten ist, knarzt ein bisschen. Ordentlich, wie ich bin, klopfe ich das daraufliegende Kissen zurecht. Dann stelle ich mein leeres Teeglas auf das Beistelltischchen.

»Nächste Woche wieder am Donnerstag?«, fragt Dr. Thesenfitz mit Blick auf seinen Terminkalender, und ich nicke stumm.

Mein Therapeut bringt mich zur Tür, gibt mir zum Abschied seine (kühle!!!) Hand und bedankt sich dafür, dass ich der spontanen Terminverschiebung heute Morgen zugestimmt habe.

»Keine Ursache. Sie hatten meinem Traum sowieso schon ein abruptes Ende bereitet, da konnte ich also genauso gut gleich herkommen ...«

Mit diesen Worten trete ich aus der Praxis und werde draußen von einem Schwall schwül-tropischer Luft empfangen, der mir beinahe den Atem nimmt.

Mir ist ein bisschen schwindelig, am liebsten würde ich umdrehen und mich in der klimatisierten Wohnung von Dr. Thesenfitz aufs Ohr hauen. Da er aber Gesprächstherapeut und kein Psychiater ist, hat er keine Couch.

Also kann ich genauso gut nach Hause gehen. Und auf dem Heimweg ein Zitroneneis essen. Oder vielleicht bei Vera vorbeischauen, schließlich ist bald Schulschluss.

Ich versuche auf gut Glück meine Freundin auf dem Handy zu erreichen, und zu meiner Überraschung geht sie auch gleich dran. »Hi, Süße, schön, dass du anrufst! Ich hab den Kids gerade hitzefrei gegeben. Wie sieht's aus? Wollen wir in den Beach-Club, ein bisschen im Pool plantschen?«

Der Tag nimmt eine unerwartet schöne Wendung. Mein Artikel über Städter, die ihre Sommerferien zu Hause verbringen, kann ruhig bleiben, wo er ist: als Fragment in meinem Computer.

»Das nenne ich mal eine gute Idee!«, kreische ich begeistert in den Hörer und überlege, wie ich ohne zu kollabieren an die Elbe komme. Radfahren finde ich gerade keine so gute Idee, zu Fuß bin ich Stunden unterwegs, und Bus und U-Bahn sind jetzt bestimmt Orte des Grauens und eher dafür geeignet, ohnmächtig zu werden als von A nach B zu fahren.

Also doch zu Fuß. Beherzt mache ich mich auf den Weg und fächere mir währenddessen mit einem Prospekt aus der Praxis von Dr. Thesenfitz Luft zu. Titel: *Neue Perspektiven in der Lebensmitte.*

Die Abgase der Autos stinken heute fünfmal so sehr wie sonst, ich bekomme schwer Luft und überlege, ob es wohl schon Ozonalarm gegeben hat, während ich meinen Traum bei Randolf Thesenfitz bearbeitet habe.

Vielleicht sollte ich mir lieber den Luxus eines Taxis gönnen, als womöglich auf dem kochend heißen Asphalt mein Leben auszuhauchen. Auch wenn ich weder Mann noch Kind mein Eigen nennen kann, habe ich doch ein Anrecht auf eine Zukunft! Und laut Dr. Thesenfitz auf alle Fälle eine *Perspektive.*

Mit letzter Kraft schreie ich »Taxi!« und werfe mich einem cremefarbenen Kombi in den Weg. Hoffentlich ist es nicht besetzt oder auf dem Weg zu einer Vorbestellung. Tatsächlich fährt es einfach weiter.

Ich spreche mir Mut zu: Wo eins ist, kommt auch ein zweites. Ist ja nicht wie an Silvester.

Leider kommen innerhalb der nächsten fünfzehn Minuten zahlreiche Fahrzeuge ortsansässiger Taxi-Unternehmen an mir vorbei, doch keines zeigt auch nur das geringste Interesse daran, mich mitzunehmen.

Mittlerweile läuft mir der Schweiß in Strömen herunter, und ich ahne den Grund für die Verweigerung: Die Fahrer haben Angst um ihre edle Innenausstattung.

»Olivia, ist alles in Ordnung mit Ihnen?«, höre ich plötzlich eine Stimme, die mir sehr vertraut vorkommt. Sie klingt ein bisschen wie die von Randolf Thesenfitz. Was daran liegen mag, dass es Randolf Thesenfitz ist, der mit mir spricht.

Er hat das Fenster eines roten BMW-Mini heruntergekurbelt und sieht ganz anders aus, als ich ihn kenne: Sein sonst streng nach hinten gekämmtes Haar fällt ihm lockig ins Gesicht, den Anzug hat er gegen ein cooles Shirt und eine ausgewaschene Jeans getauscht. Mit anderen Worten: Er sieht plötzlich aus wie ein Mensch!

»Danke, alles bestens«, antworte ich mit zusammengebissenen Zähnen. Wer noch vor einer Stunde vollmundig behauptet hat, keinen rettenden Prinzen zu brauchen, sollte auch in so einer Situation souverän bleiben. Ist ja auch gar nichts. Nur ein bisschen zu viel Sonne, Ozon, Durst, Übermüdung …

⋆

»Wie geht es Ihnen?«, fragt eine männliche Stimme, die von weit, weit her zu kommen scheint.

Mühsam versuche ich die Augen zu öffnen und komme allmählich zu mir. Was auch immer passiert ist, ich bin eindeutig bei Randolf Thesenfitz.

Allerdings nicht in seiner Praxis.

»Hier, trinken Sie das«, sagt er, und sein Ton verrät, dass Widerspruch zwecklos ist. Ich stürze etwa einen halben Liter stilles Wasser hinunter, bis ich das Gefühl habe, dass es mir gleich zu den Ohren und den Nasenlöchern herauskommt. Mein Herz rast, mein Kopf surrt. Wüsste ich es nicht besser, ich würde denken, ich habe einen Kater. Zu allem Überfluss ist mir jetzt auch noch übel!

»Was ist passiert?«, fragte ich verwirrt.

»Sie sind auf dem Gehweg kollabiert. Zum Glück hatte ich gerade angehalten, um zu fragen, ob ich Sie irgendwohin mitnehmen kann. Daran können Sie sich doch hoffentlich noch erinnern, oder?«

Aha, aha, aha … ja, da war was!

»Dann habe ich Sie ja davon abgehalten, dorthin zu fahren, wohin Sie eigentlich wollten«, schlussfolgere ich.

»Das lassen Sie mal lieber meine Sorge sein. Momentan ist doch viel wichtiger, dass es Ihnen bald besser geht«, antwortet Randolf Thesenfitz barsch und sieht dabei – irgendetwas scheint nicht mit mir wirklich nicht in Ordnung zu sein – verdammt sexy aus.

In dem Moment, als mir klar wird, dass er ein Mann aus Fleisch und Blut ist, wird mir erst recht schlecht. Ich kann gerade noch »Badezimmer?« stammeln und schon hänge ich über der Toilettenschüssel.

Nanu? Kann einem von Hitze schlecht werden?

Nachdem ich mich so gut es geht erfrischt und wieder in Ordnung gebracht habe, gehe ich zurück ins Wohnzimmer.

»Sie haben wahrscheinlich einen Hitzschlag«, diagnostiziert Dr. Thesenfitz und mustert mich eingehend. »Und deshalb sollten Sie sich dringend professionell durchchecken lassen. Können Sie mir den Namen Ihres Hausarztes nennen?«

»Nein, kann ich nicht. Ich habe nämlich gar keinen«, presse ich hervor, weil mir schon wieder ganz kodderig ist. »Aber ich brauche auch keinen. Mir genügen eine kalte Dusche, etwas Eistee und danach ein paar Stunden Schlaf.«

»Nun, wenn Sie meinen«, entgegnet Dr. Thesenfitz, sieht aber alles andere als überzeugt aus. »Dann fahre ich Sie eben nach Hause, wenn Ihnen das lieber ist.«

»Das kommt nicht infrage, ich nehme ein Taxi. Sie haben heute schon genug für mich getan«, protestiere ich, obwohl ich damit ja vorhin eher schlechte Erfahrungen gemacht habe. »Tun Sie, was immer Sie heute ursprünglich tun wollten, und kümmern Sie sich nicht weiter um mich. Mir geht's gut, ehrlich!«

Diesen Worten folgt ein erneuter Anfall von Übelkeit. Zum Glück schaffe ich es wieder rechtzeitig ins Bad.

Mann, Mann, Mann. So schlecht ging es mir ja lange nicht mehr.

Aus der Ferne höre ich mein Handy klingeln. Das ist sicher Vera, die im Beach-Club auf mich wartet. Ich muss sie unbedingt anrufen und erzählen, was passiert ist.

»Wollen Sie nicht lieber hierbleiben, und ich rufe einen Notarzt?«, fragt Dr. Thesenfitz, und ich sehe zum ersten Mal, seit ich ihn kenne, echte Besorgnis in seinem Blick.

Da gewähre ich dem Mann seit nunmehr zwei Jahren Einblick in die finstersten Abgründe meiner Seele, und er tut stets so, als sei das alles das Normalste der Welt. Und bei so einem kleinen Formtief macht er ein Gewese um mich, als wäre ich in höchster Lebensgefahr.

Da mich erneut eine Welle der Übelkeit überrollt und mein Kopf schier zu platzen droht, entscheide ich mich spontan, sein Angebot doch anzunehmen. Ich meine, hey, der Mann ist mein Therapeut und lebt seit zwei Jahren ganz gut von meinem Honorar. Warum soll ich mich also nicht zur Abwechslung mal ein bisschen umsorgen lassen?

»Ich muss nur kurz Vera Bescheid geben, dass sie sich ohne mich im Beach-Club amüsieren muss, und dann würde ich wirklich gern hierbleiben.« Randolf Thesenfitz sieht erleichtert aus.

Ich bin es auch. »Außerdem würde ich gern auf die Idee mit dem Notarzt zurückkommen, denn ich fühle mich tatsächlich hundeelend.«

Nun hellt sich sein Gesicht auf, er strahlt wie die Sommersonne da draußen.

Während ich mit Vera telefoniere, die sich natürlich prompt Sorgen macht, bestellt Dr. Thesenfitz den ärztlichen Notdienst. »Kann aber leider eine Weile dauern, denn es haben heute viele Leute Probleme mit der großen Hitze«, verkündet er schließlich und schenkt mir erneut ein Glas Wasser ein.

»Lassen Sie mich raten: Die meisten dieser Patienten sind weit über siebzig?!« Ich kichere, obwohl es mir wirklich schlecht geht. Aber dieser ganze Tag ist so dermaßen absurd: Erst dieser blöde Traum, dann der Anruf von Dr. Thesenfitz, der spontan einberaumte Termin bei ihm, die Hitze, mein Kollaps … was passiert wohl als Nächstes?

Bis Mitternacht sind es noch einige Stunden, man darf also gespannt sein.

*

»Ohne Test kann ich es Ihnen nicht hundertprozentig sagen, aber meiner Erfahrung nach würde ich meinen, dass Sie schwanger sind!«

Mir klappt die Kinnlade nach unten, und ich starre die freundliche, junge Ärztin an, die mich gründlich untersucht, nach Symptomen befragt und mit strahlendblauen Röntgenaugen durchleuchtet hat.

Ich antworte »Aha!«, und dann fehlen mir die Worte.

Auch Randolf Thesenfitz scheint die Nachricht zu treffen, allerdings fängt er sich deutlich schneller als ich. »Ich gehe mal eben zur Apotheke und hole einen Test«, bietet er an, und ich nicke stumm. Nachdem er zusammen mit der Ärztin verschwunden ist, hallt das Wort *schwanger* in mir nach.

Oh mein Gott, wie konnte das nur passieren?

Ich versuche mich zu konzentrieren und rechne nach.

Das Ergebnis ist zwar nicht ganz so eindeutig wie der rosa (oder blaue?) Streifen auf einem Teststäbchen, aber rein rechnerisch könnte es hinkommen: Meine letzte Nacht – oder vielmehr der letzte Quickie (zu mehr war ja nie Zeit!) – mit Stefan liegt exakt fünf Wochen zurück.

Unter Aufbietung aller Kräfte krieche ich vom Sofa und angele nach meiner Handtasche. Ein Blick in meinen Timer bestätigt meine Vermutung. Und zeigt, dass meine Periode tatsächlich seit sechs Tagen überfällig ist.

Eine halbe Stunde später ist es amtlich: Die Ärztin hatte Recht. Ich werde Mutter …

Als ich aus dem Bad zurückkomme, zeige ich das Testergebnis wortlos Dr. Thesenfitz. Allmählich ist mir nichts mehr peinlich. Außerdem kennt er die Geschichte mit Stefan und das ganze Elend, das daran hängt.

»Und wie fühlen Sie sich jetzt?«, fragt er, nun wieder ganz der sachliche Therapeut.

»Ich, ich, ich … weiß es nicht«, stottere ich grenzdebil und versuche das Gedankenkarussell in meinem Inneren zu stoppen oder zumindest das Gefühlschaos zurückzudrängen, das mich zu überwältigen droht. »Ich würde sagen, ich bin verwirrt.«

»Werden Sie es Stefan sagen?«

Hach, Stefan, stimmt, er ist ja der Vater …

Stefan, der Mann, zu dem ich seit fünf Wochen keinen Kontakt mehr habe, weil mich mein Verhältnis zu ihm und die Aussichtslosigkeit der Lage zu einem Menschen gemacht hat, der mir ganz und gar nicht gefällt.

Natürlich war der Trip nach Barcelona nur ein Traum, genau wie die Illusion, Stefan könne sich wirklich von seiner Frau trennen, um sich eine gemeinsame Zukunft mit mir aufzubauen.

»Ich habe keine Ahnung, ob ich es ihm sagen werde, aber momentan denke ich, eher nicht. Es hat mir gutgetan, so lange nichts von ihm zu hören, und Stefan hat sich schließlich nicht gerade ein Bein ausgerissen, um mich zurückzugewinnen.«

Dr.Thesenfitz nickt nachdenklich und fährt sich dabei mit den Fingern durch das gelockte Haar. Wieso sind mir diese zarten silbernen Strähnen eigentlich zuvor noch nie aufgefallen?

Er murmelt »gut, gut, gut«, und ich frage mich, was genau jetzt eigentlich gut ist.

Zum Glück beginnt das kreislaufstabilisierende Tonikum (natürlich homöopathisch!) allmählich zu wirken. Mir ist auch nicht mehr schlecht, selbst die Kopfschmerzen verschwinden allmählich.

Stattdessen macht sich ein sanftes Ziehen in meiner Bauchgegend bemerkbar, und ich fühle auf einmal: Hier entsteht neues Leben.

Dann muss ich wieder kichern.

Dr. Thesenfitz sieht mich irritiert an. »Was ist denn so lustig?«, will er wissen.

Ich deute giggelnd auf den Prospekt zum Thema *Lebensperspektiven*, der vor mir auf dem Couchtisch liegt. Wenn Mutterwerden keine Perspektive ist, was dann?

Randolf Thesenfitz' Augen folgen meinem Blick, und nun beginnt auch er zu lachen.

Muss ich betonen, dass ich ihn bislang noch nie habe lachen hören? Klingt schön und so lebendig!

»Dann wollen Sie es also behalten?«, schlussfolgert er und sieht mich erwartungsvoll an. »Immerhin haben Sie ja heute Nacht geträumt, dass Sie eine kleine Tochter haben. Sie hieß Lilly, wenn ich mich richtig erinnere.«

»Lilly ist ein schöner Name«, seufze ich verträumt. »Aber was, wenn es ein Junge wird?«

»Dann nennen Sie ihn eben Linus oder Linnart. Oder Liliom.«

»Mit einem dieser Namen kann ich meinen Sohn jetzt schon auf die Warteliste beim Therapeuten setzen, finden Sie nicht?«, frage ich und spüre, wie sich langsam aber sicher Hysterie in mir breitmacht.

Da sitze ich nach einem vermeintlichen Hitzekollaps in der Privatwohnung meines Seelenklempners, schütte literweise Wasser in mich hinein, schlucke Globuli und überlege mir Namen für einen Sohn oder eine Tochter, von deren Existenz ich gerade mal eine halbe Stunde weiß. Ich habe als freie Redakteurin kein festes Einkommen und bin schwanger von einem Mann, der Frau und drei Kinder hat, und für den ich nichts weiter war als ein netter Zeitvertreib zwischendurch. Meine Eltern sind wegen des Klimas nach Kalifornien ausgewandert, und Vera hat genug mit den Schulkindern aus ihrer Klasse zu tun.

Unter normalen Umständen würde ich mir jetzt einen dreistöckigen Whiskey genehmigen, aber Alkohol ist ja ab sofort gestrichen, genauso wie Kopfschmerztabletten und Ähnliches.

Himmel, hilf, bin ich wirklich für dieses Abenteuer geschaffen?

Und kann diese unerträgliche Hitze bitte endlich mal nachlassen?

*

Ich erwache schweißgebadet von ohrenbetäubendem Lärm und grellem Licht. Bin ich gestorben und im Himmel gelandet? Momentan würde mich auch das nicht mehr wundern.

Doch was ich irrtümlich für das berühmte *Licht am Ende des Tunnels* gehalten habe, entpuppt sich als infernalisches Gewitter. Die Naturgewalten treiben es richtig bunt und lassen sogar hühnereigroße Hagelkörner gegen die Fensterscheiben prasseln.

Vielleicht kühlt es ja endlich ein bisschen ab, denke ich hoffnungsvoll und tapse verschlafen Richtung Küche, um einen Schluck Wasser zu trinken.

Im Flur bleibe ich vor dem Garderobenspiegel stehen, der gerade durch einen grellen Blitz erleuchtet wird, dem kurz darauf Donner folgt. Instinktiv streiche ich mir über den Bauch und flüstere: »Hab keine Angst, es ist nur ein Gewitter. Ich pass auf, dass dir nichts geschieht.« Erstaunt über die plötzliche Intensität meiner Gefühle drehe ich mich zur Seite und begutachte meinen Bauch, der noch ganz flach und fest ist.

Wie er wohl in drei Monaten aussieht?, frage ich mich und setze mich mit einem Glas Wasser auf die Couch.

Obwohl ich sonst Angst vor Gewittern habe, macht mir dieses seltsamerweise nichts aus. Es hat etwas Reinigendes, Erfrischendes – eine Wohltat nach der Gluthitze der vergangenen Tage. Ich bin auch gar nicht mehr traurig darüber, dass ich – anders als die meisten meiner Freunde – dieses Jahr nicht in den Urlaub gefahren bin.

Die Nachricht meiner Schwangerschaft hätte ich ungern in Rom, in Südfrankreich oder auf einer griechischen Insel bekommen.

Nein, sie ist hier, in meinem kuscheligen Nest unter dem Dach, am besten aufgehoben.

Wie lange ich wohl noch zu Fuß die fünf Stockwerke hinaufsteigen kann? Bislang habe ich den Verlockungen des Fahrstuhls meist widerstanden, weil ich die vielen Stufen als tägliche Fitnessübung betrachtet habe. Meine Beine waren dadurch immer gut in Form und mein Kreislauf ebenfalls.

Meine Beine, die Stefan so geliebt und immer wieder zärtlich gestreichelt hat.

Seltsamerweise macht sich nur ein kleiner Hauch von Melancholie breit, als ich an Stefan denke. An Stefan, der gerade mit seiner Familie Urlaub auf Rügen macht. In Wahrheit hätte ich nie mit ihm nach Barcelona fliegen können, weil er Spanien aus irgendeinem Grunde nicht mag. Die Sprache, die Tapas, der Machismo … irgendetwas daran stört ihn. Vielleicht auch bloß die Vorstellung, mit mir gemeinsam dorthin zu reisen.

Wo wohl Dr. Thesenfitz in diesem Jahr Urlaub macht?

Ich schrecke zusammen, weil das Telefon klingelt.

Mein erster Gedanke gilt meinen Eltern. Hoffentlich ist ihnen nichts passiert. Mein zweiter Vera, denn wer außer diesen Menschen würde um halb zwei Uhr morgens bei mir anrufen?

»Ja bitte?«, melde ich mich schwer atmend und bin auf das Schlimmste gefasst.

»Bitte entschuldigen Sie die späte Störung«, sagt eine

männliche Stimme, die ich nicht sofort zuordnen kann. »Ich hatte gerade einen unschönen Traum, bin vom Gewitter aufgewacht … und wollte … nun ja … ich wollte einfach fragen, ob es Ihnen gutgeht …«

Ist das etwa Dr. Thesenfitz, der da am anderen Ende der Leitung wirres Zeug stammelt? Hat er zu tief ins Glas geguckt?

»Oh, Sie sind's«, murmele ich verwirrt. »Mir geht es so weit ganz gut, danke der Nachfrage. Aber wie ist es mit Ihnen? Haben Sie etwa Angst vor Gewitter?« Bei der Vorstellung, mein Therapeut könne sich vor Blitz und Donner fürchten, steigt schon wieder dieses Glucksen in meine Kehle, das seit gestern Nachmittag zu mir zu gehören scheint wie das Kind in meinem Bauch.

»Ich … also ich … ich würde morgen gerne mit Ihnen reden. Können Sie am Nachmittag in meine Praxis kommen? So gegen sechzehn Uhr? Es ist dringend!«

»Finden Sie es nicht ein bisschen merkwürdig, um diese nachtschlafende Zeit einen Termin für eine therapeutische Sitzung zu vereinbaren?«, frage ich, plötzlich hellwach.

Was kann denn so dringend sein, dass Dr. Thesenfitz mich schon morgen wieder sehen will?

»Ja, Sie haben Recht, es tut mir auch leid. Es war nur dieser gestrige Tag, diese Neuigkeiten, dieser Traum …«

Dr. Thesenfitz ist ganz offensichtlich sehr durcheinander, klingt aber nicht betrunken.

»Mögen Sie mir nicht einfach jetzt schon sagen, was Sie auf dem Herzen haben? Schließlich sind wir nun beide wach.«

Am anderen Ende der Leitung bleibt es einen Moment still.

Mittlerweile scheint sich auch das Gewitter verzogen zu haben, vermutlich wütet es jetzt über dem Nachbarviertel.

»Ich wollte nur sagen, oder Sie vielmehr bitten, sich möglichst bald einen neuen Therapeuten zu suchen«, sagt Dr. Thesenfitz nach einer gefühlten Ewigkeit leise.

In meinem Kopf geht es rund. Warum will er mich nicht länger als Patientin haben? Hält er mich für einen aussichtslosen Fall? Will er seinen Beruf aufgeben? Auswandern?

»Gibt es einen bestimmten Grund für Ihre …«, ich suche nach dem passenden Wort, »… Kündigung?«

»Ich denke, Sie sind jetzt auf einem guten Weg und können ganz gut ohne mich auskommen. Sie haben sich nach der Trennung von Stefan erstaunlich stabilisiert und entwickelt, und nun ja, äh …«

»Dann brauche ich also Ihrer Meinung nach gar keinen Therapeuten mehr und muss mir auch keinen neuen suchen?«, schlussfolgere ich und finde mich irre logisch.

»Ja, nein, aber …«, stammelt Dr. Thesenfitz und hat nun absolut nichts mehr von dem scheinbar unfehlbaren, überlegten, strengen Mann, als den ich ihn kennen- und schätzen gelernt habe. »Wie auch immer. Ich hoffe, meine Entscheidung kommt nicht allzu plötzlich für Sie. Sollte es wider Erwarten Probleme mit der … Umstellung geben, empfehle ich Sie sehr gern einer kompetenten Kollegin, die, soweit ich weiß, gerade Kapazitäten frei hat.«

Ich überlege fieberhaft. Gibt es in diesem Gewerbe denn nicht so etwas wie eine Kündigungsfrist?

Wie kann der Mann denn gestern einen auf besorgt machen und mich nun holterdipolter im Regen stehen lassen?

Ist so ein abruptes Ende nicht total kontraproduktiv? Noch dazu in dieser neuen Lebensphase, mit der ich überhaupt noch nicht umzugehen weiß?

»Ja, also dann würde ich mal sagen: Gute Nacht! Und Ihnen noch ein schönes Leben«, sage ich knapp und lege auf, ohne abzuwarten, ob Dr. Thesenfitz darauf noch etwas erwidert.

Der soll mir doch gestohlen bleiben, genau wie Stefan auch.

Hoffentlich wird Lilly kein Junge!

Beschämt über diesen Gedanken korrigiere ich mich und flüstere in die Nacht: »Was auch immer du wirst, ich heiße dich willkommen in meinem Leben. Und wir zwei werden es auch so schaffen. Ohne Stefan und ohne Dr. Thesenfitz, jawohl!«

Wie zur Bestätigung schickt der Himmel zum letzten Mal in dieser Nacht ein lautes Donnergrollen auf Hamburg hernieder.

Dann ist es still.

Durch das geöffnete Schlafzimmerfenster strömt kühle, frische Luft. Ich sauge sie auf wie eine Verdurstende und genieße diesen Moment.

Dann sinke ich wieder in tiefen, tiefen Schlaf.

★

»Wow, das sind ja Neuigkeiten!« Vera sieht mich fassungslos an, während wir hoch über den Dächern der Stadt auf meinen winzigen Balkon sitzen und Eiskaffee schlürfen. Das heißt, Vera schlürft die koffeinhaltige Version, ich hingegen trinke Eisschokolade.

»Willst du es Stefan sagen?«

Komisch. Warum wollen alle immer erst einmal wissen, ob ich es Stefan sage, bevor sie danach fragen, wie ich mich fühle und ob ich glücklich bin.

»Ich glaube nicht«, antworte ich und lasse meinen Blick schweifen. Heute denke ich zum ersten Mal, dass es toll ist, einen Spielplatz direkt vor der Tür zu haben. »Was soll das auch bringen? Ich will keinen Unterhalt, und ich möchte ihn auch nicht in Schwierigkeiten bringen, schließlich würde dadurch unsere Affäre, genauer gesagt Ex-Affäre, auffliegen. Und wozu soll ich seine Frau verletzen, wenn ich sowieso keine Zukunft mit Stefan habe?«

Als ich das sage, verschluckt Vera sich an ihrem Eiskaffee und bekommt einen Hustenanfall.

»Na, na, na«, sage ich besorgt und klopfe ihr beinahe mütterlich auf den Rücken. »Alles gut, oder soll ich dir ein Glas Wasser bringen?«

Vera sieht mich lange an, hüstelt noch ein wenig und legt schließlich die Stirn in Falten.

»Möchtest du mir etwas sagen?«, frage ich. Ich kenne doch meine Freundin!

»Stefan hat gar keine Familie«, sagt Vera, und ich halte unwillkürlich den Atem an.

»Wie jetzt, keine Familie? Wie würdest du denn eine Frau und drei Kinder sonst bezeichnen? Als Anhängsel?«

»Stefan ist weder verheiratet noch ist er Vater von drei Kindern. Er hat dich angelogen.«

Mein Gehirn benötigt eine Weile, um diese Nachricht aufzunehmen. Ich nehme es ihm nicht übel, schließlich haben die große Hitze und der Informations-Overkill von vorgestern einiges zu diesem Zustand beigetragen.

»Und woher willst du das wissen?«, frage ich leise, obwohl ich die Antwort eigentlich gar nicht mehr hören will. Was auch immer Vera herausgefunden hat, es wird schon stimmen.

»Ein Lehrerkollege geht einmal die Woche mit ihm zum Tennis. Stefan ist Single und hat neben dir mindestens zwei weitere Freundinnen.«

Diese Information trifft mich nun allerdings doch.

Bedeutet das, dass ich verliebte Idiotin drei Jahre lang die Augen vor etwas verschlossen habe, was für Vera ganz offensichtlich war?

»Wie lange weißt du schon davon?«, frage ich beinahe tonlos.

»Seit etwa zweieinhalb Jahren …«

Langsam wundert es mich nicht, dass Vera immer so vehement gegen die Geschichte mit Stefan war. Aber hätte sie mir nicht gleich die Wahrheit sagen können?

»Ich hab's dir nur nicht gesagt, weil du so verknallt warst. Ich habe es nicht übers Herz gebracht, dir zu erzählen, dass er dich nach Strich und Faden belügt. Hättest du gewusst, dass er ungebunden ist, hätte dir die Existenz der anderen Frauen noch mehr wehgetan.«

Seltsame Logik. Aber ein bisschen was ist schon dran an dem, was Vera sagt.

»Na, das ist ja ein Ding«, stammle ich und denke an die vergeudete Lebenszeit. Hätte Stefan mich nicht immer mit diesem »Ich-lasse-mich-bald-von-meiner-Frau-scheiden« hingehalten, ich hätte mich längst getrennt und wäre meiner Wege gegangen. So wie ich es vor fünf Wochen endlich getan habe, als Stefan nicht mit mir nach Barcelona fliegen wollte.

Vera steht auf, beugt sich zu mir herab und knuddelt mich. »Ich hoffe so sehr, dass du den Kerl bald vergisst, dich stattdessen auf dein Baby freust und die ganze Sache mithilfe von Dr. Thesenfitz irgendwann positiv abschließen kannst«, flüstert sie dicht an meinem Ohr.

Bei der Erwähnung meines Therapeuten fange ich wieder an zu kichern. Ich habe ja schon von Schwangerschaftsdemenz gehört, aber von Schwangerschaftsgekicher?

Nun ja, auch das wird sich einrenken, da bin ich mir sicher!

»Dr. Thesenfitz hat sich übrigens vorgestern Nacht von mir getrennt«, sage ich lachend und beginne gleich darauf zu weinen. Tja, man sollte die Wirkung von Hormonen eben nicht unterschätzen.

Vera sieht mich erschrocken an: »Aber wieso das denn? Und warum ausgerechnet jetzt, wo du ihn doch am meisten brauchst?«

Ich erzähle von der Gewitter-Nacht, dem mysteriösen Anruf und davon, dass Dr. Thesenfitz sich offenbar nicht ganz im Klaren darüber ist, ob er mich bereits als geheilt entlassen kann oder ob ich weiterhin professionelle seelische Unterstützung benötige.

*

Viele Wochen später – ich bin Anfang des vierten Monats – sitze ich auf einer Bank an der Alster und mache mir Notizen für meinen nächsten Artikel. Die Hitzeperiode ist längst Vergangenheit, das Wetter bereits herbstlich.

Ich beobachte Mütter, die stolz ihre Buggys vor sich herschieben, und die Segelboote, die wie Spielzeugschiffchen über das glitzernde Wasser gleiten.

In diesem Moment bin ich glücklich.

Ich habe alles, was ich brauche, und bin nicht allein. Denn Lilly ist bei mir und freut sich darauf, in einigen Monaten auch all das zu sehen, was ich gerade sehe.

Ja, es wird ein Mädchen, wie ich zu meiner – und Veras – großer Freude erfahren habe.

Das Klingeln meines Handys durchbricht das Idyll, und ich hoffe sehr, dass es nicht mein Chefredakteur ist, der mal wieder wissen will, ob ich meinen Abgabetermin einhalte.

Doch es ist nicht mein Boss, sondern Dr. Thesenfitz, von dem ich seit dem Telefonat in der Gewitternacht nichts gehört habe. (Die Hilfe seiner Kollegin habe ich übrigens bislang nicht benötigt, aber das nur am Rande.)

»Na, das ist ja eine Überraschung!«, begrüße ich ihn und blinzle in die Sonne. »Was kann ich für Sie tun?«

»Wenn Sie so fragen: sich mit mir zum Abendessen treffen.«

Nanu? Seit wann führen Therapeuten ihre Gespräche beim Essen?

»Und wie komme ich zu dieser … äh … Ehre?«, frage

ich verblüfft und fühle, wie mir das Herz bis zum Hals schlägt. Ich merke erst jetzt, wie sehr mir seine Stimme, wie sehr er mir gefehlt hat.

»Ich würde zunächst mal sagen, dass die Ehre eher auf meiner Seite läge, denn Sie haben ja eigentlich allen Grund, sauer auf mich zu sein. Aber genau deshalb würde ich Sie auch gern ausführen. Ich würde Ihnen gern erklären, was mich damals zu diesem drastischen Schritt veranlasst hat.«

Die Neugier bringt mich beinahe um. Ich hasse es, wenn man mir gegenüber etwas andeutet und mich dann warten lässt.

»Mein Ja bekommen Sie erst, wenn Sie bereit sind, eine klitzekleine Andeutung zu machen«, sage ich fordernd und beobachte, wie die Möwen die Nachbarbank umkreisen, wo eine Oma altes Brot auf den Boden krümelt.

Ich werde später mit Lilly Enten füttern können.

»Okay, ich nenne ein Stichwort: Berufsethos!«, sagt er auf einmal.

Das bringt endgültig meine Gehirnzellen auf Trab. Allmählich dämmert es mir – Therapeuten sollten sich gefälligst im privaten Bereich von ihren Patienten fernhalten …

»Wenn das so ist, Doktor Thesenfitz, dann würde ich mich freuen, wenn Sie mich am nächsten Samstag zu meinem Lieblingsitaliener einladen. Holen Sie mich um kurz vor acht ab? Ich reserviere.«

»Nichts lieber als das«, flüstert Dr. Thesenfitz. »Ich freue mich!«

Ich mich auch, denke ich glücklich, sage es aber nicht laut.

Diesmal kann der Herr Therapeut sich ruhig ein bisschen gedulden – ich habe schließlich auch lange auf seine Erklärung gewartet!

Das Meisterstück

Mein Bruder war selbst schuld, warum musste er mit seinen Frauen auch immer so angeben? »Du solltest sie sehen, *das* ist eine richtige Frau!«, hatte er am Telefon gesagt.

Also bin ich an meinem freien Tag nach Köln gefahren und habe sie mir angeschaut, so wie ich mir jedes seiner Mädchen angeschaut habe, viel zu tun hatte ich ja damals nicht. Wenn ich nicht zehn Stunden am Herd der Hölle namens »Artischocke« stand, immerhin der einzige Laden im Umkreis von hundert Kilometern mit sechzehn Punkten im *GaultMillau*, schlief ich oder spielte Computerspiele.

Jeden zweiten, dritten Monat hatte mein Bruder eine Neue. »Hallo, ich heiße Knut!«, das ist seine Anmach-Masche, die funktioniert immer, ich war ja manchmal selbst dabei. Eine Masche ist es eigentlich nicht, und normalerweise müsste jede vernünftige Frau gleich die Flucht ergreifen, sobald sie den gemein und gewalttätig klingenden Namen hört, den meine Eltern für ihn ausgesucht haben. Aber weil er so verdammt gut aussieht, bleiben sie stehen, schütteln ihm die Hand, und was dann kommt, geht ziemlich schnell. Sie laden meinen Bruder in ihre Betten ein, und er sie ganz selten auch in seins. Nur wenige dürfen das von ihm gepachtete alte Forsthaus von innen besichtigen, von allen konnte ich lange Zeit Name, Haarfarbe und körperliche Besonderheiten aufzählen.

Ich hatte in der fünften Klasse mal für eine Woche eine Freundin, aber das war ein Versehen ihrerseits, wie sich später herausstellte. Danach nie wieder. Und das, obwohl meine Eltern sich bei meiner Geburt emotional wieder gefangen hatten, der Name Richard ist völlig okay, besser als Knut allemal. Aber wann hätte ich ein geeignetes Mädchen kennenlernen sollen? Ich stand bis spät in die Nacht nach Essen stinkend, an Armen und Händen verbrannt und verbrüht im einzigen Edel-Laden der Nordeifel herum. Von ein paar unbefriedigenden Intermezzos mit Kellnerinnen abgesehen, tendierte mein Sexualleben gegen null. Außerdem war ich kleiner als Knut, hatte schmächtige Arme und Schultern, meine rötlichblonden Haare und der selbst im Sommer bleiche, wegen der fettigen Küchenluft unreine Teint machten mich zu einem konturlosen Mehlwurm. Ein Mehlwurm, der sich über nichts anderes unterhalten konnte als Essen und Kochen.

Als ich mir Knuts neue Freundin an diesem verregneten Frühsommertag das erste Mal anschauen ging, arbeitete sie in einem kleinen Atelier in der Nähe der Ehrenstraße, direkt im Zentrum. Hinter den goldenen Ringen, funkelnden Edelsteinen und feinen Alarmanlagedrähten in der Scheibe konnte ich sie an einem Tisch sitzen sehen, ganz nah vor mir. Sie drehte ein Stück Gold in ihren Händen, und über ihren Beinen spannte sich wie eine Wiege ein Tuch aus Leder, das sogenannte Brettfell, das haben alle Goldschmiede, wie ich heute weiß. »Ilonka«, flüsterte ich gegen die Scheibe.

»Das Pony heißt Ilonka«, hatte Knut mir gesagt, er nennt alle seine Frauen »Pony«, damit er nicht durcheinanderkommt, und die Frauen finden das natürlich originell. Ilonka Zimt. Ich denke noch immer, dass der Name ganz wunderbar zu ihr passt. Sie hat lange zimtfarbene Haare. Sogar Zimtaugen. Ein helles, rötliches Braun. Laut Knut arbeitete sie zurzeit intensiv an ihrem Meisterstück. Respekt, dachte ich, dass du dir solche nebensächlichen Details aus ihrem Leben überhaupt merken kannst, bei der Figur, die zu Haaren und Augen noch hinzukommt. Dann nahm ich ihre Hände genauer in Augenschein, sie wirkten kräftig, fast schon klobig, und ich sah den dunklen Staub, der sich in die Linien ihrer Handflächen und Finger gegraben hatte und wahrscheinlich nie mehr ganz verschwand. Hände, die arbeiteten – wie meine. Bevor sie meine sehnsüchtigen Augen hinter der Scheibe bemerken konnte, drehte ich mich weg. Ich zitterte, und das lag nicht nur am feinen Nieselregen, der mir in den Nacken fiel. Scheiß Sommer.

Das nächste Mal sah ich sie eine Woche später in der Eifel. Knut hatte das faszinierende Wesen in seine Höhle inmitten der endlosen Wälder gelockt, um es dort in Ruhe zu verspeisen. Ich sollte das Vorspiel kochen. Natürlich sagte ich zu. Ich wollte Ilonka Zimt unbedingt aus der Nähe, ohne Trennscheibe sehen. Sobald sie aus dem Auto stieg, hörte ich sie auflachen, nicht albern, nicht nervös, sondern hell und melodiös, wie kleine Fanfarenstöße. »Ich habe keine Angst vor Hunden«, sagte sie in ihr Lachen hinein.

Ich blieb in der Küche und packte meine Messer aus. Kein Koch würde je freiwillig ohne seine eigenen Messer arbeiten. Es gab Wachteleier mit rotem Kaviar, Hirschgulasch mit handgeschabten Spätzle (auf den Hirsch hatte Knut bestanden), und zum Dessert ein geeistes Himbeersüppchen mit souffliierten Glasnudeln, meine eigene Kreation, auf die ich recht stolz war. Knut servierte selbst, er holte die angerichteten Teller bei mir ab und schloss die Küchentür sofort wieder hinter sich, doch nach dem Espresso klopfte er mir auf die Schulter und zog mich aus meinem Bunker hervor. »Mein kleiner Bruder – *kochen* kann er.« Ilonka gab mir ihre Hand, ihre schwielige, immer noch von feinen Dreckadern durchzogene Haut traf auf meine Schnitte, Verbrennungen und kreisrunden dunkelroten Stellen, dort, wo spritzendes Fett mich gezeichnet hatte. Ich murmelte etwas wie »... noch die Küche aufräumen«, und unsere Hände glitten auseinander.

Während ich abwusch, hörte ich im Hof Scheite unter kurzen Axtschlägen auseinanderbrechen, Minuten später kroch der Geruch von Holzfeuer unter der Küchentür hindurch. »Irgendwann heute Nacht zerrt der Angeber wieder seine Matratze vor den Kaminofen«, murmelte ich, während ich die Reste des Gulaschs aus dem Topf kratzte. Schon so manches Mal hatte ich das Lager aus zerwühlten kalten Laken dort im Wohnzimmer vorgefunden, wenn ich nach seinen Hunden schaute, weil Knut irgendwo bei Dreharbeiten war. Er montiert die Kamera auf Autos und passt auf, dass sie nicht herunterfällt. Dass er das noch nicht mal wegräumen kann, dachte ich dann, Flaschen, Gläser, leere Kondomhüllen, und irgendwo lag immer eine aufgeblähte Boxershorts von ihm.

Etwas zuckte in meinem Magen und bäumte sich in meinen Eingeweiden auf, ich schämte mich, weil ich mich kurz an seiner Stelle auf der Matratze, über Ilonka, sah. Schnell konzentrierte ich mich darauf, die gesäuberten Messer wieder in die Mappe zu stecken, die ich langsam zusammenrollte, da hörte ich sie. Sie klang wie einer dieser Werbeclips ab ein Uhr nachts, diese Ruf-mich-an!-Mädchen auf den billigen Sendern. Knut brachte sie dazu. Ich schnappte meine Messer, floh durch die Hintertür, und hätte ich etwas mehr im Magen gehabt, ich hätte ihm auf die kiesbestreute Einfahrt gekotzt.

Ein paar Wochen vergingen, es war schon fast Juli, der Sommer immer noch eine Katastrophe, sechzehn Grad und Nieselregen. Aber das war mir wie jedes Jahr egal, ich musste arbeiten, da kamen mir die niedrigen Temperaturen ganz gelegen. Erst im August hatte ich drei Wochen Urlaub und wie so oft keine Pläne. Meinen Bruder sah ich nicht mehr, außer den Kollegen in der Küche und dem einen oder anderen Kellner aus unserem Laden sah ich nach Feierabend niemanden mehr. Wenn ich frei hatte, lag ich gelähmt vor dem Fernseher oder spielte Solitär am Computer, das Handy ausgeschaltet, den Festnetzstecker gezogen. Sonst riefen sie vom Restaurant an und fragten, ob ich nicht einspringen könnte, garantiert taten sie das.

Irgendwann erreichte Knut mich doch. Ich musste gar nicht nach ihr fragen, es ging sowieso nur um sie. Sie war sein Pony Nummer eins, sie war unübertrefflich. Alle Achtung, ging mir durch den Kopf, immer noch. Er überlege, ihr anzubieten, bei ihm zu wohnen. Nachdem sie ihre Meisterprüfung vor der Handelskammer bestanden habe, könne sie sich doch ihre eigene Werkstatt in seinem Forsthaus einrichten, oder etwa nicht? Dann wäre der alte Schankraum endlich mal genutzt. »Wie findest du das, Richy?«

Er wartete meine Antwort nicht ab.

Ilonka zog tatsächlich bei ihm ein. Für mich bot sich also zweimal am Tag die Chance, sie zu sehen: vor der Arbeit in der Artischocke und danach. Was waren schon zehn Kilometer Umweg, die ich dafür zurücklegte? Doch obwohl man von der Landstraße, die am Forsthaus vorbeiführte, durch die Bäume hindurch einen recht guten Blick auf die Einfahrt hatte, sah ich sie kaum. Einmal gingen die beiden gerade mit den Hunden los, Ilonka in engen Hosen, dickem Pullover und Bergsteigerstiefeln, das Haar fiel ihr glatt auf den Rücken, leuchtend wie poliertes Kupfer. Nachts um eins, auf dem Rückweg, sah ich oft Licht in einem der Fenster, ich wollte mir nicht vorstellen, was Knut da drinnen gerade mit ihr trieb, tat es aber doch.

Irgendwann sah ich seinen großspurigen Jeep nicht mehr vor der Tür stehen, nur noch ihren kleinen blauen Toyota, bei dessen Anblick mir jedes Mal ein freudiger Schreck durch den Körper fuhr. Ich zählte die Tage, am vierten hielt ich es nicht mehr aus und rief ihn an. »Bin in

Bratislava, Kinofilm, ein Wahnsinnsprojekt, Kevin Spacey spielt die Hauptrolle, konnte ich nicht ablehnen.«

»Und Ilonka?«

»Ilonka richtet ihre Werkstatt ein und passt auf das Haus auf. Richy, hier gibt es Wahnsinnsfrauen, überall, große, kleine, manche wie Models, aber auch ganz normale, da wär selbst für dich noch eine dabei.« Er lachte sein gnädiges Lachen.

»Und Ilonka?«

»Was ist mit Ilonka? Ich liebe sie. Sie ist tough und schön, sie kommt sogar mit den Hunden klar.«

Ich machte es mir zur Gewohnheit, Ilonka zu beobachten, fuhr früher als sonst los, parkte den Wagen ein ganzes Stück weit weg auf einem Waldparkplatz und schlich über die Wiese zum Haus. Einmal hörte ich, wie sie im Hof Holz hackte, ich ging näher heran, bis uns nur noch die Mauer trennte. Ein leichter Regen fiel, Dicky und Stan schlugen nicht an, sie kannten mich. Ilonka ächzte mehrmals, es klang, als ob sie die Axt nicht mehr aus dem Holzscheit brächte. »Ach, Scheiße!«, schrie sie plötzlich auf, etwas aus Metall knallte schwer auf den Boden. Ich tappte auf Zehenspitzen durch das nasse hohe Gras zur Straße zurück. Anscheinend hatte sie versucht, die Wiese mit dem alten Rasenmäher zu mähen, er stand immer noch mitten darauf. Im Regen. Mein Bruder würde fluchen. Vielleicht würde er sie sogar rausschmeißen? Für einen kurzen Moment erfreute mich die Vorstellung.

Eines Mittags sah ich im Näherkommen, dass im Forsthaus alle Fenster geöffnet waren. Ich fuhr langsamer. Obwohl es kaum mehr als vierzehn Grad hatte, stand sie in T-Shirt und kurzen Hosen auf der Leiter, mit einem Besen in der Hand. Was hatte sie vor? Den ganzen Abend sah ich ihre langen Beine auf der Leiter stehen und brannte mir mit der gusseisernen Pfanne einen roten Streifen quer über das Handgelenk.

Dann wieder sah ich ihren Toyota quer vor der Haustür geparkt. Sämtliche Türen standen offen, Kisten quollen daraus hervor. Ich hielt nicht an. Sie sollte mein bleiches Gesicht nicht mit dem von Knut vergleichen können. Um ein Haar hätte sie mich ein paar Tage später an meinem Geheimparkplatz entdeckt, doch die Hunde retteten mich, sie zogen Ilonka an gespannten Leinen vorbei und rissen sie dabei fast von den Füßen.

Meine Sucht nach ihr wurde immer stärker, ich musste sie jetzt einmal am Tag sehen, wenigstens aus der Ferne. Jede Nacht, wenn ich von meiner Schicht kam, sah ich schon von Weitem die hell erleuchteten Fenster ihrer Werkstatt, sie ließ die ganze Nacht die Lichter im alten Schankraum brennen. An einem Mittag, an dem ihr Auto nicht in der Einfahrt stand, ging ich hinein. Knut verteilte seine Haustürschlüssel großzügig an Leute wie mich, die für ihn Hilfsdienste versahen. Ich wanderte durch die Räume, schnupperte an einem ihrer Pullover, der über einer Stuhllehne in der Küche hing, schaute in den Kühlschrank – saure Gurken, rote Grütze im Glas – und in ihr Schminktäschchen im Bad. Ihre Zahnbürste war blau, sie benutzte Zahnseide, die hatte es bei meinem Bruder vorher nicht gegeben.

Im Schankraum war es wie immer besonders kalt, hier hatte man schon vor 120 Jahren selbst gebrautes Bier ausgeschenkt, man konnte den süßlichen Hopfen noch riechen. Der Raum war leer bis auf einige Kisten und einen Tisch mit einer U-förmigen Ausbuchtung in der Arbeitsplatte, auf der nur eine einsame Zange lag. Ein Holzrahmen hing an der nackten Wand, darin an einem Nagel eine Halskette. Das musste ihr Meisterstück sein. Es war wunderschön geworden, ich streichelte mit dem Finger über die goldenen Stränge der Schließe, die sich wie zwei Schlangen umeinanderwanden. Die Glieder waren auch aus Gold, sehr zierlich, und irgendwie in sich gedreht. Hatte sie jedes Einzelne davon selbst gemacht? Wie konnte sie nur so etwas Wundervolles herstellen und es dann bei meinem Bruder achtlos an einem Nagel an die eiskalte Wand hängen? Ich hätte fast angefangen zu heulen.

Nach drei erbärmlichen Wochen nahm ich nach Feierabend eine Schale Erdbeeren aus dem Kühlhaus, Erdbeeren waren teuer, nach dem total verregneten Juli gab es keine vernünftige Ernte. Von unserem Oberkellner lieh ich mir eine Flasche Champagner, der Oberkellner war der Einzige vom Service, der etwas taugte. In ihrem neuen Atelier brannte wieder die Festbeleuchtung, doch niemand war darin zu sehen. Meine Finger waren eiskalt, es hatte vielleicht gerade mal zehn Grad hier oben, ich traute mich nicht, auf den Klingelknopf zu drücken. Stattdessen ging ich ein paar Meter ums Haus und sah durch eines der Wohnzimmerfenster. Ilonka hockte im Licht einer einzigen kleinen Lampe auf dem Boden. Sie telefonierte, sie lächelte, sie strich sich durch ihre Haare und langte ab und zu in den Ausschnitt ihres Wollpullovers, als wollte sie nachschauen, ob ihre Brüste noch an Ort und Stelle waren. Knut. – Ich stellte Flasche und Erdbeeren vor der Tür ab und ging.

Am nächsten Mittag schien das erste Mal seit Wochen die Sonne, das Thermometer war auf über zwanzig Grad geklettert. Ilonka hockte auf der Stufe vor der Haustür, als ob sie auf mich warten würde, neben sich die Erdbeeren. Einem ersten Impuls folgend, wollte ich vorbeifahren, doch dann bog ich in die Einfahrt und stieg sogar aus. Na gut, sie wusste es – was jetzt noch kam, würde sich von dem Hohn, den ich von Knut seit meinen Kinderjahren kannte, nicht sehr unterscheiden. »Erdbeere?« Ich nickte und nahm die rote Frucht aus ihrer Hand wie eine Hostie entgegen. »Der Champagner steht kalt, den trinken wir, wenn du mir heute Abend zeigst, wie man Holz hackt und ein Feuer macht.« Ich warf die Erdbeere hoch und fing sie behutsam auf.

»Wird aber später als eins.« – »Ich werde wach sein!« Vorsichtig, um sie nicht zu zerquetschen, fuhr ich den ganzen Weg mit der Erdbeere in der Hand zur Arbeit.

An diesem Abend brachte ich ihr bei, wie man im dem eisernen Kaminofen ein ordentliches Feuer aufschichtet. »Bei mir raucht es immer ganz fürchterlich ins Zimmer hinein.«

»Du musst hier oben den Haken am Rohr ganz nach links stellen.«

»Ich habe alles Mögliche mit diesem Haken versucht, aber was ich auch machte, es qualmte alles voll. Ich friere seit drei Wochen, es ist so kalt hier im Haus.«

»Die Mauern sind dick und mehr als hundertzwanzig Jahre alt. Wie geht es mit der Werkstatt voran?«

»Ich weiß nicht, ich muss mich erst an diesen Raum gewöhnen. Darum geh ich nicht rein, sondern lasse erstmal nur die Lichter an.«

»Verstehe.«

»Knut sagt, ich soll mich nicht so anstellen, aber irgendetwas ist komisch da drin.«

»Knut hat dir da wohl einiges vorenthalten.«

»Ach, komm, warum sollte er?« Sie zog mich am Arm herunter zum Feuer, das jetzt richtig in Fahrt kam. »Setz dich, ich hole schnell Gläser, und dann erzählst du!« Ich spürte noch immer den Abdruck ihrer Finger an meinem mageren Oberarm, als ich mich im Schneidersitz vor dem Feuer niederließ.

Die Sonne brannte auch in den nächsten Tagen vom Himmel und trocknete die moosigen Dachschindeln des Forsthauses, die feuchten Holzscheite und schlammigen Waldwege. Hoch »Jenny« würde sich nicht so bald vom Fleck rühren, verkündete der Wetterbericht. Ilonka lernte Holzhacken, Gras mit der Sense zu mähen und eine Sauce hollandaise aufzuschlagen, sie liebte Sauce hollandaise und aß sie pur, auch ohne Spargel. Sie lernte, Dicky und Stan streng anzufahren, wenn sie bei unseren Spaziergängen zu sehr an ihren Leinen zerrten, und wagte sich mit mir auf der steilen Holztreppe hinunter in den Keller.

»Warum hat Knut bloß diesen furchtbar roten Teppichboden verlegt?«, rief Ilonka, als wir wieder oben im Schankraum standen. »Hat so was Blutiges!«

»Ich hätte dir diese Geschichte mit dem Mönch, der hier angeblich zu Tode kam, nicht erzählen sollen!«

»Schade, dass von dem Geheimgang runter zum Kloster nichts mehr zu finden ist, ich habe den ganzen Keller abgesucht.«

»Das sind doch nur Gerüchte, und schon ewig lange her alles, zwanziger Jahre, letztes Jahrhundert.«

»Dass zwischen diesen Mauern etwas Gewaltsames passiert ist, habe ich sofort gemerkt, als ich hier hereinkam …«

Ich blätterte versonnen in einem Katalog, der auf dem Arbeitstisch lag. Zangen, Polierscheiben, Brettfelle, Hängebohrmaschinen. »Zwischen diesen Mauern«, sie benutzte manchmal so schöne alte Ausdrücke. »Und wann willst du anfangen?«

»Mit dem Atelier?« Sie verdrehte kurz die Augen, bis man fast nur noch Weißes sah. »Anfangen, anfangen, lass uns schwimmen gehen, der Sommer hat angefangen!« Wir packten etwas Essbares zusammen, luden die Hunde auf den Rücksitz und fuhren die Serpentinen hinunter zum Stausee. Ich schloss das Türchen zum Steg auf, führte Ilonka zu unserem Ruderboot, das unter seiner grauen Plane zwischen den anderen grauen Planen in der Reihe lag, und ruderte sie und die Hunde weit hinaus, bis in die Mitte des Sees. Es wurde immer heißer, irgendwann konnte ich es nicht mehr hinauszögern, ich zog mein T-Shirt aus und ließ die Sonne auf meinen weißen Oberkörper scheinen.

Ilonka sah mich mit lachenden Zimtaugen an: »Noch sind wir zwei weiße Baguettes, du und ich!« Heimlich befühlte ich meinen Bizeps, ich hatte in den letzten Tage ein bisschen mit Hanteln trainiert und bildete mir ein, schon eine Veränderung zu spüren, aber im Grunde war mir seit Ilonkas Satz völlig egal, wie ich aussah. Du und ich, hatte sie gesagt. Du und ich.

»Mach mal Platz, Dicky!« Schon streckte sie sich zwischen den Hunden aus, ließ ihre Hand ins Wasser baumeln und seufzte: »Einfach nur gut.« Nach einer halben Stunde stand sie auf, das Boot schwankte leicht, sie ließ ihr Kleid an ihrem Körper herunterrutschen und warf sich, noch bevor ich ihren Bikini genauer betrachten konnte, über Bord. Ich sprang in meinen kurzen Hosen hinterher, das Wasser prickelte eiskalt auf meiner Kopfhaut, ich ließ mich ganz ruhig hinunterziehen, schoss dann mit ein paar Bewegungen der Beine nach oben, klar und frisch in der Birne wie seit Monaten nicht mehr. Dicky und Stan jaulten aufgeregt zu uns herunter, erst wieder beruhigt, als wir uns über die Bootswand hievten.

Gegen fünf verschwand die Sonne hinter den Bäumen, wir ruderten zurück. Es war warm, kein Lufthauch ging, der Duft des gemähten Grases umhüllte uns schwer, als wir uns im Hof an den Tisch setzten, Kaviarbrot, Ziegenkäse und ein paar frische Feigen aßen und dazu Weißwein tranken. »Ich hoffe, du bist morgen immer noch da«, rief Ilonka leise hinter mir her, als ich die Treppe hinauf ins Gästezimmer taumelte.

Ich blieb. Schließlich hatte ich Urlaub. Jeden Morgen rannte ich mit den Hunden durch den Wald, ich merkte, dass meine Kondition sich langsam verbesserte. Mittags in der größten Hitze etwas Hanteltraining im kühlen Schankraum, dann zum See, auf dem Boot abhängen, schwimmen, lesen – wir hatten sogar einen Sonnenschirm an der Bordwand angebracht, der uns Schatten spendete – und wieder schwimmen. Die Hunde ließen wir zu Hause, sie nahmen in dem kleinen Boot zu viel Platz weg. Meine Augenbrauen wurden blond, mein Gesicht bräunte sich wie auch der Rest meines Körpers. Wenn ich in der Dämmerung vor dem Badezimmerspiegel stand, blitzten mir meine Zähne entgegen, und ich fand mich das erste Mal in meinem Leben ganz ansehnlich. Abends machten wir Feuer mit altem Holz, das wir reichlich im Geräteschuppen fanden. Die Nächte waren so warm, dass wir oft an der Feuerstelle einschliefen; im Morgengrauen stellten wir fest, dass die Hunde sich wie zwei lebende Kissen zwischen uns auf die Decke geschmuggelt hatten.

Ilonka erzählte mir von ihrer reichen Familie, die nur darauf wartete, dass sie das Geschäft ihres Onkels in Hamburg übernahm. »Trautmann und Söhne, ein uralter Name in Goldschmiedekreisen. Die Söhne sind schon tot, jetzt gibt es nur noch mich, die Nichte.« Sie starrte hinauf zu den Sternen, die unwirklich nah vom Augusthimmel leuchteten.

»Und was willst *du*?«

Sie lachte ihr Fanfarenlachen und schloss die Augen. »Ich weiß nicht. Etwas anderes jedenfalls. Hauptsache, etwas anderes als *sie*!«

Wir fingen an, Brot zu backen, Bananenbrot, Buttermilchbrot, Zwiebelbrot. »Wir sind keine Baguettes mehr, eher zu hell gebackene Roggenbrote«, sagte Ilonka auf dem See zu mir und zog ihr Bikinihöschen ein Stück nach unten, um mir den hellen Rand zu zeigen. Ich seufzte unhörbar, froh um jede weitere Minute, in der sie den Namen meines Bruders nicht aussprach.

Zwei Abende später war es dann doch so weit. »Knut hat mich gefragt, ob ich zu ihm nach Bratislava kommen möchte.« Ilonka saß nur mit einem Bademantel bekleidet im Hof auf der Bank und stopfte sich Wattebäusche zwischen die Zehen.

»Und? Fährst du?« Ich wischte mir den Schweiß von der Stirn, es hatte immer noch siebenundzwanzig Grad.

Sie schraubte das Lackfläschchen auf. »Nein. Ich habe ihm gesagt, ich hätte hier noch so viel zu tun!« Sie kicherte hell. Ich merkte, dass ich die Luft angehalten hatte und grinste nun erleichtert.

Der Schankraum sah noch aus wie vor drei Wochen. Alle Kisten unausgepackt, der Tisch ohne Hocker, die Kette wie immer in ihrem Rahmen an der Wand. Nur meine Hantelsammlung war etwas größer geworden. »Was ist eigentlich mit deinem Meisterstück?«, fiel mir plötzlich ein, »was hast du damit vor?«

»Knut meint, wir bekommen dafür schon ein neues Dach, wenn wir nicht die teuersten Ziegel nehmen.«

»Ein neues Dach!?«

Sie nickte und pinselte konzentriert Rot auf ihre Zehennägel. »Klar, es ist undicht. Ich habe achtzig Stunden an der Kette gearbeitet, und ein bisschen Material ist auch drin, die Brillanten in der Schließe und 95 Gramm 750er Gold, gar nicht so wenig. Fünfzehntausend? Na ja, dreizehn vielleicht.«

Ich konnte sie nicht anschauen. Sie kaufte Knut ein neues Dach, einfach so. Sie wollte tatsächlich mit ihm zusammenziehen und das Atelier einrichten. Was hatte ich mir denn vorgestellt? Dass sie sich beim Rudern in mich und mein neu kreiertes Hirsebrot verliebte und mit mir durchbrannte? »Wann sprichst du überhaupt mit ihm?«

»Mittags, wenn du trainierst, da hat er Pause. Er ist total angespannt, müde, hat lange Arbeitstage, abends will er nur noch pennen, wie er sagt.« Sie schaute zu mir hinüber. »Gibt es heute Abend wieder Gazpacho?«

»Wenn du sie machst, faule Eule!«

»Nö, du kannst das besser, ich wasche freiwillig den Salat und baue das Feuer!«

Am folgenden Abend trug Ilonka ihr Meisterstück um den Hals. »Knut hat mir heute am Telefon gesagt, er hätte schon einen Käufer dafür. Er habe ihm vor einigen Wochen Fotos geschickt. Wusste ich gar nicht, dass er die Kette fotografiert hat.«

Am nächsten Morgen, als Ilonka unten im Dorf einkaufen war, loggte ich mich in Knuts Computer ein. Ich hatte ihm schließlich den ganzen Kram installiert, für sein Passwort brauchte ich keine zwei Minuten. *Ilonka* war es nicht, auch nicht *KnutKnutKnut*, seltsam, darauf hätte ich gewettet, sondern *DickyundStan*. Ich sah die Fotos der Kette und fand sogar die Mail an den potenziellen Käufer.

Melanie@makeup4stars.de schrieb zurück: *Knuti!* Ich zuckte zusammen, las aber weiter: *Die Kette ist zauberhaft, die wird Stefan mir bestimmt schenken wollen, einen dicken Kuss, wohin du willst* … Datum: 15. Juli. *Dicken Kuss, wohin du willst*, das Schwein! Da hatte er Ilonka gerade zwei Monate gekannt.

Ich atmete tief durch, um das flaue Gefühl in meinem Magen zu verscheuchen. Was sollte ich tun, musste ich Ilonka nicht warnen vor einem Leben mit meinem Bruder? Ich hatte zwei Möglichkeiten, die erste würde sie dazu bringen, sich von mir abzuwenden. Die zweite auch. Ich beschloss, die Mail zu ignorieren, mehr noch, ich rief sogar meinen Chef an und leierte noch eine zusätzliche Woche Urlaub aus ihm heraus, Überstunden hatte ich ja bis zum Abwinken. Jawohl, es war eigennützig, feige, all das – aber ich wollte das kleine Glück, diese unfassbar herrlichen Sommerwochen mit ihr, so lange wie möglich für mich beanspruchen.

»Warum bist du eigentlich Koch geworden?«, fragte Ilonka in das düstere Wohnzimmer. Wir lagen auf dem langen Sofa, jeder auf einer Seite, und lauschten dem aufziehenden Gewitter. Unsere nackten Füße berührten sich fast. »Du erzählst immer, wie hart das bei euch in der Küche ist und wie da rumgeflucht wird – du musst deinen Beruf doch hassen? Würdest du nicht lieber etwas anderes tun?«

»Nein«, sagte ich und tätschelte Dicky die Nase, er hatte Angst vor Gewitter und drückte sich winselnd an mich. »Ich verdiene nicht viel, wenn man die ganzen unbezahlten Überstunden mitrechnet, die Arbeitszeiten sind Horror, die Hitze am Herd laugt einen total aus, aber hassen? Niemals.« Draußen grummelte der Donner heran. »Weißt du – wenn du am Ende eines chaotischen Abends alles geschafft hast, deine Sachen gut gemacht hast, auf den Punkt angerichtet, du hast nur noch funktioniert, warst ein Teil im Getriebe, ein wichtiger Teil. Das hat was mit Perfektion zu tun … ach, wie soll ich das beschreiben?« Ilonka hörte mir zu, ihre Augen waren noch größer und schöner als sonst.

»Man kann es kaum erklären, aber ich will diese Arbeit machen, und momentan auch noch in diesem Laden, nur danach gehe ich, da soll mir keiner was erzählen.« Sie nickte, und dachte über etwas nach, das konnte ich an ihrem Gesicht sehen.

Die Tage vergingen, ich begann rückwärts zu zählen, noch sechs, noch fünf, verdammt, es waren nur noch drei, und ich konnte nicht mehr umhin, endlich meine Kochklamotten zu waschen, die als klebriger, vier Wochen alter Haufen im Gästezimmer lagen, wenn ich sie am kommenden Freitag anziehen wollte. Doch dann kam mir ganz unerwartet Knuts Dummheit zur Hilfe.

»Ciao, kleines Pony, wann werde ich dich wieder küssen? …« Ich lachte verlegen auf, und bevor ich nachdenken konnte, hielt ich Ilonka das Handy vors Gesicht. »Mein Bruder, der Dummbatz, hat sich ganz offensichtlich vertippt! Der schickt mir eine SMS, die ist aber wohl für dich!«

»Wie?« Ilonka brachte das Auto in der Einfahrt zum Stehen und griff nach meinem Handy. Sie las lächelnd, dann erstarrte sie, reichte es mir zurück und stieß die Tür auf. Irgendwas stimmte nicht, warum haute sie ab? Schnell überflog ich den ganzen Text: »Ciao, kleines Pony, wann werde ich dich wieder küssen? … war so schön gerade!«

Schon kam die nächste Nachricht. »War nicht für dich, Alter, Sorry«, las ich. Ich schaute auf den leeren Fahrersitz und tippte zurück: »Für Ilonka jedenfalls auch nicht, denn die sitzt neben mir. Vielleicht eher für Melanie, die Maskenbildnerin? Arschloch!!«

Ich fand Ilonka vor dem Kamin, sie feuerte einen Holzkloben nach dem anderen aus dem Korb in die kalte, rußige Öffnung, einen ganzen Berg hatte sie schon aufgetürmt, es krachte jedes Mal dumpf, wenn die Scheite auf die eiserne Rückwand trafen. »So wird das aber nichts«, wagte ich zu bemerken. Sie hielt inne und sah mich an: »Hol den Weißwein aus der Küche«, sagte sie überraschend sanft, »es gibt etwas zu feiern!«

»Weißt du, was ich von dir gelernt habe?«, fragte sie später und rekelte sich in meinen Armen. »In der letzten Stunde eher nicht so viel«, antwortete ich leise. Sie kicherte, wurde lauter, bis ihr Lachen wie eine jauchzende Seerobbe klang, sie versuchte aufzuhören, erstickte Laute kamen aus ihrem Mund, sie zog ihre braunen Beine an und strampelte, bis das Laken von ihnen glitt: »In der letzten Stunde eher nicht so viel, das ist guuut«, keuchte sie. Tränen liefen über ihre geröteten Wangen – ich musste mitlachen.

Am nächsten Morgen wurde ich von Ilonkas Geklapper in der Küche wach. Es musste noch sehr früh sein, und es war kein Traum gewesen, ich lag tatsächlich auf der Matratze vor dem Kamin. Sie hatte mit mir ... sie hatte es mit mir getan, ich konnte es noch auf meiner Haut spüren. Überall. Ich wollte mehr von diesem anderen Körper, der so viel weicher war als meiner und so köstlich roch, ich würde mich nie mehr duschen. Mit geschlossenen Augen hörte ich, wie sie aus der Küche kam und merkte, wie sich sie zu mir herunterbeugte. Ich blinzelte sie erwartungsvoll an, doch sie war schon angezogen. »Komm, wir fahren zum See!«, raunte sie in mein Ohr.

»Weißt du, was ich von dir gelernt habe?«, fragte Ilonka mich im Auto und begann erneut zu kichern, wurde aber gleich wieder ernst. »Entschuldigung! Ich wollte dir nur danken für das, was du mir neulich abends erzählt hast, über deinen Job als Koch, du weißt schon ...«

Ich nickte und fuhr langsam die Serpentinen hinab, das Wetter war umgeschlagen, der Himmel grau, Nebel lag über dem glatten See. Ilonka ruderte unser Boot zielstrebig über das Wasser. Ich sagte nichts, schaute stattdessen auf die Bäume am Ufer, von denen einige schon gefärbte Blätter trugen, und ab und an zu ihr hinüber. Sie hielt meinem Blick stand, einen Ausdruck in den Augen, den ich nicht zu deuten wusste. Nach zehn Minuten legte sie die Ruder ab. Ein Vogel krächzte zweimal über uns, sonst war es still.

»Weißt du, Richard«, begann sie. Sie nannte mich immer Richard, nie Richy, so wie die anderen es ungefragt taten. »Ich habe gemerkt, wie albern meine Einstellung zu meiner Arbeit ist. Ich habe nur darauf geachtet, etwas anderes zu machen, als meine Familie es für mich plante. In die Eifel ziehen! Meine Eltern waren entsetzt. Zu einem Mann, den ich kaum kannte! Großes Aufstöhnen. Ein eigenes Atelier, aber keinen Plan, wo ich meine Sachen verkaufen werde! Sie reagierten noch fassungsloser. Das freute mich. Wie eine brave Fünfjährige, die plötzlich Löcher in Bettlaken schneidet und gespannt auf die Strafe ihrer Eltern wartet.« Ich zog fragend die Augenbrauen hoch.

»Habe ich früher gemacht. War so eine Phase …« Ilonka wühlte in ihrer Umhängetasche. »Seit ein paar Tagen weiß ich, dass es mir bloß wichtig war, ihre Erwartungen nicht zu erfüllen. Was ich selber aber wirklich tun möchte, darüber habe ich nie nachgedacht.« Sie zog eine flache Schachtel hervor und öffnete sie, ich beugte mich darüber. »Mein Meisterstück verkaufen, eintauschen für ein paar Dachziegel … ha!« Sie hob die Kette mit Schwung heraus, breitete die goldenen Glieder auf ihren Händen aus, als wären sie lebende Wesen. »Niemals! Nicht nach dieser Nachricht gestern und nicht nach dieser Nacht!« Ich starrte auf den Boden des Bootes, um sie mein dummstolzes Grinsen nicht sehen zu lassen. »Nein, Richard, nach dieser Nacht neulich, als das Gewitter war.«

»Ach so, natürlich.«

»Ich weiß jetzt, was ich will!« Sie stand auf, mitten auf dem See, kein bisschen schwankend. »Ja, ich *will* nach Hamburg gehen, ja ich *will* das Geschäft meines Onkels übernehmen, ja, ich *bin* die Nichte von Trautmann und Söhne und stolz drauf! Und um das zu besiegeln, werde ich mein Meisterstück an einem ganz besonderen Ort lassen!« Bevor ich auch nur eine Bewegung machen konnte, hatte sie die Kette in hohem Bogen über Bord geworfen. Mit einem kaum hörbaren Platscher traf sie auf das dunkelgraue Wasser. »Wieso hast du das getan?! Bist du irre?!«, rief ich entgeistert und glotzte auf die Stelle der Wasseroberfläche, an der das Gold flimmernd verschwunden war, schon wieder glatt, als wäre nichts geschehen. Hinterherspringen? Der Stausee war an dieser Stelle angeblich dreißig Meter tief. »So weiß ich immer, wo sie ist!«, sagte Ilonka zufrieden, »und überlasse sie niemand anderem.« Sie setzte sich wieder.

»Nun schau nicht so!«, sagte sie und tätschelte mein Knie, »ich habe lange darüber nachgedacht. Ich liebe es, Goldschmiedin zu sein, und ich bin richtig gut, mir werden immer wieder so tolle Sachen wie die Kette einfallen, noch bessere!«

»Aber sie war doch richtig viel Geld wert!«

»Genau, und dieser Ort erinnert mich auch an meine Möglichkeit zu wählen, weil ich nämlich nicht darauf angewiesen bin, sie zu verkaufen! Ich bin nun mal in ein reiches Nest hineingeboren worden und habe mich dafür bisher immer geschämt. Aber mein Onkel ist ein wunderbarer Mann, sein Atelier solltest du sehen, unglaublich!«

»Super.« Und was wird aus uns? Fragte ich nicht. Und wann gehst du? Fragte ich nicht. An diesem Nachmittag half ich ihr, das Auto zu beladen und winkte ihr hinterher, bis sie außer Sichtweite war. Dann ging ich mit den Hunden raus.

Manchmal telefoniere ich mit Ilonka, aber nicht oft, meine Freundin ist ein bisschen eifersüchtig. Vielleicht fahre ich mal nach Hamburg und schaue mir ihren Laden an, im nächsten Sommer, wenn wir Betriebsferien haben, Julia und ich.

ANETTE GÖTTLICHER

Summ, summ, summ

Freitag, 3. Juni 2011

»Die Aussichten für das kommende Wochenende könnten besser nicht sein: Sonne, Sommer, Hitze! Hoch Ferdinand schiebt sich vom Atlantik Richtung Mitteleuropa und bringt warme Luft aus dem Süden mit. Das Hochdruckgebiet ist so stabil, dass das kleine Tief Frieda, das sich von Nordosten her langsam auf Deutschland zubewegt, kaum eine Chance haben wird. Die Temperaturen klettern auf über 30 Grad, dabei bleibt die Luft meist trocken, nur vereinzelt muss mit lokalen Wärmegewittern gerechnet werden. Auch die Nächte werden warm, in den Städten fällt das Quecksilber kaum unter die 20-Grad-Marke. Ein perfektes Wochenende für den Badesee, das Picknick im Grünen und laue Abende im Biergarten. Und noch eine gute Nachricht haben die Meteorologen für uns: Das schöne Wetter bleibt! Nahezu einstimmig sagen die Wetterfrösche einen Super-Sommer für Deutschland voraus.«

Eigentlich sind mir Hochs, Tiefs und Temperaturen ja egal, und ich bin sogar ein bisschen stolz auf meine Wetterwurschtigkeit. Warum soll ich mich über etwas beklagen, was ich eh nicht ändern kann? Außer durch Auswandern, und bis es so weit kommt, müssten die deutschen Sommer schon ganz ausfallen. Ich freue mich über schönes Wetter und genieße es, und wenn es regnet, ertrage ich das ohne Meckern und weise meine sich ständig beschwerenden Mitmenschen gelegentlich darauf hin, dass es ohne regelmäßige Wasserzufuhr von oben keine grünen Wälder und Wiesen gäbe und dass die schöne oberbayerische Landschaft, durch die alle an trockenen Wochenenden so gerne wandern und radeln, bei ununterbrochenem Sonnenschein bald wüstenartig aussehen würde.

Doch zurzeit gibt es sowieso keinen Anlass zur Klage. Ein Jahrhundertsommer steht uns bevor, und das, obwohl wir den ja 2003 schon hatten. Aber dieser soll noch besser werden, noch länger, noch heißer, noch stabiler. Ist mir recht. Noch lieber wär's mir allerdings, wenn ich ihn nicht alleinerziehend verbringen müsste, diesen Supersommer 2011. Wobei es gar nicht darum geht, dass ich das mit Jakob nicht hinkriegen würde. Es klappt eigentlich ganz gut, und vor allem klappt es besser als mit Markus, meinem Ex-Mann.

Natürlich hatte ich mir das alles anders vorgestellt. Wir waren seit der Uni ein Paar, hatten die Welt zusammen bereist und uns immer gut verstanden. Vor fünf Jahren heirateten wir, und ein gutes Jahr später wurde ich schwanger. Jakob sollte das erste von mindestens zwei Kindern sein, und ein Jahr lang lief alles perfekt. Unser Baby war süß und relativ unkompliziert, wir bezogen eine schmucke

Doppelhaushälfte in Germering bei München, mieteten im Sommer mit Freunden für drei Wochen ein Haus in der Toskana und waren glücklich. Also, ich zumindest. Kurz nach Jakobs erstem Geburtstag eröffnete Markus mir eines Sonntagmorgens, er werde ausziehen. Ich dachte zunächst an einen schlechten Scherz. Doch leider war es keiner. Er hatte sogar schon eine kleine Wohnung im Univiertel angemietet, übergangsweise, bevor er dann in die Schwabinger Wohnung seiner Freundin zog, mit der er seit drei Monaten eine Beziehung hatte. Auf meine entgeisterte Frage nach dem Warum erzählte er mir leicht bedrückt, das Leben mit Kind, sprich als Familie, entspräche nicht dem, was er sich darunter vorgestellt habe. Möglicherweise sei er mit seinen fünfunddreißig Jahren auch einfach noch nicht so weit. Ihm fehle die Zeit für sich selbst und für seine Interessen und Hobbys, die Freiheit und Lockerheit des Lebens. »Alles ist auf einmal so ernst, so wichtig, so voller Verantwortung«, sagte er damals und guckte zerknirscht, »ständig muss man Rücksicht nehmen, planen, sich nach dem Kind richten. Das ist einfach nichts für mich, ich fühle mich total gefangen.« Fassungs-, aber relativ kampflos ließ ich ihn ziehen, denn ich merkte, dass ich keine Chance hatte. Alle zwei Wochen kommt er und holt Jakob für zwei Tage zu sich.

Leider ist es nicht einfach, einen neuen Mann zu finden. Immer, wenn mein Ex den Kleinen übers Wochenende nimmt, nutze ich meine freie Zeit und gehe aus. In Cafés, in Kneipen und sogar in Clubs, obwohl ich mich dort als Mittdreißigerin nicht mehr recht wohlfühle. Ich bin bei den Single-Akademikern angemeldet, bei *verliebdichdoch-einfachneu.de* und im gemischten Fitness-Studio, ich gehe auf Partys und Abendessen von Freunden, bei denen »der Thomas auch kommt, von dem ich dir schon erzählt habe«, und halte im Supermarkt und im Büro die Augen offen. Ich bin bereit für eine neue Liebe, aber noch nicht so verzweifelt, dass es die Männer abschrecken würde. Was nicht verhindert, dass meine freien Abende oft gleich ablaufen: Ich gehe aus, ich lerne einen netten Typen kennen, wir unterhalten uns gut, und irgendwann erzähle ich, dass ich einen kleinen Sohn habe. In neun von zehn Fällen bekomme ich dann noch ein Mitleidsbier spendiert und gehe nach Hause, ohne dass der Mann sein Interesse bekunden würde, mich wiederzusehen. Und im zehnten Fall muss der Typ plötzlich dringend aufs Klo und kommt nicht wieder.

Doch in diesem Sommer wird alles anders! Ich werde mich verlieben, ich werde romantische Abende auf dem Balkon erleben, Küsse im Biergarten, Begehren am Badesee und Sex unter dem offenen Fenster.

Freitag, 10. Juni 2011

Der Wetterbericht hat Recht behalten. Das vergangene Wochenende war heiß und sonnig, und die Woche, die hinter mir liegt, war es auch. Ich ging jeden Nachmittag mit Jakob an den See oder ins Freibad. Meistens begleitete uns meine Freundin Sabine mit ihren zwei Mädels, und während die Kinder im und am Wasser tobten und die Große aufpasste, dass die beiden Kleinen nicht unbeaufsichtigt ertranken, lagen wir auf unseren Handtüchern, drehten uns regelmäßig vom Bauch auf den Rücken und zurück, und lasen uns aus *Gala*, *Bunte* und *OK* vor. Auf dem Heimweg aßen wir noch ein Eis, und abends saß ich bis spät in die Nacht auf meinem Balkon und träumte davon, wie es wäre, jetzt frisch verliebt zu sein und diesen Supersommer zu zweit zu genießen.

Heute ist Freitag, und ich habe soeben Jakob an seinen Vater übergeben, der mit ihm in die Berge fahren will. Vor mir liegt ein langes, freies Wochenende. Ich sitze mit einem kalten Aperol Sprizz auf meinem Balkon, aus dem Wohnzimmer tönt der Soundtrack von Buena Vista Social Club, und ich genieße es, heute Abend allein zu sein und nichts vorzuhaben. Morgen werde ich mit Karin, die ebenfalls Single ist, in die Berge fahren, und am Nachmittag bin ich zum Grillen bei Sabine und ihrer Familie eingeladen. Irgendein Daniel kommt auch. Am Sonntag steht dann der Feringasee auf dem Programm, und am Abend kommt Sex and the City, Teil III, im Open-Air-Kino auf dem Königsplatz. Das Leben ist schön, und ich gebe zu, dass das stabile Sommerwetter einiges leichter macht.

Autsch. Etwas beißt mich in den Unterarm, und ich schlage zu. Zu spät. An meinen Fingern klebt der blutige Überrest einer ziemlich großen Stechmücke, und die Stelle, an der sie mein Blut gesaugt hat, schwillt sofort an und beginnt zu jucken. »Scheißviecher«, schimpfe ich laut und denke, dass der Sommer eben nicht nur schöne Seiten hat. Da sticht mich schon die Nächste, diesmal in den Nacken. Diesmal erwische ich die Übeltäterin nicht, und während ich noch um mich schlage, spüre ich den nächsten Stich am Knöchel. Fluchend springe ich aus meinem Liegestuhl auf und stelle mich ans Balkongeländer. Ich blicke hinunter in den Innenhof, als könnte ich dort die Quelle der Plagegeister entdecken. Wer weiß, vielleicht ist ja jemand auf die glorreiche Idee gekommen, im kleinen Garten unten zwischen den Häusern einen Goldfischteich anzulegen. Eine Mückenzuchtanstalt. Aber es ist weit und breit kein Wasser zu sehen.

»Ekelhaft, die Viecher! Wo kommen die auf einmal her?« Ich zucke zusammen. Unbekannte, aber nicht unangenehme männliche Stimme von oben.

»Wo kommst du denn auf einmal her?« Ich blicke nach oben und erkenne im Abendlicht ein unrasiertes Gesicht, das von etwas zu lang gewordenen dunklen Locken umrahmt wird. Moment mal! Wohnt nicht über mir die alte Frau Gaiser, von der ich so selten etwas höre und sehe, dass ich manchmal in den dritten Stock steige und heimlich an ihrer Wohnungstür schnuppere, um sicherzugehen, dass sie nicht verwesend dahinterliegt? Vielleicht ist der Dreitagebart ihr Enkel.

»Ich wohne hier«, widerlegt der falsche Enkel sogleich meine These, »seit gestern! Darf ich mich vorstellen? Daniel!«

»Ach du liebes bisschen, ist Frau Gaiser gestorben?«

»Nein, die ist zu ihrer Tochter nach Florida gezogen«,

sagt er, »aber danke für das Willkommen!« Dabei grinst er freundlich.

»Sorry«, sage ich, »ich bin die Jule.« Und um die Karten gleich auf den Tisch zu legen, füge ich hinzu: »Gut, dass du über mir und nicht unter mir wohnst. Mein kleiner Sohn ist nämlich gerade in der Phase, in der er ausschließlich rennen und hüpfen kann, und ich glaube, das macht einen ziemlichen Lärm auf diesen Altbauböden. Und übrigens, er wird nicht einmal die Woche gehäutet, auch wenn sich das so anhören mag. Es handelt sich lediglich um Haarewaschen.«

»Wie alt ist er denn?«

»Drei.«

»Nett. Meine Schwester hat ein Mädel in dem Alter. Na, dann freu ich mich drauf, dich und deinen Sohn bald näher kennenzulernen!«

»Aua!«, antworte ich, als mich die vierte Schnake erwischt, »das ist ja eine richtige Plage heute Abend!«

Von oben höre ich ebenfalls das Geräusch, wenn eine Hand auf nacktes Fleisch trifft, und ein unterdrücktes Fluchen.

»In der Tat. Hast du Autan oder so etwas da? Meine Kisten sind noch nicht ganz ausgepackt …«

»Leider nicht. Bisher war das ja auch nicht nötig. Aber ich werde gleich morgen welches kaufen gehen. Jetzt gehe ich mal lieber rein, bevor ich zum Streuselkuchen mutiere. Gute Nacht, Daniel!«

»Gute Nacht, Nachbarin, schlaf gut!«

Ich schließe die Balkontür von innen, mache alle Fenster zu und lasse die Rollläden herunter, bevor ich in der

Wohnung das Licht anschalte. Es ist schade, diesen lauen Sommerabend auszusperren, aber ich will keine Stechmücken in meiner Wohnung. Mehr als die Stiche und das Jucken stört mich das nervtötende Hochfrequenzsummen, das immer dann einsetzt, wenn ich gerade kurz vor dem Einschlafen bin. Angeblich merken die Viecher ja, wenn der menschliche Puls runtergeht, bevor man in den Schlaf gleitet, und stechen dann erst zu. Schlau. Aber noch schlauer wäre es, wenn sie abwarten würden, bis man im Tiefschlaf ist. Auf diesen Deal könnte ich mich einlassen: Ein paar Stiche und dafür eine ungestörte Nachtruhe. Leider ist die Mücke an sich nicht besonders kooperativ.

Samstag, 11. Juni 2011

Schweißgebadet, viel zu früh und mit Kopfschmerzen wache ich auf. Warum habe ich bloß das Fenster nicht geöffnet in der Nacht? In meiner Wohnung hat es fast 30 Grad, und die Luft ist abgestanden. Ich tappe in die Küche, nehme eine Aspirin-Brausetablette aus dem Medikamentenschrank und werfe sie in ein Glas Leitungswasser. Als sich die Medizin sprudelnd aufgelöst hat, trete ich mit dem Glas auf den Balkon und atme erleichtert die noch kühle Morgenluft, die mich in meinem verschwitzten Nachthemd fast ein bisschen frösteln lässt. Die Stechmücken sind verschwunden, nur in der Duftkerze, die ich gestern brennend auf dem Balkontisch habe stehen lassen, sind noch ein paar tote Tiere, mumifiziert in erkaltetem Wachs. Die Sonne klettert über die gegenüberliegende

Hauswand, und sobald ihre Strahlen mich erreichen, spüre ich ihre Kraft und weiß, es wird wieder ein heißer Tag werden. Genau richtig für die Berge und das Grillen am Nachmittag.

Um sechzehn Uhr bin ich zurück in der Stadt. Die Tour auf den Stümpfling war genau richtig für so einen Sommertag, nicht zu anstrengend, und große Teile des Weges führten durch den schattigen Bergwald. Nach dem Abstieg sind Karin und ich in den Spitzingsee gesprungen – eigentlich ist der im Juni noch viel zu kalt zum Schwimmen, aber dieses Jahr scheint vieles anders zu sein. Er hatte angenehme 20 Grad.

Noch ein Cappuccino auf dem Balkon, und dann breche ich auch schon zu Sabine auf. Von oben höre ich Geräusche.

»Hallo, Nachbar!« Sein Kopf erscheint über der Brüstung, das Gesicht weiß von Rasierschaum.

»Hallo, Jule«, sagt er, »na, hattest du einen schönen Tag?«

»O ja«, sage ich und erzähle kurz von meiner Bergtour. »Und jetzt bin ich noch zum Grillen eingeladen. Muss gleich los.«

»Ich auch«, sagt mein Nachbar, »viel Spaß dir!« Er verschwindet, um sich fertig zu rasieren. Netter Typ, denke ich. Ich bin gespannt, wie er ohne die Dreitagestoppeln aussieht.

Eine Stunde später treffe ich mit einer Schüssel Nudelsalat unterm Arm bei Sabine in Germering ein. Es versetzt mir wie immer einen kleinen Stich, als ich durch den

Garten zum Haus gehe, denn Sabine und ihre Familie leben in der anderen Hälfte des Doppelhauses, in dem Markus, Jakob und ich damals wohnten. So haben wir uns kennengelernt, Sabine und ich.

»Hey, Jule, schön, dass du da bist!« Sie begrüßt mich mit einer Umarmung und lässt mich meine Beklemmung schnell vergessen. Dann flüstert sie mir ins Ohr: »Daniel ist auch gerade gekommen, er steht mit Jürgen am Grill. Kannst ja gleich mal ungezwungen hallo sagen!«

Ich schaue dorthin, wo die Rauchschwaden herkommen, und identifiziere Sabines Mann Jürgen anhand seiner knallroten Schürze. Neben ihm sehe ich einen Mann mit dunklen Locken stehen, der mir den Rücken zudreht.

»Hallo, Jürgen, danke für die Einladung!«, sage ich und kämpfe mich durch den Rauch.

»Hallo, Jule«, sagt Jürgen hustend, »sorry, das qualmt nur beim Anzünden ein bisschen, ist gleich vorbei! Das ist Daniel. Daniel, das ist Jule!« Zum Glück verzichtet er auf den Zusatz »die früher nebenan gewohnt hat«.

Daniel dreht sich um und grinst mich an, erst freundlich-neutral, dann überrascht: »Hallo, Nachbarin!«

»Ihr kennt euch schon?« Jürgen ist irritiert.

»Ich bin gerade über Jule eingezogen«, sagt Daniel, »ist ja lustig!«

Ich bestätige, dass ich das ebenfalls witzig finde, und bete, dass er jetzt nicht »So klein ist die Welt« sagt.

»Magst du ein Bier?«, fragt er stattdessen. Und ich mag. Und ihn auch, ein bisschen, irgendwie.

Um kurz nach acht verschwindet die Sonne am Horizont, sprich, hinter den Thujenhecken der Siedlung. Ich sitze mit Daniel auf einer Bank in einer ruhigen Ecke des Gartens, und wir unterhalten uns angeregt über Fotografie und Spiegelreflexkameras. Mein neuer Nachbar gefällt mir immer besser, abgesehen davon, dass er fünf Jahre jünger ist als ich. Aber auch wenn er sich nicht für mich als potenzielle Partnerin interessiert, vielleicht wird er ja ein guter Freund. Gute Freunde kann man immer brauchen, vor allem, wenn sie ein Stockwerk höher wohnen und vielleicht handwerkliches Geschick besitzen.

»Autsch, was war das denn?« Ich fasse mir in den Nacken, und als ich meine Finger betrachte, sehe ich den gleichen blutigen Mückenmatsch wie gestern Abend. Nur, dass ich diesmal gleich drei Tiere auf einen Streich erlegt habe.

»Die sind aber echt aggressiv dieses Jahr«, bestätigt Daniel und schlägt sich selbst ins Gesicht, mit dem gleichen Ergebnis wie ich. Da beißt es mich am Knöchel.

»Komm, wir gehen ins Haus«, sagt Daniel, nimmt mich an der Hand und zieht mich über den Rasen in Richtung Terrassentür. Auch die anderen Gäste fliehen um sich schlagend und fluchend ins Innere. Schnell schließen wir alle Fenster und Türen.

»Schaut mal«, sagt Daniel und zeigt nach draußen, auf einen Strahler, der an der Hauswand angebracht ist. In seinem Licht tanzen Schnaken. Nicht zehn, nicht hundert, sondern Tausende. Eine riesige Mückenwolke. So etwas habe ich noch nie gesehen, nicht einmal in den australischen Tropen direkt nach der Regenzeit.

Sonntag, 12. Juni 2011

Wieder erwache ich durchgeschwitzt und zu früh für einen kinderfreien Sonntag. Ich habe nur ein paar Stunden geschlafen, aber meine Mückenstiche jucken so stark, dass ich davon aufgewacht bin. Ich stelle mich unter die Dusche und lasse kühles Wasser über meinen zerstochenen Körper laufen. Als ich mich danach im Spiegel betrachte, erschrecke ich. Ich sehe aus, als hätte ich Windpocken und Masern gleichzeitig! Da fällt mir mein Sohn ein. Hoffentlich hat es ihn nicht so stark erwischt. Jakob reagiert immer ziemlich heftig auf Mückenstiche, er sieht sofort aus wie ein Streuselkuchen. Außerdem kann man einen Dreijährigen natürlich nicht davon abhalten, sich die juckenden Stiche aufzukratzen. Ich wickle mir ein Handtuch um den geschundenen Körper, greife nach dem Handy und rufe Markus an.

»Hallo«, sage ich betont kühl, als er sich meldet, und ärgere mich gleichzeitig darüber, dass wir immer noch keinen entspannten Umgangston gefunden haben, »ich wollte nur mal hören, wie es bei euch so geht mit den Stechmücken. Hast du Jakob eingesprüht? Mit Kinder-Autan? Oder hat es ihn arg erwischt?«

»Jule, wovon sprichst du?« Markus klingt unwirsch, und im Hintergrund höre ich Jakob nach seiner Mami fragen. Mein Ex mag es nicht, wenn ich ihn an seinen Sohn-Wochenenden anrufe und sein geliehenes Familienidyll mit seiner Freundin störe.

»Von der Mückenplage!« Du Depp, füge ich in Gedanken hinzu.

»Hier sind keine Mücken«, sagt Markus, »du, ich muss jetzt Schluss machen, wir wollen heute noch auf den Gipfel. Ciao, bis heute Abend.«

Ich bin einerseits enttäuscht, weil ich nicht mal kurz mit Jakob sprechen durfte, andererseits erleichtert, denn die Mücken scheinen die Berge zu verschonen. Wenn das hier in der Stadt so schlimm bleibt, fahre ich vielleicht einfach ein paar Tage mit dem Kleinen nach Garmisch, bis der Spuk vorbei ist.

Zum ersten Mal an diesem Tag werfe ich einen Blick aus dem Fenster und erwarte – wie immer – strahlenden Sonnenschein und stahlblauen Himmel. Doch heute scheint es bedeckt zu sein, ganz entgegen der Wettervorhersage, die keine Wolken erwähnt hat. Ich öffne die Balkontür, trete hinaus und merke sofort, dass etwas anders ist als sonst. Es sieht nicht nur anders aus draußen, es hört sich vor allem anders an. Steht im Hof etwa ein Auto mit laufendem Motor? Ich blicke nach unten. Nein, dort ist niemand. Erst, als ich das fast schon vertraute Piksen an meinen nackten Schultern, Armen, am Hals, im Gesicht und an den Beinen und Füßen spüre, begreife ich: Das sind die Mücken. Sie haben sich nicht wie gestern tagsüber verzogen, sondern sind schon am frühen Morgen unterwegs. Und das, was die Sonne verschleiert, sind keine Cirruswolken, sondern Mückenschwärme. Erschrocken schnappe ich nach Luft und habe sofort den Mund voller Flugtiere. Angeekelt spucke ich die wuselnden, schwarzen Schnaken aus, die nicht mal davor zurückschrecken, mich während des Todeskampfes in den Mund zu stechen, und flüchte zurück in meine

Wohnung. Ich knalle die Balkontür hinter mir zu und erschlage hektisch und wütend ungefähr fünfzig Mücken, bevor ich mich erschöpft auf einen Stuhl fallen lasse. Meine Zunge tut höllisch weh und fühlt sich geschwollen an, was den Schmerz von den frischen Stichen an Armen, Beinen, Hals und Schultern fast in den Hintergrund treten lässt.

Ich schalte das Radio ein.

»… ist von einer nie da gewesenen Mückenplage betroffen. Experten rätseln über ihre Herkunft, denn normalerweise legen die Stechmücken Anfang Juni ihre Eier ab, und erst ein paar Wochen später schlüpfen die Larven und machen sich dann als blutsaugende Stechmücken über Mensch und Tier her. Die aktuelle Plage kam quasi über Nacht und ist bereits so ausgeprägt, dass die Meteorologen eine leichte Abschattung des Sonnenlichts beobachtet haben. Dabei treten die Blutsauger nicht wie sonst bevorzugt bei und nach Einbruch der Dämmerung in Aktion, sondern sind Tag und Nacht gleichermaßen aggressiv. Das bayerische Gesundheitsministerium empfiehlt den Bürgern, Fenster und Türen mit Mückengittern zu versehen und das Haus möglichst nur für unaufschiebbare Erledigungen zu verlassen. Zwar sind Mückenstiche im Prinzip harmlos, doch wie das Münchner Universitätsklinikum Rechts der Isar berichtet, sei es bei dieser erstmals in Deutschland auftretenden Mückenart schon zu allergischen Reaktionen gekommen. Unbestätigten Gerüchten zufolge sollen eine ältere Frau sowie ein einjähriger Junge bereits an den Folgen massiver Mückensticheinwirkung verstorben sein. Wir halten Sie auf dem Laufenden. Bitte informieren Sie auch Bekannte und Nachbarn über die drohende Gefahr.«

Na super. Ich werfe meinen Computer an und sehe nach, was die anderen Medien so berichten. Die große Boulevardzeitung schreibt von der »Stechokalypse now« und weiß von neun Toten bisher, die Morgenzeitung titelt mit »Die Jahrtausendplage« und rät zur Flucht in die weniger betroffenen Bergregionen, und sogar die SZ spricht von einer »ernstzunehmenden Bedrohung« durch die sirrenden Blutsauger und empfiehlt, sich möglichst nicht ungeschützt nach draußen zu begeben.

Mein Telefon klingelt, Svenja ist dran, mit der ich heute an den See wollte.

»Hast du schon gehört? Das wird wohl nichts mit dem Schwimmen heute.«

»Nee, schrecklich ist das!« Ich berichte von meinem morgendlichen Balkon-Erlebnis, und auch Svenja hat eine ähnliche Geschichte zu erzählen.

»Ich muss sofort meinen Autan-Vorrat aufstocken, bevor das Zeug restlos ausverkauft ist«, sage ich.

»Vergiss es«, meint Svenja, »das Zeug hilft nicht gegen diese Viecher. Ich wohne doch über einer Apotheke und habe mir schon gestern alles geholt, was die dort gegen Mücken im Angebot haben. Autan lockt die Schnaken eher an, als dass es sie vertreibt. Ich glaube, die lachen darüber. Und sogar die harten Sachen mit Deet, du weißt schon, die man für Thailand oder Australien braucht, nützen nichts, selbst wenn du drin badest.«

»Das ist ja schrecklich!« Ich sehe weitere Sommerfreuden in unerreichbare Ferne rücken. »Was macht man denn dann?«

Svenja senkt die Stimme, bevor sie antwortet: »Also, Jens und ich fliegen morgen mit den Kindern nach Mallorca. Wir haben einfach unseren Urlaub vorverlegt. Es ist nämlich nur Kontinentaleuropa betroffen. Schnapp dir doch Jakob und setz dich mit ihm in den nächsten Flieger!«

»So einfach ist das leider nicht …«, erwidere ich seufzend und denke an meinen Arbeitgeber und vor allem an meine chronisch leeres Konto. Aber ich habe eine andere Idee.

»Tut mir leid, Frau Mändler. Wir sind restlos ausgebucht, und die anderen Pensionen und Hotels im Ort ebenso. Vielleicht versuchen Sie es im Schlosshotel, mag sein, dass die noch ein Zimmer für Sie und Ihren Sohn frei haben!«

Zähneknirschend wähle ich die Nummer des Schlosshotels in St. Johann. Dort kostet das Zimmer zwar das Doppelte von dem, was ich in meiner Stammpension immer bezahle, aber ich muss mit Jakob unbedingt weg aus München. Doch auch das erste Haus am Platz ist ausgebucht. Genau wie alle Unterkünfte in den Bergen, die ich im Laufe des Sonntags anrufe, egal, ob in Oberbayern, dem Salzburger Land oder sogar in Südtirol.

Als ich das Radio wieder einschalte, meldet der Verkehrsfunk 180 Kilometer zäh fließenden Verkehr zwischen München und dem Tauerntunnel sowie einen Stau auf der Inntalautobahn und dem Brenner, der sich bis Italien zieht. »Auf Deutsch gesagt: Es geht gar nichts mehr«, sagt der Sprecher abschließend und erzählt, dass der ADAC denen, die noch zu Hause sind, dringend davon abrate, sich zu den anderen in den Stau zu stellen. Leichte Panik steigt in mir hoch. Die Menschen verlassen die Stadt, zu Hunderttausenden. Ist das nun Panikmache oder eine begründete Flucht? Ich bekomme heftige Sehnsucht nach meinem Kind und wähle erneut Markus' Handynummer. Diesmal erwische ich ihn im Auto.

»Du fährst?«, wundere ich mich und denke an die Staumeldungen.

»Ja, du, das ist der Wahnsinn, uns kommt ein riesiger Stau entgegen, die ganze A95 scheint Richtung Süden dicht zu sein, aber auf unserer Seite fährt kein Schwein!«

»Wo seid ihr?«, frage ich alarmiert.

»Kurz vor Starnberg«, sagt Markus und dann, mit leichtem Vorwurf in der Stimme, »Jakob wollte unbedingt nach Hause, als er heute früh mitbekommen hat, dass ich mit dir telefoniert habe. Was soll man da machen.«

»O nein, könnt ihr nicht wieder umkehren?«, sage ich verzweifelt. Bei aller Sehnsucht mit meinem Sohn, er sollte jetzt besser nicht in die Stadt zurückkommen! Ich schaue nach draußen. Obwohl es inzwischen fast Mittag ist, scheint es immer dunkler zu werden. Ich bekomme Angst. Wie lange kann man bei geschlossenen Fenstern in einer 70-Quadratmeter-Wohnung überleben, ohne zu ersticken? Und wie lange reichen meine Vorräte?

»Vergiss es, ich stell mich doch nicht in den Stau da drüben«, verkündet Markus lachend, und ich kläre ihn über die aktuelle Lage auf. Er hat tatsächlich kein Radio gehört und keine Zeitung gelesen, und weder er noch seine Freundin haben sich über die immer dichter werdenden Wolken von Fluginsekten gewundert, während sie sich München näherten. »Ich dachte, das ist vielleicht, weil hier der Starnberger See um die Ecke ist«, sagt Markus, und ich verdrehe genervt die Augen. Aber jetzt ist es zu spät. Sie sind auf dem Weg zu mir.

Ich beende das Gespräch und versuche, Ruhe zu bewahren und nachzudenken. Dann surfe ich auf die Seite des Münchner Flughafens, um nach Flügen zu schauen. Pfeif auf die finanzielle Ebbe, wozu habe ich einen Dispokredit? Das ist ein Notfall. Ich muss mich und mein Kind retten. Dort, wo normalerweise die Listen mit Ankünften und Abflügen stehen, empfängt mich nach gefühlten fünf Minuten Ladezeit ein blinkender, rot umrandeter Kasten. Darin steht:

> *AKTUELLE MELDUNG: Aufgrund der heftigen Mückenplage in Bayern und ganz Deutschland musste der Flughafen München bis auf Weiteres komplett gesperrt werden. Die Insekten stellen eine Gefahr für die reibungslose Funktionsweise von Motoren und Turbinen der Flugzeuge dar, deshalb wurden alle Starts und Landungen für unbestimmte Zeit gestrichen.*

Bitte beachten Sie auch die Meldungen in Rundfunk und Fernsehen.
Ihre Flughafen München GmbH – wo der Urlaub beginnt.

Ganz ruhig bleiben, Jule, sage ich zu mir selbst. Alles wird gut. In ein paar Tagen sind die Viecher verschwunden, und diese Massenflucht stellt sich als kopflose Panikreaktion heraus. Du hast genügend Nudeln, Reis, Fertigsaucen, Konserven und Kekse in der Wohnung, um wochenlang zu überleben. Nur ruhig Blut.

Da ich keine Lust habe, das Haus zu verlassen und noch mehr zerstochen zu werden und außerdem Jakob jeden Moment abgeliefert werden kann – durch die Tiefgarage, hoffentlich ist Markus wenigstens so schlau –, suche ich im Internet nach Mückenschutzgittern. Und tatsächlich, es gibt einen spezialisierten Insektenschutzshop, der Rollos in allen Größen liefert. Nicht billig, der Spaß, aber einen Mückenschutz kann man ja immer brauchen. In den Warenkorb. Ich zähle meine Fenster und bestelle insgesamt acht Insektenstopprollos. Dann hole ich mir eine kalte Coke Zero aus dem Kühlschrank, lehne mich zurück und atme tief durch. Wenig später trifft die Bestellbestätigung per E-Mail ein.

Sehr geehrter Kunde, sehr geehrte Kundin,
bei Ihrer Bestellung mit der Nummer 2011-061234 *ist leider ein Fehler aufgetreten. Die gewünschten Artikel sind im Moment nicht verfügbar. Sie können sich per E-Mail darüber informieren lassen, wann die Produkte wieder lieferbar sind.*

Ich will gerade losheulen und ahne schon, dass es wenig Sinn hat, es in anderen Mückenschutzspezialshops oder im Baumarkt zu versuchen, da klingelt es an der Tür. Ein fröhlicher und nahezu unzerstochener Jakob steht davor und ein ebenso glatthäutiger, wenn auch ziemlich genervt dreinblickender Markus.

»Mamiiiiii!«, ruft Jakob und wirft sich in meine Arme. Ich drücke das kleine, warme Wesen, dem meine roten Pusteln am ganzen Körper total egal sind, fest an mich und puste ihm in den Nacken, bis er sich mir kichernd entwindet.

»Wir sind durch die Tiefgarage gekommen«, erzählt Jakob stolz, »weil, draußen ist nämlich die Akopalüse, gell, Papa?«

»Pass bloß gut auf ihn auf«, zischt Markus mir besorgt zu und betrachtet angewidert meine zerstochene Haut.

»Sehr witzig«, sage ich scharf, »wenn ihr Radio gehört hättet, wärt ihr einfach mit ihm in den Bergen geblieben, da wäre er am sichersten gewesen!« Streit liegt in der Luft, und da der wie immer zu nichts führen und nur mein Kind verunsichern wird, verabschiede ich mich rasch von meinem Ex, lasse ihn im Treppenhaus stehen und schließe die Tür.

»Mami, gehen wir jetzt zum Schwimmen an den Ringasee?«, will Jakob wissen.

»Leider nein, mein Schatz«, bedaure ich und lasse ihn ausnahmsweise auf einen Küchenstuhl klettern, »schau mal, da draußen, da fliegen ganz viele Mücken rum, und die stechen einen, wenn man rausgeht. Wir müssen warten, bis die wieder weg sind.«

»Wann sind die Mücken wieder weg, Mami?«

»Morgen. Oder übermorgen.« Die Hoffnung stirbt zuletzt.

»Dann gehen wir einfach morgen an den Ringasee.«

Jakob ist zufrieden und verschwindet zum Spielen in seinem Zimmer. Ich bin unglücklich. Höre Nachrichten, lese Zeitungsartikel, surfe im Internet und trauere um den Sommer, in dem ich mich verlieben wollte. Jetzt werde ich ihn allein mit meinem Sohn hinter geschlossenen Fenstern verbringen. Überall melden sich Experten zu Wort, und in einem sind sie sich einig: Keiner kann sagen, wie lange diese Plage dauern und welche Folgen sie noch haben wird. Für morgen werden Hamsterkäufe erwartet, weil niemand sagen kann, ob und wann die Flughäfen ihren Betrieb wieder aufnehmen, und wann sich die Staus auf den deutschen Autobahnen auflösen und die LKW mit Lebensmitteln wieder durchkommen. Soeben wurde gemeldet, dass Bundespräsident Wulff den Ausnahmezustand verhängt hat. Frustriert blicke ich durch die Fenster, an denen Tausende der widerlichen Stechmücken versuchen, eine Ritze zu finden, in den trüben Sommerhimmel. Wenn ich wenigstens einen Freund hätte!

Montag, 13. Juni 2011

Ich habe in meinem Kellerabteil noch eine Rolle Mückennetz aus Aluminium gefunden. Sie stammt noch aus der Germeringer Zeit, und ich habe sie wohl beim Umzug versehentlich mit in die Stadt genommen. Damit konnte ich zumindest drei meiner acht Fenster und die Balkontür so weit sichern, dass endlich wieder etwas Luft in meine stickige Wohnung kommt. Ins Büro kann ich nicht gehen, denn ich besitze leider kein Auto und kann deshalb nicht von Tiefgarage zu Tiefgarage fahren. Mein Chef, den ich auf seinem Handy erreichte, war verständnisvoll und sagte, ich solle mir keine Gedanken machen, wenn Ausnahmezustand herrsche, müsse ich nicht einmal meinen Urlaub für die mückenbedingten Fehltage nehmen. Im Hintergrund lief Radio Tirol, und ich meinte, Kuhglocken zu vernehmen.

Ich hätte aber sowieso nicht arbeiten gehen können, denn der Kindergarten ist geschlossen. Also hocke ich weiter mit Jakob in der Wohnung und überlege fieberhaft, was wir heute machen könnten. Dann habe ich eine Idee. »Komm, Jakob, wir schauen mal, was wir alles an Essen und Trinken dahaben und überlegen uns, wie lange es reicht und wann wir etwas Neues kaufen müssen!« Eine sinnvolle Aufgabe. So etwas findet mein Sohn immer super, viel besser als Puzzles oder Legotürme.

Wir räumen also sämtliche Vorratsschränke in der Küche aus und platzieren den Inhalt auf Küchentisch und Boden. Bei der Gelegenheit werfe ich alles, was abgelaufen oder angeschimmelt ist, in eine große Mülltüte. Und bin erstaunt, wie viele unverderbliche Lebensmittel und Konserven ich besitze. Verhungern werden wir nicht so schnell.

Da klopft es an der Tür. »Bin gleich wieder da, schmeiß nichts um!«, ermahne ich Jakob, der mit den Sachen Kaufladen spielt, und gehe zur Wohnungstür. Daniel steht davor. Ich merke, wie ich freudig zu grinsen beginne, und bin froh, heute Morgen ein wenig Wimperntusche aufgelegt zu haben, obwohl ich nicht vorhatte, die Wohnung zu verlassen.

»Hey, komm rein«, fordere ich meinen Nachbarn auf, »übrigens, mit Eintagebart gefällst du mir am besten!« Hoffentlich versteht er das jetzt nicht als plumpe Anmache. Ist mir so rausgerutscht.

Er lächelt, streicht sich über die leicht kratzigen Wangen und sagt: »Würde ich total gerne, aber ich muss dringend einkaufen gehen. Wollte nur fragen, ob ich euch etwas mitbringen soll.«

»Hast du denn ein Auto?«

»Nein, aber ich bin gut ausgerüstet«, sagt er und zeigt mir einen Sonnenhut mit herunterhängendem Moskitonetz, das man mit einem Gummiband um den Hals schließen kann. »Dann schaut kein Stück Haut mehr raus«, sagt er. Er trägt dünne Fahrradhandschuhe, ein langärmeliges Hemd und lange Hosen, deren Beine er in Bergstiefel gesteckt hat.

»Danke, aber eigentlich brauchen wir nichts. Außer vielleicht frisches Obst und Gemüse, wenn du überhaupt welches findest. Muss aber nicht sein.«

»Alles klar, ich schau mal! Wünsch mir Glück in der Mückenhölle«, sagt Daniel und stapft winkend die Treppe hinab.

Als ich in die Küche zurückkomme, bietet sich mir ein Bild der Verwüstung. »Jakob!!!« Er ist nicht da. Auf dem Boden, dem Tisch und an den Küchenmöbeln kleben Unmengen einer braunen Paste, vermischt mit ein paar Scherben und dem Inhalt einer aufgerissenen Packung Reis. »Jakob, wo bist du?! Komm sofort her!« Erst jetzt sehe ich, dass die Balkontür offen steht. Mein mühsam angebrachter Mückenschutz ist an einer Ecke abgerissen und hängt halb auf dem Boden. O Gott, Jakob ist da draußen in den Mückenschwärmen, denke ich, und als Nächstes: Ich muss ihn reinholen und dann sofort wieder alles verbarrikadieren, sonst habe ich gleich die ganze Bude voller Schnaken! Ich versuche, nicht in die Sauerei und die Scherben am Boden zu steigen, und hechte auf den Balkon, mich innerlich gegen die sirrenden Insektenschwärme wappnend.

Doch das, was ich dann auf meinem kleinen Balkon sehe, ist noch absurder als das Massaker in meiner Küche. Jakob steht da, komplett braun verschmiert von der Paste aus der Küche, und um ihn herum befindet sich keine einzige Stechmücke. In einigen Metern Entfernung sehe ich die Schwärme zwar noch wie hellgraue Wolken herumwabern, aber sie halten zwei Meter Abstand, als ob sie an einer unsichtbaren Mauer abprallen würden. Und keine einzige Mücke macht auch nur den Versuch, in die Küche zu fliegen. Ich atme frische, mückenfreie Luft.

»Jakob, du bist ein Genie!«, rufe ich meinem Sohn zu, stürze mich auf ihn und schließe ihn fest in meine Arme, ohne mich daran zu stören, dass nun auch ich voll mit der klebrigen braunen Pampe bin.

Mittwoch, 15. Juni 2011

Ich bin völlig am Ende, aber glücklich. Es ist weit nach Mitternacht, Jakob schläft tief und fest, und wir sitzen erschöpft in der Küche, die aussieht, als habe eine Bombe eingeschlagen. Fast zwei Tage lang haben Daniel und ich alle erdenklichen Kombinationen von Flüssigkeiten und Lebensmitteln ausprobiert, die in meiner Küche zu finden waren. Bei unseren Selbstversuchen auf dem Balkon haben wir uns noch einige Mückenstiche geholt, aber letztendlich haben wir es geschafft. Das Geheimnis bestand in einem Löffel Babyöl, der noch zu der Mischung aus Essig, Sojasauce, Schokopudding, Ketchup und Zitronensaft hinzugegeben werden musste, um das Anti-Mücken-Mittel wirksam zu machen. Und wie es wirkt! Wenn man es auf die Haut aufträgt – man muss nicht mal darin baden, es genügen ein paar Kleckse davon auf der Stirn, an den Armen und Beinen – halten die Schnaken Abstand. Und wenn man ein mit der Pampe beschmiertes Küchentuch in das offene Fenster hängt, fliegt keine Einzige ins Zimmer.

»Wenn ich es nicht mit eigenen Augen sehen würde, ich würde es nicht glauben!«, staunt Daniel zum wiederholten Male. »Dein Kind ist der Wahnsinn. Und du übrigens auch.« Er taucht seinen Finger in den Eimer mit »Jakobs Schnakenterminator«, wie wir das Zeug auf Wunsch meines Sohnes genannt haben, und tupft mir liebevoll etwas davon auf die Nase. Statt einer Antwort beuge ich mich vor und küsse ihn. Daniel schlingt seine Arme um mich, hebt mich hoch und trägt mich durch das Chaos hinaus auf den Balkon, wo die laue Nachtluft angenehm unsere Haut kühlt. »Jetzt kommt der Härtetest für das Mittel«, flüstert Daniel, während er langsam beginnt, meine Bluse aufzuknöpfen und sich über mein Gesicht und meinen Hals abwärts zu küssen. Und als wir auf den Kissen meiner Balkonstühle zum ersten Mal miteinander schlafen, denke ich, dass das Universum etwas durcheinandergebracht hat, als es meinen Wunsch nach romantischen Abenden auf dem Balkon und Sex unter dem offenen Fenster registrierte. Aber das macht nichts. Es dauert nicht lange, bis ich das Denken sowieso einstelle.

Sonntag, 21. August 2011

Es wurde also doch noch ein Jahrhundertsommer, der Sommer meines Lebens. Dank Jakob und seiner genialen Anti-Mücken-Mischung. Anfangs wollte ich das Rezept ja einfach über Radio, Internet und Zeitungen so schnell wie möglich an die Bevölkerung herausgeben, damit sich jeder das Zeug selbst zusammenmixen und sich damit vor Mückenstichen schützen kann. Aber Daniel überzeugte mich, dass man durchaus auch etwas Profit aus der ganzen Sache schlagen könne. »Wenn schon nicht für dich, dann zumindest als Grundstock für Jakobs Ausbildung. Ich finde, das hat er sich verdient. Und den Rest kannst du ja spenden. Aber warum sollen die Leute nicht eine Kleinigkeit dafür zahlen, dass du sie von der Plage befreist?«

»Jakobs Schnakenterminator« wurde also in geheimer Rezeptur und in Massen hergestellt und schon nach wenigen Tagen überall verkauft. Entgegen meiner Befürchtung wirkte das Mittel tatsächlich bei jedem, und als sich nach ungefähr zwei Wochen wirklich alle damit eingedeckt hatten und die Leute mit braunen Klecksen auf den Wangen und Armen herumliefen, trat noch ein weiterer Effekt zutage: Die Mücken verzogen sich nach und nach, weil sie keine Opfer mehr fanden, deren Blut sie saugen konnten. Mitte Juli war der Spuk vorbei, als hätte es nie eine Mückenplage gegeben. Natürlich hatte irgendein Schlaumeier die Inhalte des Schnakenterminators analysiert und rasch ein Konkurrenzprodukt auf den Markt gebracht, aber bevor sich das zu verkaufen begann, wurde es nicht mehr benötigt. Einen Teil des Geldes habe ich behalten und für Jakob auf ein Sparkonto gelegt, und mit einem weiteren Teil habe ich die Doppelhaushälfte in Germering gekauft. Nicht die, in der ich mit Markus gewohnt hatte, sondern die andere. Sabine, Jürgen und die Mädels zogen nach nebenan, in unsere frühere Hälfte. Ich muss mich nur noch daran gewöhnen, dass alles spiegelverkehrt ist. Ansonsten sind Jakob, Daniel und ich sehr glücklich dort.

Den größten Teil der Einnahmen habe ich an Kinderdörfer in Afrika gespendet.

Und so sind jetzt eigentlich alle glücklich. Nur Markus nicht, denn seine Freundin ist schwanger, und er würde gerne zu mir zurück, schließlich ist Jakob jetzt aus dem Gröbsten raus.

»Ist es nicht schön hier?«, frage ich Daniel, lehne mich mit meinem orangefarbenen Drink im Liegestuhl zurück und lasse die Eiswürfel darin klirren. Über den Thujenhecken geht gerade die Sonne unter, und ihre letzten Strahlen tauchen den Garten in zartes goldenes Licht. Ein paar Grillen zirpen, und die Luft ist noch so angenehm warm, dass man im T-Shirt draußen sitzen kann. Keine einzige Stechmücke stört den Frieden.

»Ist es wirklich«, brummt Daniel zufrieden und nimmt meine Hand, »aber mit dir ist es überall schön. Sogar in Germering.«

»Mit Kindern ist es hier einfach viel besser als in der Stadt«, sage ich, »du wirst dich daran gewöhnen, das verspreche ich dir!«

»Kinder?« Er reißt die Augen auf, die schon halb geschlossen waren, und sieht mich an. »Heißt das … willst du … bist du …?« Ein Grinsen breitet sich über sein ganzes Gesicht aus.

»Ja«, sage ich und schwenke mein Cocktailglas, »da ist nur Sanbitter drin …«

Weil Daniel mich so stürmisch küsst, kann ich den Schmerz zunächst gar nicht lokalisieren. Doch dann greife ich mir aufheulend ans Bein und taste eine eurostückgroße Beule. Im nächsten Moment erwischt es mich an der Schulter. Daniel lässt mich los, springt auf und schlägt ebenfalls wild um sich.

»Was ist denn das?!«

Und dann sehe ich sie. Die Wespen. Es sind nicht nur ein paar, kein Schwarm, sondern Abertausende. Und sie kommen aus allen Richtungen, summend, brummend und den sanbitterfarbenen Abendhimmel verdunkelnd.

Ziemlich heiß hier …

Es ist ein ungewöhnlich heißer Sommer. Ich habe den Eindruck, Berlin hat sich im Laufe des vergangenen Winters, von allen unbemerkt, an den Äquator herangeschoben. Tektonische Stadtverschiebung einer Platte … oder so etwas. Möglicherweise ist Berlin auch noch da, wo es immer schon war, und der Äquator ist hierhergewandert. Alle möglichen Dinge können wandern … Inseln … Nieren … Dünen … also warum nicht auch der Äquator? So ein Äquator hat doch Zeit. Vielleicht war er es leid, immer auf dieselben Leute und Länder zu starren und wollte in seinem langweiligen Leben auch mal was anderes sehen.

Seit einigen Wochen ist er nun in Berlin, der Äquator. Und es scheint ihm gut zu gefallen. Hier haben die Menschen noch Respekt vor ihm und seiner Hitze. In den Nachrichtensendungen steht er an erster Stelle: »Rekordhitze … Brände … Ohnmachten … sterbende Bäume an jeder Straßenecke.« Beinahe täglich appelliert der Bürgermeister an die Einwohner, die Straßenbäume zu gießen. Ein Herz für Kinder war gestern, ein Herz für Bäume ist heute.

Die Zeitungen sind voll mit Geschichten über die Hitze und deren Folgen. Experten gehen davon aus, dass im nächsten Frühjahr signifikant weniger Kinder geboren werden. Hitzeknick statt Pillenknick. Wer will sich auch vereinigen, wenn man schon *vor* der ersten Berührung schweißnass ist? Wenn ich zurzeit nur an Sex denke, schüttelt es mich.

In *Gala der Frau* haben sie die Gunst der heißen Stunde genutzt und eine Titelgeschichte unter dem Motto »Die drei besten Tipps für Sex bei Hitze« verfasst. *Gala der Frau* – wie kann man eine Zeitung so nennen? Das klingt nach Kaffeehauszeitschrift für toupierte Rentnerinnen.

Sex bei Hitze ... Natürlich habe ich mir *Gala der Frau* nicht gekauft, so weit bin ich noch nicht gesunken. Meine Mutter hatte diese *Gala der Frau* zu Hause. Selbstverständlich hat sie die Zeitung *nicht* wegen der Titelgeschichte gekauft. *Sex bei Hitze*, nein, niemals würde sie das zugeben. Sie kauft *Gala der Frau* immer wegen der Rätsel, *nur* wegen der Rätsel, damit sie mit irgendwas beschäftigt ist. Ihr Mann, mein Vater, redet seit Jahren nicht mehr viel mit ihr.

Ich brauche solche Tipps nicht ... nicht mehr. Mein Freund nennt sich jetzt Ex-Freund und ist ausgezogen, gerade rechtzeitig vor der großen Hitze. Als ob er geahnt hat, wie heiß der Sommer wird ... besonders bei uns unterm Dach, ohne Isolierung. Im Winter ein Eisloch, im Sommer ein Backofen.

Ich hatte ihm angeboten, selbst auszuziehen, aber er meinte: Lass nur, das geht schon in Ordnung. Zunächst dachte ich: Oho, wie großzügig von ihm. Aber jetzt habe ich den Salat. Zwei Dachschrägen, in denen zwei extragroße Fenster ohne vernünftige Rollos sind. Ein Fenster genau über unserem Bett – weil ich zu jeder Tages- und Nachtzeit in den Himmel sehen wollte.

Sven hat einfach schneller geschaltet und die Gunst der Trennung genutzt, um nicht nur mir, sondern auch dieser Wohnung ade zu sagen. Er war schon immer gegen dieses »romantische Gedudel«, von wegen nachts die Sterne sehen und so.

»Bitte nicht«, hatte ich gejammert, als er letztes Jahr mit einem lichtdichten Sonnenrollo am Bett stand und meinte, er mache das Fenster jetzt zu.

»Wenn es mal richtig heiß wird, fühlen wir uns hier wie Würstchen auf dem Grill«, sagte er.

»Ich finde es aber schön, nachts die Sterne zu sehen«, erklärte ich. Alles, was Sven dazu sagte, war: »Marlene, ich weiß nicht, was du so in der Nacht machst, aber ich schlafe!«

Spätestens da hätte mir klar sein müssen, was für ein Schwachkopf da neben mir Platz genommen hatte. Aber so ist das eben, wenn man erst am Ende der Schulzeit ernsthaft mit dem anderen Geschlecht zusammenkommt. Dann denkt man: Gott sei Dank, ich habe auch noch einen abbekommen! Und an dem hält man fest wie an einem Rettungsring. Andere Mädels brauchen zwei Monate, um ihren Irrtum einzusehen. Ich habe fast zwanzig Jahre gebraucht, um zu erkennen, dass Sven nicht das Maß aller Dinge ist.

Schade nur, dass Sven nicht erst letzte Woche ausgezogen ist, auf dem bisherigen Höhepunkt der Hitzewelle.

Die Dachgeschosswohnung stand kurz davor, sich selber zu entzünden – 38 Grad um zehn Uhr vormittags. Da hätte das Kistenschleppen doppelt Spaß gemacht! Aber der Idiot hat einfach immer Glück. Der Tag seines Auszugs war der kälteste in diesem Sommer. Nun denn. Mir ist sein Glück inzwischen scheißegal. Vor allem sein neues Glück mit Mandy.

Sven und ich haben uns *im Guten* getrennt. Nach zwanzig Jahren wirft man sich kein Geschirr mehr an den Kopf. Da teilt man sachlich die Dinge auf, die irgendwann einmal eine Bedeutung hatten. Blöderweise hat er auch das Sonnenschutzrollo mitgenommen. Ich nehme ihm das nicht übel, nein, ich will ja die Sterne sehen. Und ich bin froh, nicht mehr auf seine Autosammlung starren zu müssen, wenn ich morgens die Augen aufschlage. Alle Modellautos kostbare Einzelstücke, in stundenlanger Fitzelarbeit zusammengebaut. Ein kleines Vermögen sind sie wert, aber unerotisch wie ein Stück Knäckebrot.

Je länger ich über Sven nachdenke, desto weniger möchte ich, dass wir Freunde bleiben. Schon gar nicht, seit ich ihn das erste Mal mit Mandy gesehen habe. Sie wohnt einen Block weiter, eine Zwanzigjährige, die außer einer guten Figur, samtweichen braunen Augen und tadellos lackierten Fingernägeln nichts zu bieten hat. Fast wäre sie Friseuse geworden, aber eben nur fast. Man munkelt, sie habe den männlichen Kunden nicht nur die Kopfhaut massiert. Friseuse, wenn ich das schon höre.

Dabei hat Sven mir immer erklärt, er wisse nicht, ob er es mit einer jungen Frau lange aushalten könnte. Er brauche auch die konstruktive Auseinandersetzung mit einem echten Gegenüber. Wobei sich unsere Vorstellungen von einer konstruktiven Auseinandersetzung nicht immer deckten.

Sven fand es damals ausreichend, sich zu entschuldigen, so von wegen: Tut mir leid, ich war betrunken, kommt nie wieder vor, die Frau bedeutet mir nichts. Mir war das nicht konstruktiv genug. Ich wollte, dass er die angeblich so bedeutungslose Dame öffentlich ans Kreuz nagelt und ihr dann meine Vorzüge referiert.

Ich glaube nicht, dass einem knapp vierzigjährigen Bauingenieur bei einer zwanzigjährigen Fast-Friseuse die konstruktive Auseinandersetzung wichtig ist. Er sieht in ihr wohl auch kein Gegenüber. Eher eine Darunter.

Ich möchte mal wissen, ob er bei Mandy auch andauernd zu früh kommt. Ich habe ja immer gesagt: »Das macht doch nichts … bist halt nervös … ist nicht so schlimm … es gibt andere Wege.« Was man ihm dann eben so sagt, damit er bei guter Laune bleibt. Anfangs hat Sven sich beschämt von mir heruntergerollt wie ein verängstigter Fahrschüler und gemeint, er sei »ein Versager«.

»Ach was … ist doch auch so schön.«

»Wirklich?«

»Ja … klar.«

In Wahrheit gibt es nichts Schlimmeres, als wenn dem Mann schon die Pupillen aufgehen, noch bevor die Frau richtig liegt … oder sitzt. Sven ist sozusagen der Beischlaf-Ferrari. Ich gehöre mehr zur Treckerfraktion. Und Mandy? Mein Gott, die ist zwanzig, was weiß die schon.

Seit Sven ausgezogen ist, versuche ich mir einzureden, wie wunderbar es ist, allein zu leben. Ich genieße literweise Schokoladeneis mit Schokostückchen drin. Wenn, dann richtig. Ist doch nichts dabei, im Sommer Berge von Eis zu essen. Es gab mal ein Alter, da konnte ich mir das leisten.

In *Gala der Frau* heißt es, man solle während der Sommerhitze Sex an besonderen Orten haben, zum Beispiel unter der eiskalten Dusche. Mal im Ernst, welcher Mann ist in der Lage, die Frau in der 80 x 80 cm kleinen Duschwanne in eine für sie entspannte Position zu heben und (!) sie für die Dauer des Aktes auch sicher festzuhalten, also, ohne dass sie dabei die Duschwände aus der Verankerung tritt oder er ausrutscht? Sven kann das nicht mehr bringen. Seit er sich vor einigen Jahren die Bänder in beiden Knöcheln gerissen hat, knickt er gerne und schnell um. Und wenn ich weiterhin hemmungslos Schokoladeneis in mich hineinstopfe, ist es nur noch eine Frage von Wochen, bis eine zweite Person in der Duschkabine neben mir ohnehin keinen Platz mehr findet: Marlenes Duschkabine wegen Überfüllung geschlossen …

Der zweite Tipp bei *Gala der Frau* war, an besonders heißen Tagen auf die Nacht zu warten. Wenn man bedenkt, dass neunzig Prozent der Deutschen es ohnehin nur in der Nacht treiben, auch nicht gerade ein bahnbrechender Vorschlag zur Erhöhung der sommerlichen Beischlafquote.

Und außerdem, selbst in der Nacht kühlt es im Moment nicht mehr ab. Der Äquator steht wie ein feuerspeiender Drache in den Straßen der Stadt. Auf den Rutschen der Kinderspielplätze könnten Spiegeleier gebraten werden, Eiskugeln kann man wenige Sekunden nach dem Kauf nur noch trinken, der Asphalt wird von Tag zu Tag klebriger.

Wenn ich die letzten Wochen mit einem Wort benennen sollte, dann wäre das: Zeitlupe. Super-Zeitlupe. Sieht man mal vom Beischlaf zwischen Sven und seiner neuen Biene ab. Die arme Mandy, so schnell kann die gar nicht stöhnen, wie er kommt.

Es ist neun Uhr. Ich muss langsam los und meine Mutter abholen. Sie hat einen Termin beim Amtsgericht, und Vater hat mich gebeten, sie zu fahren. Er will bei der Hitze nicht vor die Tür, und ich habe ja Urlaub. Eigentlich der Jahresurlaub mit Sven. Die Urlaubstage konnte ich nicht mehr verschieben, aber wenigstens die Reise stornieren. Vier Wochen Norwegen. Es hätte so schön kühl sein können: Fjorde, klare Seen, friedliche Rentiere am Straßenrand, dazu eine Landessprache, die mit ihren vielen ö's und wenigen anderen Selbstlauten etwas Meditatives an sich hat – und freundliche Menschen, denen die Langsamkeit im Blut zu liegen scheint.

Auch hier in Berlin geschieht inzwischen alles langsam, sehr langsam. Selbst die Schweißtropfen rollen nicht einfach so an mir herab. Sie schleichen sich über meinen Körper wie erschöpfte Pilger auf der Suche nach einem schattigen Plätzchen. Noch immer liege ich auf meinem Bett und denke: Du musst endlich aufstehen. Ich schnuppere an meiner Achselhöhle, danach bin ich der Ohnmacht nahe. Ich muss unbedingt duschen.

Das Telefon klingelt. Mühsam erhebe ich mich. Telefon … wo lag das noch? Ich kann mich nicht erinnern. Ich schaue mich im Zimmer um und warte darauf, dass mir das Telefon zuwinkt. Es winkt nicht. Vielleicht ist es in der Küche? Der Anrufbeantworter geht ran, noch immer mit Svens Ansage. Ich finde die Betriebsanleitung nicht, um die blöde Ansage zu ändern. *Piep*.

»Marlene, hier ist Mutter. Ich wollte nur hören, ob du pünktlich losgefahren bist, bei dir weiß man ja nie. Aber es scheint ja ausnahmsweise mal alles zu klappen. Bis gleich, tschüss.«

Meine Mutter macht aus ihrer Meinung nie einen Hehl. Außerdem ist sie eine eigenwillige, dickköpfige Person und tut, was sie will. Vor ein paar Tagen war sie walken, am Mittag in der größten Hitze – und hat sich gewundert, dass sie »keiner Menschenseele« begegnet ist. Auch ihre Saunabesuche setzt sie fort – bezahlt ist bezahlt. Seit es so heiß ist, hat sie die ganze Sauna für sich. Meine Mutter hat, mit sechzig Jahren, einen Schwimmkurs gemacht. Ich fand es gut, dass sie endlich schwimmen gelernt hat. Aber es war mir peinlich, dass sie darauf bestanden hat, auch ihr Seepferdchen abzulegen. Sie ist mächtig stolz auf dieses kleine Abzeichen und hat es allen erstaunten Nachbarn gezeigt.

Auf dem Weg ins Bad bleibe ich vor dem Kleiderschrank stehen und überlege, was ich nur anziehen soll? Ich kann schlecht nackt ins Amtsgericht fahren. Eigentlich ist es egal, was ich anziehe. Ich bin ja nur die Begleitperson. Mutter muss eine Unterschrift leisten, mit der sie das Erbe ihrer Schwester ausschlägt. Als sie mir vor einer

Woche mitteilte, dass Tante Klara gestorben ist, war ich vollkommen überrascht.

»Jetzt erst?« Ich wähnte Tante Klara schon seit Jahren unter den Toten.

»Jetzt endlich!«, gab Mutter nur zurück.

Seit ich denken kann, war das Verhältnis zwischen den beiden Schwestern vollkommen zerrüttet. Ich selbst habe Tante Klara das letzte Mal bei meiner Einschulung gesehen. Wäre sie mir auf der Straße begegnet, hätte ich sie wohl kaum wiedererkannt.

Ich spüre wieder diese Hitzewand in der Wohnung. Und das Schlimme ist, ich weiß, es ist draußen nicht besser. Meine Röcke sind alle in der Wäsche. Ich greife zu einer abgeschnittenen Stoffhose. Ich weiß, man soll Hosen nicht mit einer stumpfen Gartenschere abschneiden, schon gar nicht, nachdem man eine Flasche Wein getrunken hat. Aber für eine Korrektur des Malheurs ist jetzt keine Zeit mehr. Hauptsache, die Hose passt noch. Als ich mich hineingezwängt habe, bin ich erstaunt, wie eng das krumme Ding in den letzten Wochen geworden ist, ich krieg den Knopf nicht mehr zu. Egal, wenn ich ein Schlabber-Shirt drüberziehe, sieht man es nicht. Je schlabbriger, desto besser, dann spare ich mir auch gleich noch den BH. Das Telefon klingelt wieder. *Piep*.

»Marlene! Ich bin es noch mal, Mutter. Wo bleibst du denn? Dass man sich auch nie auf dich verlassen kann … Marlene?!«

Wenn ich jetzt nicht sofort zu ihr fahre, wird sie mir wieder mit einem Herzinfarkt drohen. Ich werfe mir noch rasch ein faul herumliegendes Shirt über und fahre los. Im Auto bemerke ich eine ganze Armee von Schokoeisflecken auf dem Shirt. Egal.

Als ich bei den Eltern ankomme, sieht meine Mutter mich entsetzt an. Irgendetwas an mir scheint sie ihren Ärger über das Zuspätkommen vergessen zu lassen.

»Was starrst du mich so an?«, frage ich unschuldig.

»Hat Sven bei seinem Auszug alle Kämme und Bürsten mitgenommen?«

Erst jetzt fällt mir auf, dass ich mich nicht gekämmt habe. Naturwelle, eine Nacht lang durchgeschwitzt, macht aus jeder Frau optisch einen unter Strom stehenden Besen. Eigentlich war ich gar nicht im Bad. Bei der Hitze rinnt einem die Schminke ohnehin nur über die Wangen, und außerdem: Ich begleite Mutter doch nur. Sie schüttelt den Kopf. Plötzlich zieht sie mir das Shirt bis zum Nabel hoch und greift mir an den Hosenbund.

»Mein Gott, Marlene, die passt dir doch gar nicht mehr, oder?«, fragt sie und starrt mir kopfschüttelnd auf den Bauch.

»Mann, Mama«, sage ich genervt und zerre ihre Hand von mir weg. Sie zieht an meinem Schlabbershirt herum. »Ich wusste nicht, dass es die Dinger auch in Größe 62 gibt«, sagt sie.

Ich weiß, ich bin heute nicht eben top gekleidet. Aber Mutters Outfit ist auch sehr gewöhnungsbedürftig. Sie trägt ein ärmelloses, knielanges Kleid in verschiedenen Grautönen und einer orangefarbenen Druckknopfleiste in der Mitte. Auf den ersten Blick sieht es aus wie eine Kittelschürze. Darunter hat sie nichts weiter an als einen BH, dessen breite schwarze Träger an der Schulter hervorschauen. Ihre Füße stecken in rosafarbenen Sandalen mit feinen Riemchen, was in Anbetracht ihrer fleischigen Knöchel albern aussieht. Sie erinnert mich an einen schlecht gelaunten Marabu.

Vater reicht ihr eine riesige Handtasche aus Pseudo-Kroko; am Henkel hängt eine kleine gelbe Stoffente, die ihr der Schwimmlehrer zum Bestehen des Seepferdchens geschenkt hat. Ich betrachte sie eine Weile lang skeptisch.

»Was ist?«, fragt sie, während sie die Riemchen ihrer Schuhe schließt.

»Du willst doch nicht allen Ernstes in dieser Kittelschürze zum Amtsgericht fahren?«, frage ich und weiß sofort, dass meine Mutter damit kein Problem hat.

»Kind, es hat inzwischen 38 Grad. Glaubst du, da schmeiße ich mich in Schale? Sei froh, dass ich bei der Affenhitze überhaupt was anziehe«, sagt sie.

»Du musst dich ja nicht in Schale schmeißen … aber immerhin ist deine Schwester gestorben«, sage ich vorsichtig.

»Meine Schwester ist für mich schon lange tot!«, sagt Mutter, und ich begreife, dass sie in ihrem Aufzug die letzte Möglichkeit sieht, ihre Schwester auch noch im Tode herabzuwürdigen.

»Na gut, dann lass uns fahren«, sage ich und denke: Hoffentlich treffen wir keinen, der mich kennt.

Vater umarmt mich. »Danke, dass du das übernimmst«, sagt er und prallt augenblicklich zurück. Ich weiß, was er riecht, und bin dankbar, dass er die Feststellung für sich behält. Nach Mutters zweitem Anruf hatte ich einfach keine Zeit mehr, mir den Schweiß der letzten Nacht vom Leib zu duschen. Oder waren es zwei Nächte?

Wir fahren los. Mutter und ich sehen aus wie zwei entflohene Psychiatrie-Insassen. Aber in der Hitze ist vieles erlaubt. Ja, ich weiß, es gibt Frauen, die auch noch im Fegefeuer topgestylt aussehen. Mutter und ich werden nie dazugehören.

»Was, glaubst du, steht in dem Testament?«, frage ich meine Mutter.

»Beschimpfungen«, sagt sie überzeugt und verschränkt die Arme.

Überraschenderweise kommen wir unfallfrei am Amtsgericht an. Überraschend deshalb, weil ich in der Eile vergessen habe, meine Kontaktlinsen einzusetzen, und das Fahrzeug lediglich mit einer Sieben-Euro-Sonnenbrille von Woolworth durch die Straßen lenke.

Das Amtsgericht ist in einem alten Backsteingebäude untergebracht, das Kühle verspricht. Als wir eintreten, umweht uns abgestandene, aber angenehm temperierte Luft. Herrlich. Der Pförtner mustert uns. Vermutlich glaubt er, dass wir zu unserem gerichtlich bestellten Vormund wollen. Mutter klappt ihre Krokoimitat-Handtasche auf und holt das Schreiben hervor.

»Wir wollen zu Frau Weidenfels-Auf der Heide.« Ach, ein Doppelname. Deswegen also ist mein Vater nicht mitgekommen, Frauen mit Doppelnamen sind ihm suspekt.

Der Pförtner sagt, eine Frau Weidenfels-Auf der Heide arbeite hier nicht. »Vor ein paar Tagen hat sie noch hier gearbeitet und meiner Mutter diesen Brief geschrieben«, sage ich, nehme ihr den Brief aus der Hand und wedle damit vor der Nase des Mannes herum.

»Von welchem Zimmer aus denn?«, fragt der Pförtner spöttisch und sieht mich herausfordernd an. Ohne Brille kann ich das in dem Brief nicht erkennen. Und damit Mutter nicht begreift, in welcher Gefahr sie während der Autofahrt mit mir geschwebt hat, sage ich: »Ich weiß nicht, in welchem Zimmer Frau Weidenfels-Auf der Heide sitzt, und hatte gehofft, dass Sie mir das sagen könnten … in Ihrer Eigenschaft als Pförtner.«

Der Mann blättert in einem Verzeichnis. Ich schaue durch die Drehtür hinaus ins gleißende Sonnenlicht und denke: Vielleicht ist Frau Weidenfels-Auf der Heide gestern auf dem Weg nach Hause auch verbrannt.

»Kann sein, dass sie neu in der Abteilung ist«, sagt der Pförtner schließlich und schickt uns zu Haus E, ganz oben, vierter Stock. Wir sollten da mal klopfen und nachfragen. An den Türen würden Namensschilder hängen. Dann mustert er mich abschätzig und sagt: »Lesen können Sie doch, oder?«

Wenn er so weitermacht, hängt an seiner Pförtnerloge bald eine Voodoo-Puppe, die ihm verdammt ähnlich sieht, denke ich und folge meiner Mutter.

Auf dem Weg zu Gebäude E müssen wir den kühlen Backsteinbau verlassen … leider. Das Hinweisschild schickt uns über einen angebauten Gang in den Neubau.

Als sich im vierten Stock die Schiebetür öffnet, krallt sich Mutter vor Schreck an meinem Arm fest. Wir sind fast blind angesichts der plötzlichen Helligkeit. Das Dach des Neubaus ist eine einzige Glasfläche – vor Beginn der

Klimakatastrophe war das hochmodern. Die Luft flirrt wie in der Sahara. Ich rechne mit einer Fata Morgana … Kamele im Amtsgericht … Palmen … ein Wasserloch … ein Tuareg.

Ich bemühe mich, nicht allzu tief Luft zu holen, aus Angst, meine Lunge könnte verbrennen. Dieser Blödmann von Pförtner! Das ist doch volle Absicht gewesen, denke ich und blinzle, um etwas zu erkennen. Mutter zerrt mich immer weiter in den Glutofen hinein.

»Hier kann doch niemand arbeiten«, sage ich.

»Der Pförtner hat aber gesagt, vierter Stock«, sagt sie.

»Der wollte uns verarschen!«, sage ich, mache mich von Mutter los und gehe zurück zur Schiebetür. Mühsam tastet sie sich weiter von Zimmer zu Zimmer. Die Schiebetür öffnet sich, ich spüre wieder die kühle Luft des Altbaus, da ruft Mutter plötzlich: »Marlene, komm zurück, hier ist es!«

Ich schwitze für zwei. Mein Schlabbershirt verdunkelt sich unter der Achselhöhle, als fließe die Elbe über mich hinweg. Ich denke an *Gala der Frau.* Tipp drei: Wenn Sie den Beischlaf trotz Hitze ausführen, tun Sie es langsam. Langsam ist gut. Nachdem ich die zehn Meter zu meiner Mutter ganz langsam geschlichen bin, formt sich an meinem Kragen ein nasser Saum. Die Naturwelle kräuselt sich verwirrt um die eigene Achse. Meine Mutter tippt auf das Schild.

»Hier – Marie-Elisabeth Weidenfels-Auf der Heide, Rechtspflegerin.«

Mutter klopft an. Nichts rührt sich. Sie klopft ein zweites Mal. Dann Geräusche auf der anderen Seite, schlurfende Schritte, ein Fluchen, ich rechne mit dem Schlimmsten. Die Tür geht auf. In Zeitlupe. Dahinter ein Hitze-Zombie, der sich den Künstlernamen Weidenfels-Auf der Heide gegeben hat. Die Frau ist barfuß und hat, wie man der völlig durchnässten Bluse entnehmen kann, einen großen Leberfleck am äußeren Ende des Schlüsselbeins.

»Was ist?«, fragt sie mürrisch.

»Guten Tag. Wir haben Post von Ihnen bekommen. Wegen Klara, Klara Schwenniger. Sie ist gestorben. Meine Mutter ist die Erbin«, sage ich.

Wortlos stößt Zombie Weidenfels-Auf der Heide die Tür auf und schlurft zurück zu ihrem Schreibtisch. Der Temperaturunterschied zwischen ihrem Zimmer und dem Flur ist nur marginal, höchstens ein Grad Celsius. Die Jalousie vor ihrem Fenster hat sich auf halber Höhe verhakt. Darunter hat jemand eine dunkle Decke geklemmt, um die Sonne abzuhalten. Unter dem Schreibtisch steht ein Wassereimer, in dem sie, kaum dass sie sitzt, ihre Füße versenkt. Selbst an ihren Ohrläppchen hängt der Schweiß.

»Mein Gott, ist das heiß hier. Wie halten Sie das nur aus?«, fragt meine Mutter.

»Gar nicht«, sagt Frau Weidenfels-Auf der Heide vorwurfsvoll, als könne meine Mutter etwas für diese missliche Lage. Die Elbe rinnt mir inzwischen auch den Rücken hinunter. Ich wage nicht, mich anzulehnen. Die Rechtspflegerin schweigt uns an.

»Sie haben mir geschrieben«, bringt meine Mutter sich wieder in Erinnerung.

»Ich schreibe vielen Leuten«, murrt es von der anderen Seite.

»Ja, auch meiner Mutter«, sage ich vorsichtig und reiche Frau Weidenfels-Auf der Heide das Schreiben. Schweiß tropft von ihrer Stirn auf das Papier.

»Ist das eigentlich erlaubt, in so einem Glutofen zu arbeiten?«, frage ich.

Frau Weidenfels-Auf der Heide sieht mich an, als würde sie sich überlegen, wie sie mich verspeisen wird. Marlene medium in Currysahnesoße.

»Es geht um meine Schwester, Klara Schwenninger«, sagt meine Mutter.

Irgendwo in ihrer Großhirnrinde scheint Frau Weidenfels-Auf der Heide gerade ein Treffer gemeldet zu werden. Langsam wiederholt sie Mutters Worte. Schwenninger … Klara … dafür brauche sie die Akte.

»Das habe ich mir gedacht, schließlich sind wir hier nicht im Trödelladen, sondern bei Gericht«, sagt Mutter scherzend. Frau Weidenfels-Auf der Heide versteht keinen Scherz.

»Sehr witzig«, sagt die Beamtin in einem Ton, als könnte sie Kraft ihres Blickes meine Mutter einäschern, und geht weg. Das heißt, sie geht nicht, sie schleicht. Tief gebeugt mit schlaff herabhängenden Armen. Es ist 10.15 Uhr. Hoffentlich kommt sie wieder, denke ich und habe den Impuls, ihren Schreibtisch nach Schlaftabletten abzusuchen. Aber ich rühre mich nicht.

Meine Mutter ist nervös. Nicht wegen der Situation hier, sondern weil ihr Mineralwasser durch ist. Sie weiß, dass man bei Hitze viel trinken soll. Ich weiß das auch. Aber ich decke meinen erhöhten Flüssigkeitsbedarf fast ausschließlich über Schokoladeneis. So sieht der Rettungsring, der aus meiner engen Hose hervorquillt, auch aus. Während ich hier so sitze, habe ich das Gefühl, es ist kein Ring mehr, es ist ein Reifen.

»Ich muss mal«, sagt Mutter wie ein quengelndes Kind und schlägt die Beine übereinander.

»Jetzt?«, frage ich vorwurfsvoll.

»Ja.«

»Wenn es denn sein muss, dann geh«, sage ich.

Sie springt auf und hastet hinaus, damit sie vor dem verbeamteten Hitzezombie wieder zurück ist.

»Langsam!«, rufe ich ihr nach, aus Angst, sie könnte einen Hitzschlag erleiden. Um 10.30 Uhr ist Mutter wieder zurück.

Es wird 10.45 Uhr, von Frau Weidenfels-Auf der Heide weit und breit keine Spur. Vielleicht ist sie unter dem Glasdach zusammengebrochen.

Jemand klopft an die Tür. Ich sage routiniert »Herein«, als würde ich inzwischen selbst hier arbeiten.

Als die Tür aufgeht, traue ich meinen Augen nicht. Ich muss die Augen zusammenkneifen, aber dann bin ich mir sicher: Vor mir steht Stefan Schröder. Der Traum meiner Jugend. Ein entspanntes Lächeln umspielt seinen göttlichen Mund, das Hemd ist glatt gebügelt, das Gesicht ausdrucksstark und vollkommen schweißfrei … er sieht aus, als käme er direkt aus dem Kühlschrank. Breitschultrig, muskulös und tadellos gebaut steht er da. Er ist noch anziehender als damals. Ist das jetzt die vorhin schon erwartete Fata Morgana?

Stefan Schröder tritt ein, schwungvoll, aber doch mit

festem Schritt. Meine halbe Pubertät habe ich an ihn verschwendet. Stundenlang habe ich vor seinem Haus gestanden, nur um ihn kurz zu sehen. Ich habe meine Pausenbrote mit seiner Lieblingswurst belegen lassen. Schlimme Augenwurst … die mit den ekligen Speckstücken … würg … gibt es einen größeren Liebesbeweis, als schlimme Augenwurst auf seine Brote zu tun? Und als Dank dafür hat er mich nur einmal ins Kino eingeladen, und das Popcorn habe ich auch noch selbst bezahlen müssen. Mann, war ich damals sauer!

Und als es auf das Ende der Schulzeit zuging und er mich immer noch kaum eines Blickes würdigte, habe ich mir Sven geschnappt. Nicht, weil ich Sven unbedingt wollte, nein, nein, so läuft das nicht in dem Alter. Ich wollte Stefan Schröder eifersüchtig machen, damit er sich was einfallen lässt. Immer und immer wieder bin ich mit diesem Trottel von Sven knutschend an Stefan vorbeigelaufen, damit er merkt: Hier kommt ein scharfes Mädel, um das es sich zu kämpfen lohnt, schau her, sie ist begehrt und kann toll küssen. Zugegeben, nicht eben eine geniale Taktik, aber was weiß man mit sechzehn schon von der Liebe? Und dieser Blödmann von Stefan hat mich behandelt wie Luft.

Alle Mühen mit Sven waren vergebens. Nicht einmal ein Fünkchen Eifersucht hatte sich Stefan entlocken lassen. Ich hielt mein Liebesleben für beendet, noch bevor es so richtig in Schwung kam, und war sicher, ohne Stefan Schröder nicht leben zu können. Nun, es ging zwanzig Jahre ganz gut ohne ihn. Ich hatte ja Sven …

Aber jetzt, wo Stefan so plötzlich in der Tür steht,

flammen die alten Gefühle sofort wieder auf. Ich fühle mich wie sechzehn, nur sitzen meine Haare nicht mehr ganz so gut, und meine Kleidung lässt im Moment auch zu wünschen übrig. Ich ziehe den Bauch ein und bete, dass ich nicht ersticke. Hoffentlich erkennt er mich nicht.

»Guten Tag, ich suche Frau Weidenfels-Auf der Heide«, sagt er.

»Wir auch«, sagt Mutter lächelnd. Stefan Schröder setzt sich an den Schreibtisch, meiner Mutter und mir direkt gegenüber. Sein Blick bleibt zunächst an Mutter hängen. Das hat er vermutlich auch noch nicht erlebt, ein Marabu mit Kroko-Handtasche bei Gericht.

Er nickt ihr freundlich zu. Sie sagt ungewohnt leger: »Hallöchen.«

Dann sieht er mich an. Ich kann gar nicht aufhören zu lächeln, obwohl ich selbst den Eindruck habe, mein Blick hat etwas Debiles. Meine Augenlider flattern, als wollten sie wegfliegen. Es ist wie ein Zwang. Bleib ruhig, Marlene, sage ich zu mir selbst und versuche die Lippen wieder in die Waagerechte zu kriegen, damit er nicht denkt, ich stehe unter Drogen.

Auf diesen Moment habe ich zwanzig Jahre lang gewartet – eine zufällige Begegnung mit Stefan Schröder! Allerdings hätte ich mir vom lieben Herrn Gott eine andere, für mich günstigere Jahreszeit gewünscht. Ich presse meine Oberarme fest an den Körper, damit er meine speisetellergroßen Schweißflecke in den Achselhöhlen nicht sieht. Die Schokoflecken auf dem Shirt kann er mit etwas Fantasie für ein modernes Muster halten.

»Kennen wir uns?«, fragt er mich, während er zum Telefonhörer greift. Ich schüttle den Kopf. Was hab ich für ein Glück! Er erkennt mich nicht.

»Das ist meine Tochter Marlene«, sagt meine Mutter. Ich denke: O nein, das war doch jetzt wirklich nicht nötig. Schlagartig hören meine Augenlider auf zu flattern.

»Marlene Strauch?!«, fragt er und kann sein Erstaunen nicht verbergen. Er könnte auch sagen: Diese unförmige, verschwitzte Frau mit dem verdreckten Shirt und den wirren Haaren ist doch nie im Leben Marlene! Stattdessen wählt er eine Nummer und lächelt wieder meine Mutter an.

Jede freie Minute habe ich auf seinem bescheuerten Fußballplatz verbracht, nur um ihn zu sehen. Das war gar nicht so einfach, denn seine Trainingszeiten wechselten andauernd, mal spielte er hier mit, mal da. Der wusste schon damals nicht, was er wollte. So kam es, dass ich fast täglich da stand und Hunderte von uninteressanten, unbehaarten, ekelhaft weißen Jungsbeinen hinterherstarrte, die mich nicht die Bohne interessierten. Da wird er es doch jetzt mal ertragen, dass ich nicht ganz so … na ja, elegant aussehe. Ein klein wenig derangiert. Mein Gott, der Äquator ist zu Besuch in Berlin!

Seinem Telefonat kann ich entnehmen, dass er etwas Wichtiges geworden ist. Die Art, wie er spricht, hat etwas Entschiedenes. Er bittet irgendjemanden am anderen Ende der Leitung, Frau Weidenfels-Auf der Heide sofort auszurufen. Wenige Sekunden später schnarrt im ganzen Gebäude der Satz durch die Flure: »Frau Weidenfels-Auf der Heide bitte umgehend bei Richter Schröder melden.« Aha, Richter ist er geworden. Wundert mich nicht. Alle gefühllosen Ignoranten werden Juristen.

Das Telefon klingelt. Er geht ran. »Ja … ist gut. Dann warte ich in Ihrem Büro«, sagt Stefan und legt auf.

»Warst du nicht mit diesem Sven zusammen?«, fragt er mich plötzlich.

»Ja«, sage ich, erstaunt, dass er sich daran erinnern kann.

»Ihr wart das Traumpaar … ständig knutschend«, sagt Stefan, und es klingt ein wenig betrübt.

»Na ja, Traumpaar würde ich jetzt nicht sagen«, sage ich. Schließlich war Sven für mich nur Mittel zum Zweck – zunächst. Und damit war er kein Einzelfall. Man kann sich gar nicht vorstellen, wie viele Jungs in der Pubertät glauben, sie hätten eine Freundin, und in Wahrheit sind sie für das Mädchen nur ein Ersatz, quasi der Pappkamerad. Mädchen sind nicht lieb, Mädchen sind nur geschickt, meistens jedenfalls.

»Seit du mit Sven zusammen warst, war gar kein Rankommen mehr an dich«, sagt Stefan, schaut mir tief in die Augen und fügt hinzu: »Leider.«

Ich weiß nicht, was ich sagen soll. Ich muss tief Luft holen und spüre, wie sich mein Rettungsreifen unter dem Schlabbershirt abzeichnet. Nein, ich beziehe meine Klamotten nicht aus der Kleiderkammer der Heilsarmee. Wenn ich vorher gewusst hätte, dass Stefan Schröder im Amtsgericht …

»Ziemlich heiß hier«, sage ich, um überhaupt irgendwas zu sagen.

»Das kann man wohl sagen«, sagt meine Mutter und zieht den Wassereimer unter dem Schreibtisch zu sich herüber. Sie öffnet ihre Riemchen und zerrt die Knöchel aus den Schuhen, um sie im Eimer zu versenken. Mir ist das peinlich, Stefan lacht.

»Na, Helga, immer noch gerne im Wasser?«, fragt er. Helga? Er nennt meine Mutter beim Vornamen … was geht denn hier ab?

»Ja, immer noch gerne«, sagt sie und streicht sich über ihre Kittelschürze, als wäre sie ein Abendkleid.

»Ihr kennt euch?«, frage ich erstaunt. Meine Mutter und Stefan lachen auf, als hätte ich einen Scherz gemacht.

»Das ist Stefan«, sagt meine Mutter, als überbringe sie mir damit die Lösung für alle Probleme der Welt.

»Ich weiß, dass das Stefan ist«, sage ich gereizt.

»Stefan ist ehrenamtlich bei der DLRG beschäftigt. Er hat mir Schwimmen beigebracht«, sagt meine Mutter.

»Und warum weiß ich davon nichts?«, frage ich vorwurfsvoll.

In diesem Moment geht die Tür auf. Frau Weidenfels-Auf der Heide tritt ein, unter dem Arm Akten, die von ihrem Schweiß nass geworden sind. Ihre Augen sehen aus wie glühende Kohlen. Kaum dass sie sitzt, trinkt sie eine Flasche Wasser leer, als hätte sie die Akte von Tante Klara aus der Wüste Gobi geholt.

Stefan bespricht etwas mit ihr. Sie sagt wenig, macht sich ein paar Notizen, dann reicht sie ihm eine der nassen Akten. Stefan geht – nach zwanzig Jahren geht er einfach so aus dem Raum. An der Tür dreht er sich noch einmal um und fragt, wie lange ich eigentlich noch mit Sven zusammen war, damals.

»Bis vor zwei Wochen«, sage ich.

»Also doch Traumpaar … schade …«, sagt er.

»Wieso schade?«, frage ich verdattert und vergesse, meine Oberarme an den Körper zu pressen. Ich habe das Gefühl, mir tropft der Schweiß schon außen vom Shirt.

»Schade, weil … ich hab mal ziemlich für dich geschwärmt«, sagt Stefan und winkt meiner Mutter zum Abschied zu.

»Tschüss, Helga … und immer eine Handbreit Wasser unterm Bauchnabel.«

»Tschüss, Stefan … und danke noch mal für alles«, ruft sie ihm zu. Dann schließt sich die Tür.

Ich will sofort in die Schreibtischkante von Frau Weidenfels-Auf der Heide beißen. Meine Mutter sagt: »Der arme Junge.«

»Wieso denn das?«, frage ich und nehme erstaunt Abstand von meinem Vorhaben.

»Hast du eine Ahnung, wie oft der zum Fußball gegangen ist, nur um dich zu sehen? Wo er doch viel lieber geschwommen wäre! Jedes Fußballtraining, in allen Mannschaften, hat der mitgemacht, immer in der Hoffnung, dass du da stehst … hat er mir jedenfalls gesagt«, erklärt Mutter.

»Warum hast du mir das nie erzählt?«, frage ich.

»Wann denn? Du kommst doch so selten bei uns vorbei«, sagt meine Mutter.

»Mama, es gibt Telefon!«

»Woher sollte ich denn wissen, dass das wichtig für dich ist?«

»Wieso erzählt dir Stefan aus seiner Schulzeit?«, frage ich zurück.

Er habe beim Schwimmkurs gefragt, ob sie eine Tochter hat die Marlene heißt. »Ich habe Ja gesagt, und er hat mir von früher erzählt, so einfach ist das. Aber wen interessieren jetzt noch so alte Kamellen?«

»Mich!«

»Du hast doch früher nie etwas von diesem Stefan erzählt!«, sagt meine Mutter verständnislos.

»Stefan war meine große Liebe«, schluchze ich plötzlich auf.

»Wie bitte?«

»Ja. Ich habe schlimme Augenwurst gehasst, aber Stefan mochte sie, deswegen wollte ich immer schlimme Augenwurst auf meinen Broten haben«, jammere ich los.

»Quatsch. Der Stefan hat sich deine Wurstbrote reingequält, damit er Kontakt zu dir bekommt. Er mochte noch nie Wurst.«

»Was?!«

»Ja, er ist seit vielen Jahren Vegetarier«, sagt meine Mutter vorwurfsvoll, als hätte ich Stefan Schröder damals großes Leid zugefügt mit meinen Wurstbroten.

Mir tanzen Sterne vor den Augen herum. Nur gut, dass ich schon sitze. So kann ich wenigstens nicht umfallen. Wie sehe ich überhaupt aus? Wie eine überfahrene braune Banane …

In der Zwischenzeit hat Frau Weidenfels-Auf der Heide die Akte aufgeschlagen. »So, Klara Schwenninger«, sagt sie und starrt auf die Sterbeurkunde meiner Tante wie auf einen Kassenbon, dessen Richtigkeit man genauestens prüfen muss.

»Ja, das ist, beziehungsweise war, meine Schwester«, sagt Mutter, als wäre eben gar nichts gewesen. Während Frau Weidenfels-Auf der Heide noch darum bittet, die Sterbeurkunde meines Onkels nachzureichen, habe ich das Gefühl, ich könnte meine auch gleich abgeben … auf der Stelle. Ich bin am Boden zerstört. In meinem völlig überhitzten Ameisenhirn rollt sich eine Scheibe schlimme Augenwurst um einen Fußball herum und fragt: Warum siehst du gerade so aus, wie du aussiehst?

Mein Traummann stand vor mir, und ich habe alles, aber auch wirklich alles getan, damit er wieder geht. Ich hasse diesen Sommer … und plötzlich hasse ich Sven.

Frau Weidenfels-Auf der Heide tastet unter dem Schreibtisch mit den Füßen nach dem Wassereimer, in dem noch immer meine Mutter ihre Füße kühlt. Ich würde gerne auf der Stelle ertrinken, von mir aus auch in dem Eimer.

Als ich Mutter wieder zu Hause abliefere, ist es Mittag. Die Sonne strahlt aus allen Rohren. Mutter gibt mir die fehlende Sterbeurkunde meines Onkels. »Und vergiss nicht, sie beim Gericht abzugeben, Marlene!«, sagt sie, als könnte man mit einer Sterbeurkunde noch ganz andere tolle Sachen machen … verkaufen … essen … Konfetti.

Mir ist inzwischen vollkommen egal, wie ich aussehe. Ich ziehe den Reißverschluss der engen Hose noch ein Stück weiter nach unten. Ich brauche Platz für den nächsten Schokoladeneisreifen.

Ich gehe in den Supermarkt und schwanke durch die Spirituosenabteilung. Da steht plötzlich Sven vor mir, mit dem Einkaufswagen quer im Gang, breitbeinig, als wollte er gleich einen Revolver ziehen. Er versperrt den ganzen Weg. Am liebsten würde ich ihn würgen, auf ihn einschlagen, ihn mit schwarzer Schuhcreme einreiben und gefesselt auf das silberne Dach des Jugendheims legen. Ich weiß nicht, warum das gerade so ist, aber es ist so.

Er sieht mich. »Hallo, Marlene!«

»Hi«, sage ich betont lässig.

»Was ist denn mit dir los?«, fragt er entsetzt.

»Was soll los sein?«, frage ich verärgert zurück.

»Du siehst … na ja … du siehst schlecht aus«, sagt Sven vorsichtig.

»Ich sehe scheiße aus«, korrigiere ich ihn.

»Vielleicht warst du nur zu lange in der Sonne«, sagt er besänftigend und greift ins Sektregal.

»Nein, ich war im Amtsgericht«, erkläre ich.

»Im Amtsgericht. Wusstest du eigentlich, dass Stefan Schröder da Richter ist?«, fragt er und begutachtet die Flasche Sekt, indem er sie ungeschickt hin- und herdreht.

»Nein, bis vorhin nicht. Aber jetzt weiß ich es.« Wenn er die Flasche in seiner Hand weiter so dreht, wird sich der Korken gleich von selbst lösen, denke ich.

»Entschuldige, Marlene, aber warst du in dem Aufzug im Gericht?«, fragt Sven ungläubig.

»Ja. Und ich bin Stefan Schröder persönlich begegnet. So wie ich gerade bin, etwas verschwitzt.«

»Also, wenn es – wie soll ich sagen – also wenn es nur das Verschwitzte wäre …«, stammelt er.

»Es ist eben sehr heiß!«, sage ich eine Idee zu laut.

»Ja, sicher, bei der Hitze, da schwitzen wir alle, aber du … bei dir ist es irgendwie noch mehr«, sagt Sven und sieht mich liebevoll an. Plötzlich habe ich das Bedürfnis, mich auszusprechen, mein Herz auszuschütten. Warum konnte Tante Klara nicht im Frühjahr sterben, als ich figurmäßig noch halbwegs in Schuss war. Und dann diese Affenhitze. Warum gerade jetzt?

»Weißt du eigentlich, dass ich mal total verknallt war in Stefan?«, sage ich melancholisch und starre auf die Sektflasche in Svens Händen.

»Du machst Witze, Marlene!«

»Nein, ehrlich … wir waren sogar mal zusammen im Kino. So richtig mit Popcorn«, sage ich seufzend.

»Ich will dir ja wirklich nicht zu nahetreten. Aber glaubst du, dass einer wie Stefan Schröder mit dir … also ich weiß nicht«, sagt Sven, und ich spüre, wie in mir wieder der Hass aufsteigt.

»Was willst du denn damit sagen?«, frage ich gereizt.

»Na ja, so einer wie Stefan, der konnte damals jede haben. Warum sollte er mit dir … ich kann mir das nicht vorstellen.«

Mir fällt nichts mehr ein. Ich schweige. Sven spürt, dass er etwas Falsches gesagt hat. Wie immer weiß er nur nicht, was es war.

»Wie geht's dir denn sonst so?«, fragt er liebevoll. Ich weiß, er denkt, es geht mir schlecht. So sehe ich auch aus: Tiefe Augenringe, eine notdürftig abgeschnittene, viel zu enge Hose, die Haare wirr, ein verdrecktes T-Shirt groß wie ein Zelt. Und Schweißflecken, als würde ich die Wechseljahre von fünf Frauen gleichzeitig durchleben.

»Die Hitze macht mich fertig, sonst aber sehr gut«, lüge ich. Er nickt – es ist ein mitleidiges Nicken, was mich ärgert.

»Und dir?«, frage ich.

»Auch sehr gut«, sagt er und stellt die Sektflasche in den Einkaufswagen. Das versetzt mir einen kleinen Stich. Die Sektnummer macht er mit ihr also auch, denke ich zähneknirschend. Mist. Aber so dünn, wie die ist, wird er da nicht viel wegschlürfen können, versuche ich mich zu trösten und denke: Möge sich jede alkoholische Kalorie einzeln um Mandys tadellose Oberschenkel legen!

Ich stelle zwei Familien-Eisbecher Schoko in meinen Wagen. Er sagt nichts, aber das muss er auch nicht. Ich sehe in seinem Blick, was er denkt. Marlene, es wird nicht gut enden mit dir, mach so weiter, und aus dem Anfangs-Moppelchen wird ein End-Mops ... Er zahlt die Eisbecher großmütig mit und packt sie mir fürsorglich in eine Kühltüte.

»Danke«, sage ich.

»Ich habe zu danken, Marlene ... ich finde es sehr gut, dass wir uns so ruhig getrennt haben.«

»Ruhig getrennt?«

»Ja, dass du kein Theater gemacht hast ... jedenfalls kein großes«, sagt er und gibt mir einen kleinen Kuss auf die Wange. Dieser Arsch – ich bin doch froh, dass er endlich weg ist. Hätte er Mandy nicht schon vor zwanzig Jahren kennenlernen können? Dann wäre mir einiges erspart geblieben! Nein, hätte er nicht, fällt mir ein – vor zwanzig Jahren war die kleine Fast-Friseuse ja noch gar nicht auf der Welt.

Spät am Abend liege ich wieder auf meinem Bett. Nackt, die Eispackung auf meinem Bauch, den Esslöffel fest in der Faust. Alle Fenster sind offen, ein kleiner Lufthauch weht. Ich kann gar nicht aufhören, an Stefan Schröder zu denken. Wie er da saß ... diese weiche Stimme: *Seit du mit Sven zusammen warst, war ja kein Rankommen mehr an dich ... leider.* Er hat »leider« gesagt, es war ein sanftes »leider«, ganz sanft, fand ich. Ich kann mir gar nicht vorstellen, wie Stefan mit dieser wunderbaren Stimme Urteile fällt.

Ich schaue zu meinen Füßen hinunter. Mein Rettungsring ist gar nicht so groß, jedenfalls im Liegen. Nackt sehe ich viel besser aus als in den Sachen von heute Vormittag.

Warum habe ich nicht wenigstens gesagt: *Schön, dich zu sehen!* Alles, was mir einfiel, war: *Ziemlich heiß hier.* Gibt es einen blöderen Satz, wenn einem der Traummann nach zwanzig Jahren des Wartens über den Weg läuft? Spätestens, als Stefan gesagt hat, er habe mal für mich geschwärmt, hätte ein einfaches *Ich für dich auch* genügt. Stattdessen: *Ziemlich heiß hier.* Ich könnte mich steinigen!

Die Eispackung ist leer. Ich stehe auf, um die nächste zu holen. In der Küche fällt mein Blick auf die Sterbeurkunde meines Onkels. Frau Weidenfels-Auf der Heide wird nicht mehr lange leben in ihrem Ofen ... Da könnte ich doch auch bei Stefan ... Allein bei dem Gedanken, ihn zu sehen, werde ich ganz fiebrig ... Wer weiß, wann meine Uhr auf Erden abläuft? Vielleicht schon übermorgen ... dann sollte ich morgen bei Stefan ... unbedingt!

Ich rufe meine Mutter an. »Hallo?«, fragt sie verschlafen ins Telefon.

»Mama, weißt du, ob Stefan Schröder verheiratet ist?«, frage ich.

»Kind, es ist halb ein Uhr in der Nacht«, sagt sie.

»Ich habe nicht gefragt, wie spät es ist, sondern, ob Stefan Schröder verheiratet ist«, sage ich ungeduldig.

»Du kannst Fragen stellen ... mitten in der Nacht.«

»Mama! Ja oder nein?«

»Woher soll ich das wissen?!«

»Du weißt doch sonst immer alles!«, fahre ich sie an, als wäre es das Mindeste, was sie von ihrem Schwimmlehrer wissen müsste. Immerhin hat er sie halbnackt, im Badeanzug, gesehen. Und sie ihn in einer Badehose, denke ich und werde nervös ... bestimmt eine schicke Badehose von der DLRG ... in Rot ... eng anliegend ... ganz eng.

»War's das jetzt?«, fragt meine Mutter und gähnt.

»Ja«, sage ich mürrisch, lege auf und denke: Typisch, da brauche ich einmal im Leben wirklich ihre Hilfe, und dann ... egal. Ich darf mich nur optisch nicht noch einmal so von ihm absetzen. Wie toll er aussah ... schlürf ... Ausgerechnet jetzt sehe ich vor mir, wie Sven dieser Schlampe von Mandy den Sekt übers Dekolleté tropfen lässt ... die Sau!

Ich verbringe die halbe Nacht damit, über unsere nächste Begegnung nachzudenken und darüber, wie ich mich, im wahrsten Sinne des Wortes, frisch halten kann, bis ich vor Stefan Schröders Schreibtisch stehe. Wasserfestes Make-up, Coolpacks im BH, kühlender Tigerbalsam auf den Füßen, ein flotter Spruch im Hinterkopf, und dann einfach nur hallo sagen.

Morgens um acht parke ich wieder vor dem Amtsgericht ein. Der Pförtner von gestern erkennt mich in meinem neuen Outfit nicht und fragt freundlich, was er für mich tun könne. »Ich suche Stefan Schröder, Richter Schröder«, sage ich. »Richter Schröder sitzt oben, Haus E, vierter Stock, Zimmer 16.« Schon beim Gedanken an Haus E, vierter Stock, sehne ich mich nach Grönland … zum Eisbaden.

»Haben Sie einen Termin?«, fragt der Pförtner.

»Ja, selbstverständlich«, antworte ich selbstsicher. Er lässt mich passieren. Kurz vor der Schiebetür, die den Altbau vom verglasten Neubau oder das Paradies von der Hölle trennt, zupfte ich ein letztes Mal an meinen Haaren herum, nehme die Coolpacks aus dem BH, und denke: Immer schön cool bleiben!

»Marlene!«, ruft es plötzlich hinter mir. Ich drehe mich um. Stefan Schröder kommt auf mich zu, in der einen Hand eine Flasche Wasser, in der anderen eine Akte. Er trägt kurze Hosen, Sandalen, ein total verschwitztes Hemd, seine Haare sind nass, und der Schweiß rinnt ihm über die Schläfen, als käme er gerade aus der Dusche.

»Stefan, schön, dich zu sehen«, sage ich und gehe ihm entgegen, ohne auch nur eine Sekunde von seinem Aussehen irritiert zu sein. Mir ist vollkommen egal, wie er aussieht, Hauptsache, er ist da! Er mustert mich, dann fragt er, wie ich es schaffe, bei der Hitze so gut auszusehen.

»Du hast doch gestern auch gut ausgesehen«, sage ich.

»Weil ich Gerichtsverhandlungen hatte, und der Gerichtssaal ist klimatisiert«, sagt er und starrt fragend auf die Coolpacks, die ich noch immer in den Händen halte.

»Äh … Ich klimatisiere mich immer selber«, sage ich rasch.

Stefan lacht und meint: »Tolle Idee!«

»Gestern ist mir das nicht ganz so gelungen«, sage ich.

»Ehrlich gesagt, war mir das vollkommen egal … Hauptsache, ich bin dir wieder begegnet«, sagt er und sieht mir tief in die Augen. Dann stehen wir uns eine Weile schweigend gegenüber, wie bestellt und nicht abgeholt. Er fragt sich vermutlich gerade, was ich hier eigentlich mache, und – er würde lachen – ich frage mich das auch.

Marlene, du hast doch nicht mehr alle Tassen im Schrank!, denke ich. Du bist wahnsinnig! Er ist bestimmt verheiratet, glücklich verheiratet, und hat zwei fabelhafte Kinder. Ich fange an hektisch in meiner Tasche herumzuwühlen, zerre die Sterbeurkunde meines Onkels heraus und sage fast abweisend: »Die muss ich noch abgeben.«

Stefan sieht mich an und sagt: »Schade.«

»Wieso schade?«, frage ich.

»Für einen Moment hatte ich gehofft, du bist wegen mir hier«, sagt er enttäuscht.

Los, Marlene, gibt dir einen Ruck! Sag es ihm! Zwanzig Jahre … du hast zwanzig Jahre gewartet … geschieden … er könnte doch auch geschieden sein!

Nach einer schier endlosen Zeit des Schweigens sagt Stefan, er müsse weiter.

Marlene, tu was! Du hast immer geglaubt, je älter man wird, umso leichter geht das mit den Männern. Einfach ansprechen, zack, ja oder nein, und weiter, das kann doch nicht so schwer sein!

Er sagt »Tschüss«, dreht sich weg und geht los, langsam. Er könnte doch auch was sagen, denke ich und sehe ihm nach. Er sagt nichts.

»Ziemlich heiß hier«, höre ich mich rufen.

»Ja … Ich könnte eine Abkühlung gebrauchen … Du auch?«, fragt er rasch.

»Ja. Wie wäre es … heute Abend … 18 Uhr am See?«, frage ich.

»Gerne … sehr gerne«, ruft er, und ich denke: War doch ganz einfach!

Die Insel der Anderen

Natürlich hat das Kichern nichts mit mir zu tun. Ich gehöre nicht zu den Leuten, über die man kichert. Die mit den Nudelresten im Gesicht und den offenen Reißverschlüssen, das sind die anderen. Trotzdem sehe ich mich unauffällig um. Hat das Mädchen da drüben, das mit den verfilzten Haaren, gerade auf mich gezeigt? Ach was. Andererseits ... Ich schaue doch schnell nach, ob ich Vogeldreck auf der Hose habe oder so. Nein, alles bestens. Mal abgesehen davon, dass meine Füße in den neuen Stiefeletten kochen und die Sonne höllisch auf meine schwarze Jeans knallt. Vermutlich habe ich schon Brandblasen auf den Oberschenkeln. Vielleicht hätte ich etwas anderes anziehen sollen. Oder zu Hause bleiben. Dann wäre mir auch dieser grässliche Flug erspart geblieben. Die Turbulenzen waren wirklich übel, und dazu kam die Angst, dass mein fetter Sitznachbar beim nächsten Ruckeln der Maschine seinen Mageninhalt durch die Gegend spucken könnte. Bis heute war mir nicht bewusst, dass es im Billigflieger meiner Wahl nicht mal Kotztüten gibt.

Und jetzt stehe ich hier am Hafen und warte auf die Fähre. Vor mir das Meer und am Horizont die Insel, zu der ich will. Hinter mir Hotelburgen, deren Architekten meiner bescheidenen Ansicht nach allesamt ins Fegefeuer gehören. Genau wie all die grölenden, halbnackten, bierseligen Touristen, die hier die Promenade bevölkern. Lieber Gott, mach, dass die Fähre bald kommt. Und mach auch, dass es auf der Insel besser aussieht als hier. Schlimmer geht nicht.

Endlich. Die Schlange setzt sich in Bewegung. »Hey, passen Sie doch auf!« Fast hätte ich den Rucksack der Frau vor mir im Gesicht gehabt. Hundert Meter links von mir sehe ich die ersten Leute die Gangway betreten. Ein rucksackbepackter Rücken, ein gut belüfteter, in Gesundheitssandalen steckender Fuß nach dem nächsten. Die Menschen, die auch auf die Insel wollen, sehen ganz anders aus als die Touristen von der Promenade. Aber auch ganz anders als ich. Ich bin umgeben von jungen Leuten in Batikhemden und schlabbrigen T-Shirts, von älteren Herrschaften, an deren Rucksäcken Wanderstiefel baumeln, von knackigen Mountainbikern in Elastikhosen und von Menschen, die das Wort Shampoo vermutlich im Fremdwörterlexikon nachschlagen müssten. Kann es sein, dass ich hier die einzige Frau mit Handtasche bin?

Und wo sind eigentlich die Kinderwagen? Susanne hat mir doch erzählt, auf der Insel würden jede Menge alleinerziehende Mütter Urlaub machen. »Und wo die Urlaub machen, da kann dir auch nichts passieren.« Ich höre noch ihre lachende Stimme. Ich sage es nicht gern, aber ich mache zum ersten Mal allein Urlaub. Und das mit 32.

Nach weiteren zwanzig schweißtreibenden Minuten in der verdammten Schlange zerre ich meinen Rollkoffer über die Holzleisten der Gangway, lasse mich auf den nächsten freien Sitz fallen und schließe erschöpft die Augen.

»Bisschen unpraktisch, was?« Die Stimme kommt von rechts. Unwillig mache ich die Augen wieder auf. Der Mann mag um die vierzig sein, vielleicht auch schon an die fünfzig. Schwer zu schätzen. Reichlich Haare im Gesicht, wenige auf dem Kopf. Frettchenaugen. Das fehlt noch, dass der mich dumm anmacht.

»Bitte?«, frage ich spitz. – »Na, der Koffer.« – »Ich wüsste wirklich nicht, was mein Gepäck Sie angeht.« Das sage ich in meinem besten Lass-mich-bloß-in-Ruhe-Ton. Möglicherweise bin ich ein ganz kleines bisschen schlecht gelaunt. Aber für den Rest der Überfahrt habe ich meine Ruhe. Ich lasse mich vom Dröhnen der Schiffsmotoren einlullen, sauge den Geruch von Meer und Salz und Diesel auf, höre mit halbem Ohr dem Geplapper der Leute auf dem Schiff zu und fange ganz langsam an, mich zu entspannen. Vielleicht wird's ja doch ein schöner Urlaub.

Zwei Stunden später – der Bus vom Fähranleger zu meinem Ziel im Süden der Insel überwindet gerade ächzend erstaunliche Höhen – bin ich zumindest von der wechselnden Landschaft total beeindruckt. Tiefgrüne Terrassenfelder, schroffe Felsen, plötzlich Wald, dann wieder Palmen und Bananenstauden. Doch, das hat was. Sieht so aus, als wäre mein Flehen erhört worden. Wenn ich gewusst hätte, dass mein Draht nach oben so gut funktioniert, hätte ich meine kleine Wunschliste um ein paar LKW-Ladungen Asphalt erweitert.

Die sogenannte Straße von der Bushaltestelle zum Dorf ist ein Schotterweg mit Millionen kleiner Steinchen. Steinchen, die nichts Besseres zu tun haben, als die Rollen meines Koffers zu blockieren. »Schöne Ferien dann.« Leichtfüßig zieht das Frettchen mit seinem Rucksack und einem breiten Grinsen an mir vorbei. Fehlt nur noch, dass er hüpft. Blödmann. Der Weg will überhaupt nicht enden.

Charlotte, sage ich mir, jetzt reg dich nicht auf, du hast es fast geschafft. Jetzt musst du nur noch den Laden von diesem Thomas finden, dann wird alles gut. Thomas ist ein Freund von Susanne und meine Anlaufstelle. Er hat hier auf der Insel eine Boutique. Susanne hat mich bei ihm angemeldet. Aber so verschwitzt und schmuddelig, wie ich jetzt aussehe, kann ich dem Mann schlecht unter die Augen treten. Ich zerre also meinen nicht rollenden Rollkoffer so lange weiter, bis ich eine Reihe kleiner weißer Gebäude entdecke. An einem der Häuschen prangt eine leuchtend rote Markise und darauf die Schrift: Cafe & Bar Carlos. Am Eingang verkündet ein Schild: Wir sprechen Deutsch.

Kaum sitze ich, da streife ich mir die Stiefeletten von den Füßen. Was für eine Wohltat. Drei Gläser Mineralwasser und einen Espresso später quäle ich mich wieder in die Schuhe, gehe in den winzigen Toilettenraum der Bar, staube die Dinger mit einem Papiertuch ab und mache mich frisch, so gut es geht. »Kann ich meinen Koffer vielleicht eine Weile hier stehen lassen?« – »Ich übernehm aber keine Garantie.« – »Nein, natürlich.« Die Blonde ist zwar nicht übermäßig freundlich, aber ich frage trotzdem, ob sie einen Thomas mit Boutique kennt. »Nö, ich bin noch nicht so lange hier, aber oben im Dorf ist ein Klamottenladen, vielleicht ist das seiner.«

Oben im Dorf, das heißt präzise: 172 Stufen weiter oben. Ich zähle mit. Also ehrlich, für eine passionierte Fahrstuhlfahrerin ist das hier ziemlich hart. Wenn ich jetzt keinen Blick für die autolose Idylle habe, zu der ich mich hinaufkämpfe, dann liegt das auch dran, dass ich mit dem Schweiß in meinen Augen nicht richtig gucken kann. Abgesehen davon keuche ich wie ein Dudelsack, aus dem die Luft herausgedrückt wird, was mich für landschaftliche Schönheit ungefähr so empfänglich macht wie eine unter Strom gesetzte Laborratte.

»Tienda fantastica«. Die Schrift auf dem verblassten Holzschild ist gerade noch lesbar. Keine Ahnung, ob ich hier richtig bin, aber einen anderen Laden, der infrage kommt, habe ich nicht gefunden. Die Tür ist zu, die Fensterläden auch. Kein Schild mit Öffnungszeiten. Plötzlich wünsche ich mir, Arne wäre hier. Dann könnte ich wenigstens meinen Frust an ihm auslassen. Ich suche die Nummer von diesem Thomas in meinem iPhone. Niemand nimmt ab. Warum überrascht mich das nicht? Also wieder in die Bar und warten. Blondie verwöhnt mich mit einer persönlichen Begrüßung: »Ach, da biste ja wieder, hatte ich ganz vergessen dir zu sagen: Jetzt ist Siesta, da sind alle Läden zu.«

Ich bin nicht mehr allein in der Bar. Andere Touristen trinken Wasser und Kaffee, lachen. Gesprächsfetzen dringen an mein Ohr. »Also die Tour gestern, die war nicht ohne, aber echt, dieser Wasserfall, der ist dermaßen irre, das lohnt sich total.« Ich schiele nach links. Die Wasserfallfreundin sieht aus, als wäre sie einem Prospekt für Outdoor-Bekleidung entsprungen. Sie merkt, dass ich gucke, und lächelt mich an. Ich schaue schnell weg. Nicht weit von ihr, an einem Tisch in der Ecke, erzählt ein Mädchen mit orange-grünen Haaren seiner rastabezopften Freundin von irgendeinem geilen Happening am Strand. Verstohlen hole ich wieder das iPhone aus meiner Gucci-Handtasche und drücke die Wahlwiederholung. Nichts.

Okay. Charlotte, du brauchst einen Plan B. Du bist schließlich Chefsekretärin bei Deutschlands größtem Energieversorger, du hast schon ganz andere Krisen gemeistert. Wenn du diesen Thomas in einer Stunde nicht gefunden hast, dann suchst du dir allein ein Hotelzimmer. Du nimmst das beste Hotel am Platz, da wird es ja wohl ein paar normale Menschen geben, Menschen wie dich. Und dann buchst du deinen Flug um und bist in einer Woche wieder in der Großstadt, in die du gehörst. Und nie wieder, hörst du, nie wieder lässt du dich von Susanne zu einem spontanen Urlaub auf irgendeiner Insel überreden.

Während ich das so denke, beobachte ich einen großen schwarz-weiß gefleckten Hund, der sich träge vor die Bar schleppt und, keine zwei Meter von mir entfernt, mit einem tiefen Seufzen auf der Straße zusammensinkt. Zehn Minuten später liegt er noch genauso da, in der prallen Sonne, alle viere von sich gestreckt. Es würde zu meinem Tag passen, dass ich hier einer armen Kreatur beim Sterben zusehe. Der Hund rührt sich auch dann nicht, als von links ein Lastwagen kommt, der dringend einen neuen Auspuff braucht. Was für ein Getöse. O Gott, jetzt wird das arme tote Tier auch noch überfahren! Unmittelbar vor ihm bremst der Wagen ab. Dann ertönt ein infernalisches Geräusch. Das ist keine Hupe, die da losgeht, das ist eine Sirene. Unwahrscheinlich, dass ich vor übermorgen wieder etwas hören kann. Der soeben verschiedene Hund hebt langsam den Kopf. Ich könnte schwören, dass sein Hundegesicht genau den gleichen Ausdruck hat wie das von Arne, wenn ich ihn bei der Sportschau gestört habe. Dieser Muss-das-jetzt-sein-Blick. Dann steht er im Zeitlupentempo auf und räumt die Straße.

Erst als der Wagen wieder anrollt, bemerke ich den Schriftzug: Tienda Fantastica. »Thomas!« Ich muss gebrüllt haben. Ganz automatisch. Dabei brülle ich nie. Ich winke auch nicht hektisch mit den Armen, als hätte ich sieben Wochen nach meinem Schiffbruch den Rettungsflieger entdeckt. Normalerweise.

Aus dem LKW-Fenster schiebt sich ein Kopf mit zotteligen weißblonden Haaren und einem stoppeligen Kinn. Große Augen blicken mich fragend an. »Sind Sie Thomas, der Freund von Susanne?« – »Dann bist du wohl Charlotte?« – »Ja, hallo, ich habe schon versucht, Sie zu erreichen!«

Er zuckt mit den Achseln. »Jetzt haste mich ja gefunden. Dann steig mal ein.« Ich lege Geld auf den Tisch, greife meine Tasche und schleppe den Koffer zum Wagen. »Schmeiß auf die Ladefläche!«, ruft Thomas aus dem Auto, und mühsam stemme ich meine zwanzig Kilo Gepäck nach oben. Kaum sitze ich auf dem Beifahrersitz, als Thomas auch schon losbrettert. Ich greife nach dem Haltegriff vor mir und bleibe dran kleben. Igitt. Das Fahrerhaus ist die reinste Müllhalde. »Susanne hat gesagt, Sie wüssten, wo man hier abseits vom Touristenrummel gut wohnen kann. Können Sie mir vielleicht ein oder zwei Unterkünfte zeigen?« – »Mal nicht so eilig, ich muss erst noch wohin.« Spricht's, wendet den Wagen und fährt den Weg zurück, den ich vor Stunden mit dem Bus gekommen bin.

»Gute Reise gehabt?« – »Ja, so weit schon, danke, ich bin halt nur schon lange unterwegs, und deshalb wäre ich Ihnen wirklich dankbar, wenn …« – »Ja, schon klar, das regeln wir schon.« Während wir durch die betörend schöne Landschaft rattern, versuche ich den Geruch zu ignorieren, der durch den Wagen wabert. Ich bin mir nicht so sicher, was oder wer hier stinkt. Ist das nur Schweiß oder Schlimmeres? Thomas ist in Schweigen versunken, und mir steht der Sinn auch nicht nach Smalltalk. Endlich, wir sind durch diverse kleine Dörfer gefahren, und ich habe jede Orientierung verloren, biegt Thomas in die Zufahrt zu einem kleinen Häuschen ein.

»Kommste?« Mir bleibt nichts anderes übrig als auszusteigen, wenn ich nicht in dem stinkenden Laster warten will, während Thomas was auch immer erledigt.

Die Hütte ist voller Menschen, so viel kann ich erkennen, obwohl der Raum total verqualmt ist. Wenn ich mich hier lange aufhalte, bekomme ich wahrscheinlich den ersten Drogenrausch meines Lebens, ganz ohne selbst einen Joint zu rauchen. Auf einem Podest mit bunten Kissen sitzen ein paar junge Leute und spielen Gitarre, andere stehen in Grüppchen zusammen, unterhalten sich, jeder scheint jeden zu kennen. »Hier, mach dich mal ’n bisschen locker«, sagt Thomas, und plötzlich halte ich ein Glas Rotwein in der Hand. Keine Ahnung, wo er das so schnell herhat. Dann ist er zwischen den Leuten verschwunden. Wenn ich wieder zu Hause bin, werde ich mal ein ernstes Wort mit Susanne über die Auswahl ihrer Freunde sprechen.

»Entschuldigen Sie, wo ist hier bitte die Toilette?« Ich kriege das einfach nicht hin, Leute zu duzen, die ich nicht kenne. Die Frau, die ich angesprochen habe, könnte ein Zwilling von Nina Hagen sein. »Durch den Garten, steht dran«, sagt sie und guckt mich an, als wäre ich die Schwester von Sabine Leutheusser-Schnarrenberger. Na gut, mir war ja schon fast klar, dass ich hier niemanden treffen würde, mit dem ich mir einen netten Shoppingnachmittag vorstellen kann.

Der Garten ist traumschön. Dermaßen viele üppig und bunt blühende Pflanzen habe ich bisher nur im botanischen Garten gesehen. Die Luft ist erfüllt vom Duft der Blumen, von drinnen tönen die Gitarrenklänge. Unter einem ausgreifend rankenden Strauch mit zart rosafarbenen Blüten stehen eine Bank und ein kleiner Tisch. Was für ein lauschiger Ort. Und ich habe ihn ganz für mich allein, solange niemand auf die Toilette muss. Ich stelle mein Glas ab und beschließe, hier draußen auf Thomas zu warten. Das kleine WC ist übrigens erfreulich sauber.

»Wir können dann.« Ich muss eingeschlafen sein. Es ist inzwischen zappenduster. Im Garten brennen vereinzelt Windlichter. Meine Augen gewöhnen sich nur langsam an das Zwielicht, und noch länger brauche ich, um mich zu erinnern, wo ich eigentlich bin und woher ich den Mann kenne, der vor mir steht.

Ächzend setze ich mich auf. Mir tut alles weh. Die Bank, auf der ich eingeschlafen bin, ist aus Stein. »Wie spät ist es denn?« – »Keine Ahnung, iss mir egal.« Thomas spricht mit schwerer Zunge.

»Aber jetzt kriege ich doch kein Zimmer mehr!« – »Kannst bei mir pennen.« Spätestens als Thomas nur mit Mühe den Schlüssel ins Zündschloss bekommt, wird mir klar, dass die letzten Minuten meines Lebens angebrochen sind. Mit geschlossenen Augen warte ich auf mein Ende und kann gar nicht fassen, dass wir nach einer gefühlten Ewigkeit tatsächlich auf einem Parkplatz unterhalb der steilen Treppe zum Dorf anhalten.

Irgendwie schaffe ich es, den verdammten Koffer zum Dorf hinauf zu wuchten und ihn hinter Thomas her durch den Ort zu zerren. Inzwischen ist mir völlig gleichgültig, wo ich den Rest der Nacht verbringe, ich will nur noch schlafen. Endlich schließt Thomas eine Tür auf und greift nach einem Lichtschalter. Eine einsame Glühbirne unter der Decke beleuchtet schwach einen großen Raum, der von einem Bücherregal geteilt wird. »Da hinten iss 'ne Matratze, Decke liegt drauf«, nuschelt Thomas und verschwindet hinter dem Regal. Sekunden später, ich stelle gerade den Koffer neben die Matratze und will mich auf die Suche nach dem Badezimmer machen, zucke ich erschrocken zusammen. Das Zimmer vibriert, als ob hier gerade der auspufflose Laster durchröhren würde. O bitte! So laut kann doch kein Mensch schnarchen! Thomas kann. Als ich endlich wegdämmere, wird es schon hell.

Vogelgezwitscher. Sonnenstrahlen kitzeln meine Nase. Vorsichtig setze ich mich auf und sehe mich um. Das Kitzeln in meiner Nase könnte natürlich auch von dem Staub kommen, der in den Sonnenstrahlen glitzert. »Thomas?« Keine Antwort. Ich wickele die Wolldecke um mich, unter der ich geschlafen habe, und stehe auf. Spähe hinter das Bücherregal. Kein Thomas, nur ein zerwühltes Bett. Weiter zum Badezimmer. Leer. Die nächste Tür führt in eine Küche. Die ist nicht leer. Zwei Kakerlaken in Mausgröße fühlen sich offenbar von mir gestört und flitzen unter den Herd, auf dem gerade eine Ameisenkolonne mit dem Abtransport von Essensresten beschäftigt ist. Aber auch hier kein Thomas.

Zehn Minuten später habe ich, mit zehn Zentimetern Sicherheitsabstand über der Brille schwebend, die Toilette benutzt, habe meinen Ekel vor der Dusche überwunden, dufte nach Bodylotion und bin angezogen. Und noch immer allein. Ich brauche jetzt dringend einen Kaffee. Zu meiner großen Freude tauchen die Kakerlaken nicht wieder auf. Kaffee finde ich in einem Schrank, der in eine der Küchenwände eingelassen ist. Auf dem Gasherd steht eine von diesen Kannen, in die unten das Wasser kommt und oben der Kaffee. Wie genau das funktioniert, weiß ich nicht, deshalb fülle ich einen Topf mit Wasser. Während ich darauf warte, dass es anfängt zu kochen, gucke ich mich in der Küche um.

Es ist ein schöner, heller Raum. Die unverputzten Wände sind weiß gekalkt. Vor einem kleinen, hellgrün lackierten Sprossenfenster, das tief in der dicken Außenmauer sitzt, bewegt sich eine vorwitzige Ranke mit einer einzelnen roten Blüte im Wind. In der Ecke des Fensters wohnt eine dicke schwarze Spinne. Ich traue mich trotzdem rauszugucken. Der Blick geht auf eine kleine Gasse. Auch die Tür des in die Wand eingelassenen Schrankes und die beiden Holzstühle an dem kleinen Tisch sind hellgrün, der Tisch ist weiß. Na ja, er wäre weiß, wenn hier mal jemand sauber machen würde. Das Wasser beginnt zu sprudeln, ich gieße es direkt auf das Kaffeepulver in meiner Tasse und mache mich daran, den Rest meiner Umgebung zu erkunden. In dem großen Zimmer, das Thomas heute Nacht so gründlich beschallt hat, gibt es nicht viel zu sehen. Im Regal stehen Krimis und Science-Fiction-Romane unter fingerdicken Staubschichten. Kurz denke ich darüber nach, ob die Wolldecke, die ich ordentlich auf der Matratze zusammengefaltet habe, je gewaschen worden ist, und muss mich unwillkürlich kratzen. Außer Bett, Matratze und Regal gibt es nur noch einen einsturzgefährdeten Kleiderschrank. Und nicht zu vergessen die zwei Geckos an der Wand über dem Bett.

Ein Blick auf mein iPhone. Schon Mittag! Hoffentlich kommt Thomas bald wieder. Ich kann ja nicht einfach gehen, ohne die Wohnung abzuschließen. Aber hier in dem kahlen Raum sitzen und kleine Echsen beobachten will ich auch nicht. Ich werde die Tür angelehnt lassen und wenigstens mal die Straße rauf und runter laufen. Das Haus liegt doch an einer Straße? Ich kann mich beim besten Willen nicht an den Weg erinnern, den ich in der Nacht entlanggestolpert bin.

Meine Güte, ist die Sonne grell! Ich muss zwinkern, ehe ich etwas erkennen kann. Und dann kann ich gar nicht glauben, was ich sehe. Obwohl ich natürlich genau weiß, dass ich auf einer Insel bin, habe ich irgendwie nicht damit gerechnet, das Meer zu sehen. Jedenfalls nicht so plötzlich. So groß und so blau und so direkt unter mir. Wie in Trance gehe ich ein Stück nach vorn auf die weiße Mauer zu, die die riesige Traumterrasse umgibt, auf der ich stehe. Da ist nicht nur das Meer unter mir, sondern auch noch ein sattgrünes Tal mit Palmen und allem Drum und Dran. Ich kann mich gar nicht sattsehen an diesen Farben. Erst, als mir in der glühenden Hitze schon ganz schwummrig wird, wende ich den Blick von der überwältigenden Aussicht ab und entdecke in einer Ecke der Terrasse eine dick gepolsterte Liege unter einem Sonnenschirm. Bis Thomas auftaucht, kann ich mich eigentlich noch ein bisschen ausruhen.

Das wird noch zu einer schlechten Gewohnheit, dass ich von Schmuddelkind Thomas geweckt werde. Er steht mit der Kaffeekanne vor mir. »Willste auch einen?« Unbedingt! In dieser Sekunde knurrt mein Magen laut und vernehmlich. Mein Gastgeber grinst. »Ich hab frisches Brot mitgebracht, Käse ist auch da, ist in der Küche.« Vielleicht ist der Mann doch nicht so furchtbar, jedenfalls, wenn er nüchtern ist. Mit Brot und Käse im Magen bin ich dann endgültig willens, gute Seiten an ihm zu entdecken. Zumal er heute offenbar ein Deo benutzt hat.

»Kennst du Susanne schon lange?«, frage ich. – »Wie man's nimmt. Wir haben in derselben WG gewohnt, ein Jahr oder so, aber ich hab sie ewig nicht mehr gesehen.« – »Was heißt ewig?« – »Keine Ahnung, zehn Jahre oder so.« Das hat bei Susanne anders geklungen. »Guter

Freund aus alten Tagen«, hat sie gesagt. Susanne. Eigentlich kenne ich sie selbst nicht besonders gut. Wir haben uns im Wirtschaftsenglisch-Kurs kennengelernt, vor eineinhalb Jahren, und nach dem Kurs manchmal noch einen Wein miteinander getrunken. Na ja, und neulich, kurz nachdem klar war, dass zwischen Arne und mir Schluss ist, da habe ich sie gefragt, wo man als Frau gut alleine Urlaub machen kann, wenn man keine Lust auf Club-Med hat. Und nun bin ich also hier. Und habe noch immer kein Zimmer. Gerade will ich Thomas deswegen fragen, als er sagt: »Ich muss dann mal den Laden aufmachen.« – »Ja, aber du wolltest mir doch wegen der Unterkunft helfen!« – »Ich mach ja nur für zwei Stunden auf, danach fahren wir. Kannst mitkommen in den Laden, wenn du willst.«

Der Laden ist auf der anderen Seite des Hauses und enthält ein Sammelsurium aus Batik-Kleidern, Baumwollblusen, Silberschmuck und Lederwaren. Ich entdecke ein Paar bequem aussehender Sandalen und einen hübsch bestickten kleinen Stoffrucksack. Als ich beides kaufe, werde ich Thomas' einzige Kundin des Tages. »Ist nicht Saison jetzt, da kommt selten jemand hier hoch.« Während wir vergeblich auf Kundschaft warten und ich ein bisschen die Regale aufräume, plaudern wir eigentlich ganz nett. Schließlich nimmt Thomas ein Tablett mit Ohrringen und schließt die »Tienda Fantastica« ab. Ich laufe Richtung Wohnung, um meinen Koffer zu holen. »Wo willste denn hin? Der Wagen steht unten.« – »Ja, aber mein Koffer?« – »Den holen wir später.«

Wie dämlich kann eine einzelne Frau eigentlich sein? Von wegen Zimmersuche. Thomas fährt von Kneipe zu

Kneipe. Von Dorf zu Dorf. Um Ohrringe zu verkaufen. Das nennt man dann wohl Direktmarketing. Natürlich trinkt er in jedem einzelnen Etablissement ein Weinchen. Am Anfang bin ich auch noch nicht misstrauisch. Im Vorbeifahren sehe ich das ein oder andere Schild »Hotel« oder »Rooms«, also denke ich, wir sind auf dem richtigen Weg. Allerdings sind die Fassaden samt und sonders nicht gerade ansprechend. Hier unten in der Nähe des Meeres sieht alles so anders aus. Touristischer. Städtischer. Gar nicht idyllisch. Hier will ich nicht wohnen, nicht mal für eine Woche. Ich will so eine Aussicht wie die von Thomas' Terrasse. Oder wenigstens etwas Lauschiges mit vielen Blumen. Thomas nickt verstehend. Und deshalb denke ich immer noch nichts Böses, als er weg vom Meer wieder Richtung Berge fährt. Erst als ich im zweiten Bergdorf vor der fünften Kneipe warte, werde ich allmählich argwöhnisch. Bei Kneipe Nummer sieben, es ist mittlerweile dunkel, würde ich Thomas gern das Ohrringtablett über den Kopf ziehen und den Laster kapern. Aber natürlich sind wir irgendwo im Nirgendwo, und ich habe wieder jede Orientierung verloren. Und zu feige bin ich auch. Aber wenn Thomas jetzt noch einmal sagt: »Mach dich mal locker«, kann ich für nichts mehr garantieren. Bei Kneipe elf habe ich mich in mein Schicksal ergeben.

Ich würde gern sagen: Der Rest ist Schweigen. Aber der Rest sind Thomas' Schnarchen und ein schlimmer Albtraum, in dem Monster-Kakerlaken die Hauptrolle spielen.

Es ist noch nicht sieben Uhr, Thomas sägt nach wie vor, da bin ich auf der Flucht. Den Rollkoffer verstecke ich unter einem dichten Busch am Haus. Mitnehmen will ich das Ding jetzt nicht, aber bei Thomas lassen erst recht nicht. Die Sonne schickt ihre ersten Strahlen ins Dorf, als ich in aller Ruhe durch die Gassen bummle. Fast jedes der kleinen, weiß getünchten Häuser hier hat einen kleinen Garten, es blüht und duftet um mich herum, und ab und zu höre ich aus den winzigen Fenstern, dass sich Menschen unterhalten. Zweimal komme ich an alten schwarz gekleideten Frauen vorbei, die Bündel von frischen Kräutern tragen. Beide nicken freundlich. Ob die Alten zum Einkaufen immer die steile Treppe runter und wieder rauf müssen, auf ihren krummen Beinen? Ich merke schon beim ständigen Bergaufgehen meine Beinmuskeln.

Gerade überlege ich, mich auf den Weg zur Bar zu machen, wo ich hoffentlich schon einen Kaffee bekomme, da sehe ich es. Das zweistöckige Häuschen ist ein Traum. Eine weiß gestrichene Holzveranda erstreckt sich über die gesamte Breite, Blumen in allen Farben des Regenbogens wuchern darüber, eine alte, verschnörkelte Eisentreppe führt zum Eingang. Hellblaue Fensterläden sind einladend aufgeklappt. Ich bin ja eher ein sachlicher Mensch. Jeder, der meine schwarz-weiß eingerichtete Wohnung kennt, kann das bestätigen. Aber ich habe das deutliche Gefühl, dass dieses Haus nach mir ruft. Wahrscheinlich verdreht mir der Farben-Overkill den Kopf. Möglicherweise reagiere ich auch einfach nur auf das Schild an der Veranda: »Cuartos«, Gästezimmer. Jedenfalls habe ich Herzklopfen wie ein verliebtes Ding. Acht Uhr früh. Ob ich da schon klingeln kann? An einem der Fenster erscheint der Kopf einer Frau und lächelt mich an. Ich deute auf das Schild. »Si, si, un momento!«

Ich muss das Zimmer mieten. Ich muss. Auch wenn es kein eigenes Bad gibt und nur eine Gemeinschaftsküche. Was zählt das schon gegen einen Balkon, der tatsächlich aufs Meer hinausgeht? Einen winzigen Balkon zwar, aber mit einem bequemen Stuhl und einem Mini-Tischchen darauf und mit Blumentöpfen am Geländer. Jeder Windstoß trägt Duftwogen von süßen Blüten und einem Hauch von Zitrus in den Raum. Eine halbe Stunde später steht mein Koffer neben dem hellblauen Bettgestell aus Eisen, auf dem eine schneeweiße Tagesdecke liegt. Und ich sitze auf meinem Balkon und grinse glücklich vor mich hin. Thomas habe ich eine Nachricht an die Tür gepinnt.

Kaffee trinken, zum Strand gehen, einkaufen. Es tut ungeheuer gut, endlich mal wieder eine To-do-Liste zu schreiben, und sei sie noch so kurz. Meine T-Shirts liegen nach Farben sortiert im Schrank, Blusen, Röcke und Hosen hängen ordentlich auf Bügeln. Wehmütig fällt mein Blick auf die mitgebrachten Sommerschuhe neben dem Schrank, die allesamt Absätze haben. Was soll's, auch ohne Stöckel fühle ich mich in meinem kornblumenblauen Leinenkleid mit dem weit schwingenden Rock schon fast wieder wie ich selbst. Ich schlüpfe in meine flachen Ledersandalen, packe meine Handtasche aus und meinen kleinen Rucksack voll, und ziehe die Tür zu.

»Hey, hallo, du bist wohl die Neue?« Vor meinem Zimmer liegt ein kleiner Innenhof, von dem Küche und Bad abgehen. Das Mädchen, das mich angesprochen hat, kommt im Bademantel und mit einem Handtuchturban auf dem Kopf gerade aus dem Bad. »Ich bin Nelly!« – »Angenehm, Charlotte Lehmann.«

Sie lacht fröhlich. »Sie sind wohl zum ersten Mal hier.« – »Ja, wieso?« – »Na ja, Nachnamen sind hier nicht so angesagt, hier duzen sich eigentlich alle.« – Ich aber nicht, will ich sagen, lasse es dann aber doch sein. »Äh, du warst wohl schon öfter hier?« – »Ist mein sechstes Mal«, sagt Nelly immer noch lachend. Dabei sieht sie aus wie achtzehn. – »Dann wissen Sie, ich meine, dann weißt du doch sicher, wo hier der nächste Lebensmittelladen ist?« – »Klar, ich will gleich runter zum Hafen, da kommt man dran vorbei. Wenn du magst, können wir zusammen gehen. Ich brauche aber noch ein paar Minuten.« – »Ja, ist gut, ich warte.« Im Innenhof stehen ein großer Tisch und vier Stühle. Heute Abend werde ich mir was kochen und hier essen, vielleicht lerne ich dann auch die Bewohner der anderen Zimmer kennen. Nelly ist schnell zurück. Ihre schmalen Hüften stecken in Jeans, dazu trägt sie ein schlichtes türkisfarbenes T-Shirt. Die Haare fallen ihr offen auf die Schultern und durchnässen das Shirt. Am Fuße der Treppe aus dem Dorf fällt mir meine Liste wieder ein, und damit auch die Tatsache, dass ich noch nicht gefrühstückt habe. »Du hättest wohl nicht noch Zeit für einen Kaffee?« – »Klar.«

Nelly ist sechsundzwanzig, von Beruf Kinderkrankenschwester und erfrischend normal. Sie kommt aus Bochum. Und sie sieht aus wie du und ich. Na gut, so wie ich aussehe, wenn ich nicht vorhabe, die Wohnung zu verlassen. Ungeschminkt, in Jeans und T-Shirt, die Haare unberührt von Fön und Haarspray. »Und du bist wirklich schon zum sechsten Mal hier?«

Sie nickt. »Es ist wegen der Magie«. Wegen der was? Als Pokerspielerin hätte ich keine Zukunft. Mir sieht man immer sofort an, was ich denke. Nelly lächelt und sagt: »Frag nicht. Du wirst sie schon selbst spüren, wenn du so weit bist.« Da habe ich so meine Zweifel. Der einzig magische Ort, der mir spontan einfällt, ist meine Badewanne. Außerdem scheint mir, als hätte ich gerade eine neue Version von »Mach dich mal locker« gehört.

»Können wir dann?«, fragt Nelly und trinkt den letzten Schluck Kaffee. Die Einführung in die spirituelle Welt einer Bochumer Kinderkrankenschwester bleibt mir tatsächlich erspart. Ich bin erleichtert.

»Ja, klar, von mir aus können wir los. Lass mal stecken, der Kaffee geht auf mich.« Nelly zeigt mir den Supermarkt, und dann mache ich mich auf zum Strand. Wenn ich schon meine Sommerschuhe nicht ausführen kann, dann soll wenigstens mein neuer Bikini das Licht der Inselöffentlichkeit erblicken.

Das darf doch nicht wahr sein! Selbst mit dem bisschen Stoff, aus dem mein Bikini besteht, bin ich an diesem Strand komplett overdressed. Nacktes Fleisch, wohin das Auge blickt. Wenn ich etwas noch weniger leiden kann als Kakerlaken, dann ist es die sogenannte Freikörperkultur. Ich bin nun mal der Meinung, dass Nacktheit in geschlossene, private Räume gehört. Aber hier und heute vertrete ich damit offensichtlich eine Minderheitenposition. Knapp einen Kilometer muss ich laufen, bis ich ein geschütztes Plätzchen für mich und meinen Bikini gefunden habe. Weit genug weg von der Blöße der anderen, aber noch nah genug, um mich umzusehen. Einmal mehr halte ich Ausschau nach Kinderwagen und Babywippen. Tatsächlich sind auch ein paar Kleinkinder am Strand, aber, wenn ich das richtig sehe, hat das Schicksal sie allesamt mit Mutter und Vater versorgt. Allmählich frage ich mich, ob Susanne wirklich von dieser Insel geredet hat. Na, ist ja auch egal. Genug geguckt.

Es ist herrlich warm in der Sonne. So gut es geht, creme ich mich mit Sonnenschutzmittel ein – das ist jetzt wieder einer der seltenen Momente, in denen mir Arne fehlt –, und platziere meinen Astralleib strategisch günstig zur Sonne. Ich liebe es, wenn mir das Licht auf die geschlossenen Augenlider scheint. Die Welt ist weg, und meine Sicht der Dinge leuchtend orange. »Bananenkuchen?« Ein Schatten fällt auf mich. Ich lasse die Augen erst einmal zu. Vor mein sonnendurchglühtes inneres Auge schiebt sich die wenig erfreuliche Vorstellung von einem nackten Mann, dessen edelste Teile locker durch mein Gesichtsfeld schwingen. Nein, danke. »Der ist selbst gebacken, nur ein Euro das Stück.«

Ich wittere in der Tat ausgesprochen leckeren Kuchenduft. »Haben Sie etwas an?« Ein lautes Lachen. – »Ja, keine Sorge, ich bin angezogen. Du kannst die Augen aufmachen.«

Ich höre, wie sich der Kuchenverkäufer neben mir in den Sand fallen lässt, und setze mich auf. Riskiere einen Blick. Nee, ist der süß! Ich gucke in strahlend grüne Augen unter kohlschwarzen Augenbrauen. Auf dem Kopf sieht der Jüngling ein bisschen aus wie Karl Lagerfeld. Aber sein Pferdeschwanz ist so schwarz wie seine Augenbrauen, und weitere Ähnlichkeiten mit Herrn Lagerfeld kann ich erfreulicherweise nicht entdecken. Ich glaube nämlich kaum, dass der Anblick von dessen magerem Brustkorb bei mir einen Anfall von Schnappatmung auslösen würde. Diesen Oberkörper dagegen könnte ich mir gut als Büste auf einem Marmorsockel vorstellen. Über der glatten gebräunten Brust baumelt sanft ein Lederband mit einem hellen Stein.

Und etwa dreißig Zentimeter unterhalb des Steines trägt er tatsächlich Shorts. Was in diesem Fall dann doch schade ist. »Charlotte!«, rufe ich mich innerlich zur Ordnung.

»Also, Kuchen oder nicht?« – »Ja, gern, ein Stück bitte.« Ich fummele mein Portemonnaie aus dem Rucksack und gebe ihm zwei Euro. »Der kostet nur einen« – »Na, aber du musstest ja ganz schön weit laufen, um ihn mir zu bringen.« Plötzlich wird mir bewusst, dass ich ihn anlächle wie zuletzt meinen Chef bei meinem Vorstellungsgespräch vor zehn Jahren. »Nimm mich!«, sagt dieses Lächeln. Das ist ja peinlich, wie ich diesen Schönling anhimmele, gleich fange ich noch an zu sabbern. Ich zwinge meine Mundwinkel wieder nach unten.

Der Adonis merkt von alldem nichts, steckt das Geld ohne weiteren Kommentar in eine kleine Tasche, die er am flachen Bauch trägt, greift zu seinem Korb und steht auf. Lange, wohlgeformte Beine ragen neben mir auf. Wenn ich jetzt schnell noch etwas Schlaues sage, setzt er sich vielleicht wieder hin. Ich würde ihn wirklich gern noch ein bisschen anschmachten, ich meine natürlich: mit ihm plaudern. Aber worüber plaudert eine Chefsekretärin bei Deutschlands größtem Energieversorger mit einem Bananenkuchenverkäufer auf einer Insel voller Verrückter? Eben.

Da geht er hin, trägt seinen Kuchen und seinen Luxuskörper zu den Nackedeis. Und ich liege wieder allein da mit meinem Bikini und der brennenden Frage: Was ist eigentlich mit mir los? So reagiere ich nicht auf wildfremde Männer, und seien sie noch so schön. Ich gehöre nicht zu den hormongesteuerten Wesen, die schon feuchte Höschen haben und am ersten Abend Ja sagen, nur weil ein Kerl hübsch aussieht. Da bin ich konservativ. Mich muss ein Mann umwerben. Er muss mich intelligent unterhalten, muss mich zum Essen und ins Kino einladen. Für mich zählen in erster Linie innere Werte. Gutes Aussehen schadet natürlich nicht.

Apropos Hormone. Möglicherweise bin ich schon in der Menopause. Mit Arne ist jedenfalls schon ewig nichts gelaufen, und mir hat auch nichts gefehlt. So wie mir der ganze Arne nicht fehlt. Als er mir erzählt hat, dass er von Hamburg nach Nürnberg ziehen würde und in einer Wochenendbeziehung keine Zukunft sehe, hat mich das weniger getroffen als die Versetzung meiner Lieblingskollegin in die Presseabteilung.

Noch eine Stunde braten meine Gedanken und ich in der Sonne, dann muss ich meine helle Haut davor bewahren, die Farbe eines gekochten Hummers anzunehmen. Mit gebührendem Abstand zu den anderen Sonnenanbetern laufe ich wieder am Strand entlang. Zeit für Punkt drei auf meiner To-do-Liste, einkaufen.

»Hey, Charlotte!« Ohne Jeans und T-Shirt, dafür mit

einem riesigen Sonnenhut, erkenne ich Nelly erst im letzten Moment. Was auch daran liegen kann, dass ihr zarter Körper fast vollständig von einem deutlich größeren Leib verdeckt wird. Die beiden kleben so dicht aneinander, dass nicht einmal eine Tarot-Karte zwischen sie passen würde. »Komm doch nachher runter zu der Bucht am Hafen, da gibt's Musik«, ruft Nelly mir zu. Meine Lippen sind noch damit beschäftigt, ein »Mal sehen!« zu formen, da hat sie sich schon wieder ihrem langen Galan zugewandt.

Die anderen Bewohner der kleinen Pension lassen sich nicht blicken. Ich esse Schinken und Tomaten allein auf meinem Mini-Balkon. Dazu gönne ich mir ein Glas edlen Wein. Jetzt fehlt nur noch ein gutes Buch. Ich hole »Der Turm« aus dem Koffer. Seit zwei Jahren steht der Roman bei mir im Regal, Deutscher Buchpreis 2008, ein Geschenk von Arne. »Muss man unbedingt gelesen haben«, hat er gesagt. Bisher bin ich nicht über Seite vierzig hinausgekommen. Vierzig Seiten von knapp tausend. Am Ende von Seite dreiundvierzig überlege ich, ins Bett zu gehen. Warum kann nicht jemand wie Ildikó von Kürthy den Literaturpreis kriegen? Außerdem ist dieser Roman auch noch schrecklich unhandlich. Ich werfe den Schinken zurück in den Koffer. Erst neun Uhr. Ich könnte meine Schwester anrufen. Nein, zu teuer. Ich schicke ihr eine SMS. Setze mich wieder auf den Balkon. Hole den »Turm« erneut aus dem Koffer. Lege das Buch wieder weg. Na gut. Ich kann ja mal hören, was die da am Hafen für Musik machen.

Als Erstes höre ich tiefe weiche Trommeltöne, die aus dem Dunkel auf mich eindringen. Monoton, aber irgendwie schön. Anziehend. Dann setzt ein anderer Klang ein, heiser, sanft, betörend. Vielleicht ein Saxophon? Mit Musik kenne ich mich in etwa so gut aus wie mit gehobener Literatur. Es gibt keine Melodie, nur diese hypnotisierenden, ineinanderfließenden Laute. So etwas habe ich noch nie gehört. Ich komme mir vor wie eine Schlange, die aus dem Korb geflötet wird.

Ehe ich mich versehe, sitze ich inmitten der kleinen Menschenmenge am Wasser auf einem Stein. Über mir erstreckt sich gigantisch der Sternenhimmel wie ein riesiger Schmuckkasten voll glitzernder Diamanten. So hell funkeln die Sterne zu Hause nie. Lediglich aus einigen Kneipen und Hauseingängen dringt ein bisschen Helligkeit. Meine Augen gewöhnen sich nur langsam an das diffuse Licht. Da steht wirklich ein Mann mit einem Saxophon neben einem Trommler. Nicht weit von mir hat eine Frau eine kleinere Trommel zwischen die Knie geklemmt und fängt sanft an, sie zu schlagen. Ein paar Leute tanzen versunken. Nelly kann ich nirgendwo entdecken.

Ich weiß nicht, wie lange ich dort sitze, im Bann der Klänge und der Atmosphäre, als mich ein strenger Geruch irritiert. Ich gucke hoch und sehe in das grinsende Gesicht von Thomas. »Na also, geht doch, du siehst schon viel lockerer aus!« Damit hält er mir eine Flasche Bier vor die Nase. »Willste 'nen Schluck?« – »Äh, nein, aber danke.« Ich habe schon Durst, aber ich hätte gern ein Getränk für mich allein. Der Saxofonspieler packt sein Instrument ein, hier ist offensichtlich gleich Schluss. »Wo kann man hier einen Wein trinken?« – »Im ›Cojito‹, da komm ich mit.« Zum Glück müssen wir ein ganzes Stück laufen, bis wir an der Bar ankommen. Ich brauche Zeit, um aus dieser seltsamen Stimmung herauszufinden, in die mich die Musik und die Sterne versetzt haben. Zum Glück will Thomas nicht reden.

Im »Cojito« wummern lateinamerikanische Rhythmen aus riesigen Boxen. Die lange Theke ist umlagert von Leuten, die fröhlich gegen die Musik anschreien. Trotz des Kontrastprogramms gefällt mir die Bar mit ihren heiteren Farben und dem vielen Holz. Thomas ergattert sogar zwei Barhocker für uns und bestellt Wein. Kaum stehen die Gläser vor uns, prostet er mir kurz zu – und dann ist er samt Weinglas in den Tiefen des Raumes verschwunden. Zwei Sekunden später, ich schüttele noch ungläubig den Kopf, bin ich schon nicht mehr allein. Auf dem frei gewordenen Hocker sitzt Jürgen aus Mannheim. Dass es sich um Jürgen aus Mannheim handelt, erfahre ich natürlich erst ein bisschen später. Kurz bevor er mir von seiner Scheidung vor sechs Monaten erzählt. Ich trinke noch ein Glas Wein. Jürgen, auch das lässt er mich großzügig wissen, ist ein Wanderfreund. In der nächsten halben Stunde schildert er in aller Ausführlichkeit sämtliche Wanderungen, die er in den vergangenen sechs Tagen unternommen hat. Ich glaube schon fast selbst, Blasen an meinen Füßen zu spüren. Das hätte ich vielleicht nicht laut sagen sollen. Der Mann hat den Humor einer Flunder. Ich muss ihm geloben, in Zukunft stets ein dünnes und ein dickes Paar Socken in meinen Wanderschuhen zu tragen, um Reibungen zu vermeiden. Als er mir – nur zur Sicherheit – die besten Blasenpflaster empfiehlt, schreibe ich im Geiste seiner Ex-Frau eine Glückwunschkarte.

Jürgen redet und redet, ich nicke nur noch ab und zu, leere langsam mein Glas und beobachte im Spiegel über der Theke das Treiben um mich herum. Ich habe auch den Eingang zum »Cojito« gut im Blick. Es wird immer voller. Zwei Frauen kommen herein, beide haben herzförmige Gesichtchen und rote Haare. Ich möchte behaupten, die haben sich eine Packung Henna geteilt. Die Schwingtür ist gerade wieder zugeklappt, da schwingt sie auch schon wieder auf; diesmal für einen Mann, der im Alter gut zu Jürgen passen würde. Anfang vierzig, schätze ich, aber nach regelmäßigem Wandern sieht der nicht aus. Eher nach regelmäßigem Wasserpfeifengebrauch. Nach ihm kommt eine gealterte Version von Pippi Langstrumpf in den Raum, gefolgt von einem großen Langhaarigen mit rotem Stirnband und markanten Gesichtszügen. Er erinnert mich an Pierre Brice in Winnetou 2, nur in blond.

Der Blonde schaut zum Tresen. Zu mir. Natürlich nicht wirklich, aber einen winzigen Augenblick lang treffen sich unsere Blicke im Spiegel. Irgendetwas durchzuckt mich. Habe ich einen Krampf? Dann ist der Augenblick vorbei, und der Mann hinter Pippi Langstrumpf in der Menge verschwunden. Zur Abwechslung sehe ich statt in den Spiegel mal wieder nach vorn. Da steht der Barkeeper mit der Weinflasche und wirft mir einen fragenden Blick zu. Na gut, noch ein letztes Glas. »Und, bist du morgen dabei?« Jürgen. Den hatte ich komplett ausgeblendet. Keine Ahnung, wovon er redet. »Entschuldige, ich war gerade mit meinen Gedanken woanders, wobei soll ich morgen sein?« – »Na, bei der Tour zum Wasserfall.« – »Nee, du, entschuldige, aber Wandern ist nicht so mein Ding.« Genauso würde ein Vierjähriger gucken, wenn man ihm sagt, dass die Geschichte vom Weihnachtsmann leider erstunken und erlogen ist und Weihnachten deshalb ausfällt. »Ich muss mal wohin«, sage ich schnell und ergreife die Flucht.

Auf dem Rückweg von den Toiletten halte ich unauffällig Ausschau nach dem Großen mit dem Stirnband. Nur mal so. Männer mit Stirnband sieht man schließlich nicht so oft. Ich kann ihn nirgendwo entdecken. Dafür sehe ich in einer Ecke Thomas, der gerade den hennagetönten Ladies Ohrringe anzudrehen versucht. Okay, wieder zu Jürgen aus Mannheim. Ich werde mich kurz verabschieden und dann zurück ins Dorf laufen. Das war ein langer Tag heute, und ich kann keine einzige Wandergeschichte mehr ertragen. Muss ich auch nicht. Als ich mich durch die Menge wieder zur Theke vorgekämpft habe, finde ich meinen Platz besetzt. Eine winzige Frau mit kurzen schwarzen Locken lässt ihre nackten braunen Beinchen von dem Barhocker baumeln, auf dem eben noch ich gesessen habe. Es sind Beinchen mit erstaunlich kräftigen Waden und sehr vernünftigen Schuhen an den Füßen. Da freue ich mich aber für Jürgen. Ich murmele ein »Tschüss«, das ungehört in lateinamerikanischen Rhythmen untergeht. Jürgen hat sowieso nur noch Ohren und Augen für den Wanderzwerg. Auch gut.

Vielleicht waren drei Gläser Wein doch ein bisschen viel für mich. Draußen an der frischen Luft wird mir schwindelig, und ich muss mich erst einmal an der Hauswand abstützen, ehe ich loslaufen kann. Oder sollte ich sagen: Losschwanken? Gottlob sieht mich niemand, als ich eine Straße entlangeiere, von der ich glaube, dass sie aufs Dorf zuführt. Schrecklich weit weg und verdammt hoch oben sehe ich Lichter und hoffe inständig, dass es die richtigen sind. Ich laufe und laufe. Rechts und links von der Straße gibt es, soweit ich das im Sternenlicht erkennen kann, nichts als Bananenstauden. Bananenstauden und Geräusche. Sind das Tiere? Wenn ja, was für welche? Wenn nein, was höre ich dann? Womöglich lauert da zwischen den Stauden ein hoffnungsfroher Vergewaltiger auf eine dumme, angetrunkene Touristin? Ich hätte nicht gedacht, dass ich mich mal freuen würde, die 172 Stufen zu sehen, die zu meinem Domizil führen.

Charlotte Lehmann, wo hast du deinen Verstand gelassen? Am nächsten Morgen bin ich nicht gut auf mich zu sprechen. Ich habe mörderische Kopfschmerzen. Das ist gut so, Strafe muss sein. Nein, ich nehme kein Aspirin. Wer angetrunken in Bars voller wildfremder Menschen herumsitzt und mutterseelenallein über einsame Straßen nach Hause stolpert, hat keine Gnade verdient. Also auch keine Schmerztablette. Stattdessen verordne ich mir eine Flasche Wasser, drei Tassen Kaffee und eine Bustour in den Norden der Insel. Danach werde ich völlig erschöpft nach Hause kommen und dort bleiben. Mit dem »Turm« und ohne Wein. Jawohl.

Jürgen und der Wanderzwerg sind auch da. Die Tür des »Cojito« ist eben erst hinter mir zugefallen, da sehe ich sie an einem Zweiertisch. Sie halten Händchen. Eigentlich wollte ich nach meinen Ausflug nur irgendwo etwas essen und danach noch ein bisschen spazieren gehen.

Vielleicht auch den Trommlern zuhören und Sterne gucken. Ich konnte ja nicht ahnen, dass sich der Himmel zuziehen würde. Keine Sterne, keine Trommler. Stattdessen leichter Nieselregen. Zwar warm, aber naturgemäß feucht. Da kann ich nicht mal meinen kleinen Balkon genießen.

Im »Cojito« ist es noch nicht sehr voll, und ich setze mich wieder an die Theke. Der Barkeeper lächelt. »Rotwein?« Ich lächele zurück und schüttele den Kopf. »Dann vielleicht eine Caipirinha?« – »Die nehme ich auch.« Es ist Nelly, die sich neben mir auf einen Hocker fallen lässt. Drei Minuten später stoßen wir mit den Cocktails an. Ich freue mich. Es ist viel schöner hier mit Nelly zu sitzen als allein. Ich wäre sogar willens, mit Nelly über Inselmagie im Allgemeinen und Besonderen zu plaudern. Aber sie erzählt mir von ihrem Bochumer Arbeitsalltag. »Du kannst dir einfach nicht vorstellen, was diese Oberschwester für eine Xanthippe ist«, sagt Nelly gerade, als etwas Merkwürdiges passiert. Mein Rücken wird heiß. Also, so richtig heiß. Als ob mir ein Loch ins Kreuz gebrannt würde. Ich unterbreche Nelly. »Sag mal, merkst du das auch?« – »Was denn?« Sie guckt neugierig. »Das wird plötzlich so heiß hier.« – »Nö, finde ich nicht.« Nelly erzählt weiter von der Oberschwester, die ihr ab übermorgen wieder das Leben schwermachen wird. Nellys Urlaub geht zu Ende, morgen früh muss sie fliegen. Ich versuche mich auf ihre Worte zu konzentrieren. Aber da ist immer noch dieses seltsame Gefühl von Hitze in meinem Rücken. Dieses Glühen. Was zum Teufel ist das? Langsam drehe ich mich um.

Heute trägt er ein dunkles Stirnband. So dunkel wie die Augen, deren Blick mich fängt. Ganz still steht der Blonde da, an der Wand neben der Tür. Das schöne Gesicht reglos. Die Augen unverwandt auf mich gerichtet.

Warum starrt der Mann mich so an? Und wieso ist mir unter seinem Blick zumute, als hätte ich gerade fünf Stunden in einer überhitzten Sauna verbracht? Seine Augen bohren sich in meine, saugen sich an ihnen fest. Der Rest der Welt verschwindet. Da ist nichts anderes mehr. Nur dieser Blick. Nur dieser Mann.

»Charlotte?« Ach ja, das ist auch noch Nelly. »Hey, du hast plötzlich einen ganz roten Kopf«, sagt sie, als ich wieder sie ansehe. »Ist dir nicht gut?« – »Doch, alles bestens, mir ist nur so warm.« Ich drehe mich nicht noch einmal um. Auf keinen Fall.

Muss ich auch nicht. Wann immer ich in den Spiegel blicke, sehe ich ihn da stehen. Er lehnt die ganze Zeit an der Wand und starrt mich an. Ich bekämpfe meine Hitzewallungen mit eiskalten Cocktails. »Du, Nelly?« – »Ja?« – »Du hast doch neulich von der Magie hier gesprochen. Was hast du damit gemeint?« Sie lächelt versonnen. »Tja, wie soll ich dir das erklären? Ich hab mal gelesen: ›Magie ist, wenn Türen geöffnet werden, von denen man vorher gar nicht wusste, dass es sie gibt.‹ Ich finde, das trifft ganz gut, wie es mir hier auf der Insel geht. Da sind ständig neue Eindrücke, Erfahrungen, Dinge, die ich erlebe. Hier bin ich anders als in Bochum, freier irgendwie. Weißt du, was ich meine?« Ich muss an die Trommeln denken. An die Sterne. An meinen kleinen Balkon. An die vielen Blumen und Düfte. Sogar an Thomas und die Zwillingsschwester von Nina Hagen. Und an meinen glühenden

Rücken. Ja, vielleicht verstehe ich ein bisschen, was sie meint.

»Kommst du?« Seine Stimme ist so dunkel wie seine Augen. Ich spüre seinen Atem an meinem Ohr, dann ein zartes Streicheln an meinem Hals. Wie gebannt schaue ich auf den Spiegel. Die Glasfläche reflektiert eine Frau, die erschauert und langsam nickt. Sie sieht aus wie ich. Sie legt Geld auf den Tresen. Dann steht sie auf. Neben der Frau sehe ich Nelly, breit grinsend. Dann ist das Bild verschwunden. Der Mann mit dem Stirnband führt mich aus der Bar.

Noch in fünfzig Jahren werde ich seine Hände spüren, die meinen Körper liebkosen. Ich werde mich an jede einzelne kleine Welle erinnern, die unsere verschlungenen Körper im feinen Sand umspült, werde jeden der warmen Regentropfen auf meiner Haut fühlen können und mich seines Duftes entsinnen, der sich mit dem des Meeres vermischt. Für immer will ich das tiefe Glück in mir bewahren, das ich empfinde, als ich nach endlosen Vereinigungen erschöpft in seinen Armen einschlafe.

Und ganz schnell möchte ich den Moment vergessen, als ich am Morgen aufwache und mich verwirrt umsehe. Als ich begreife, dass ich nackt und allein an einer kleinen Bucht liege, nicht weit entfernt von zwei Frühaufstehern, die interessiert zu mir herübersehen und süffisant lächeln. O Gott, o Gott, o Gott. Mit hochrotem Kopf schlüpfe ich in meine feuchten Kleider und mache mich davon. Ich kann nicht klar denken. Aber eines schießt mir immer wieder durch den Kopf: Ich kenne nicht mal seinen Namen.

Zwei Jahre später. Ich stehe am Hafen und warte auf die Fähre. Vor mir das Meer und am Horizont die Insel, zu der ich will. Auf dem Rücken drückt das Gewicht meines großen Rucksacks. Jetzt fängt auch noch Sagara an zu quengeln und will auf den Arm. Ich flüstere ihr ins Ohr. »Schau, meine Süße, da ist das Meer, an dem du entstanden bist.« Sagara ist hawaiianisch und heißt Ozean. Eigentlich wollte ich sie Maggie nennen, wegen ihrer magischen Empfängnis. Aber dann fragte meine Mutter: »Wie die Gewürzmischung?«

Die Schlange setzt sich langsam in Bewegung. Hoffentlich hilft mir gleich jemand mit dem Kinderwagen. Na, wenigstens habe ich bequeme Schuhe an.

BIRGIT HASSELBUSCH

Frisch gestrichen!

Wäre ja gelacht, wenn hier noch jemand über mich lachen würde – das nächste Zimmer ist meins!

Okay, vielleicht war es keine gute Idee, ohne Reservierung so Hals über Kopf in die Provence zu rauschen, um den Kopf freizubekommen. Es wäre schon gut, noch ein Zimmer zu bekommen. Sind aber alle belegt. Zwischen Lourmarin und der Côte d'Azur ist nicht mal mehr eine Besenkammer zu kriegen. Und deswegen schmunzeln die Besitzer der Hotels und Chambres d'Hôtes über mich. »Mais vous êtes très optimiste!«, erklären sie mir freundlich, bevor ich unverrichteter Dinge wieder davondackele. Im Grunde wollen sie mich durch die Blume wissen lassen, dass es wahrscheinlich leichter ist, in Frankreich einen Nicolas-Sarkozy-Fan zu finden, als hier auch nur einen halben freien überdachten Quadratmeter.

Warum musste dieser Kerl (mein Ex-Marc, nicht Nicolas!) auch mitten im Hochsommer Schluss machen? Hätte er doch wissen können, dass mich das in die Bredouille bringt. Also nicht, dass es im Frühjahr, Herbst oder Winter besser wäre, verlassen zu werden … Vielleicht hat er aber auch nicht damit gerechnet, dass ich direkt nach seinem finalen Abschuss (O-Ton: »Der emotionale Abstand zwischen dir und mir ist irgendwie von Tag zu Tag größer geworden …«) meine Siebensachen packen würde, um auch den räumlichen Abstand zwischen ihm und mir möglichst groß werden zu lassen.

Sollte jemand übrigens den wahren Grund für die Trennung von Marc wissen wollen: die neue Nachbarin. Die einfach so in sein Leben gerannt ist. Dafür konnte er wirklich nichts! Was soll man denn tun, wenn es an der Tür klingelt und die Frau nicht nur nach Zucker, sondern gleich nach einem ganzen Abendessen fragt? Kann man ja schlecht Nein sagen. Da deckt man für die Neue auf und serviert die alte Freundin ab.

Was man dazu sagen könnte? »Imbécile, conard, branleur, salaud!« Heißt alles übersetzt in etwa so viel wie: »Du Penner, der mich nicht verdient hat!« Also sehr frei übersetzt. Im Fluchen auf Französisch bin ich ganz gut. Mein cooler Hippie-Lehrer Herr Bergs hat schon damals gesagt: »Siv, wenn du nur annähernd so gut auf Französisch deklinieren wie fluchen könntest. Bon dieu de merde, lern mal was!« Mit dem Lehrer war ich damals das letzte Mal in Frankreich, hier in der Provence, in Aix, auf Schüleraustausch. Hatte er nicht sogar überlegt auszusteigen und hier in der Gegend ein altes Steinhaus zu kaufen, zu klauen oder zu besetzen?

Apropos: »Alles besetzt« bekomme ich bestimmt auch gleich im »Mas aux volets bleus« zu hören. Über einen Kiesweg gehe ich zum Eingang des sandsteinfarbenen Hauses. Recke und strecke mich dabei. Schließlich stecken mir von Hamburg bis hierher beinahe vierzehn Stunden Fahrt in den Knochen. Zeit, die ich genutzt habe, um mein altes Auto so richtig ausgiebig zu bepöbeln. Das allerdings noch auf Deutsch.

Alles hier ist wie aus dem Prospekt: Blaue Fensterläden, ein Swimmingpool und eine sonnendurchflutete Terrasse, auf der gusseiserne Tische und Stühle für ein entspanntes Frühstück oder Mittagessen stehen. Der Blick in die Weite auf Lavendelfelder, Sonnenblumen und ähnliche wunderschöne Motive, wie geschaffen für Frischverliebte.

Als Frischverlassene muss man da schon schlucken.

Schnell durch die große Holztür ins Innere dieser Unterkunft.

Ach nöö, auch noch so gemütlich, weiß gebeizte Möbel, alte Spiegel und bequeme Sofas mit Leseecke. Und glücklicherweise nicht so heiß wie draußen und auch nicht zu ordentlich wie diese Häuser, in denen man sich nicht traut, etwas anzufassen. Oder wo die Besitzer noch schnell durchsaugen, bevor die Putzfrau kommt. Ich könnte heulen.

Will für immer hierbleiben.

Die kriegen mich hier nicht mehr weg.

»Une chambre?«, erkundige ich mich bei einer jungen Französin zaghaft nach einem Zimmer, aber die nur zuckt mit den Schultern und erklärt wortgewaltig etwas, was mit dem Ruf »Olivier!« endet. Dann warte ich eben mal auf den Mann, der mir hoffentlich die erste gute Nachricht seit Marcs Eröffnung beschert.

Ich lasse mich in einen beigefarbenen Sessel fallen, in den ich perfekt hineinpasse. Fühle auf einmal einen Hauch von Entspannung und beginne, die Beine meiner weißen Jeans einen Schlag hochzukrempeln, was ich aber schnell wieder rückgängig mache, als ich mit Schrecken feststelle, dass meine Beine weißer sind als die Jeans. Wahllos greife ich nach einer der vielen Hochglanzzeitschriften auf dem kleinen Tischchen. »Maison«, »Jardin en Provence«, »Elle Décoration«, alles französische Versionen von »Schöner Wohnen«. Blättere ein wenig hier und da und denke schlechten Gewissens an meine Wohnung in Hamburg, in der die lilafarbenen Tulpen auf dem Esstisch wohl gerade darauf warten, dass ich mein Versprechen vom vergangenen Wochenende, mal wieder Wasser nachzulegen, einlöse. Auf meinem Fußboden dort türmen sich Klamotten, alle wild aus dem Schrank gerissen. Die Hälfte davon habe ich in Koffer und Tasche verstaut und ins Auto geschmissen, sie harren im Kofferraum auf ihren Einsatz. Ob sie jemals an die frische Luft kommen, und ob ich jemals meine Wohnung so in Schuss bekomme wie die hier auf den Fotos? Gibt es tatsächlich Menschen, bei denen immer so aufgeräumt ist? Die ihre Zeit damit verbringen, ihre Kleidung im Schrank nach Farben und Hosenlängen zu ordnen, die CDs alphabetisch aufzustellen und mithilfe kleiner Schablonen der Ecke in der Küche mit einem hübschen Blumenmuster mehr Verve verleihen?

Na klar, bin nur neidisch.

Die Ecke in der Küche ist bei mir nämlich so vollgemüllt, dass überhaupt kein Platz für liebevolle Details wäre. Ich bin nicht so der strukturierte Typ.

Muss ich auch nicht als PR-Texterin. Ich mach mehr mit Worten als mit den Händen. Und bald vielleicht nicht einmal mehr damit. Mir ist durchaus bewusst, dass mich die Aktion hier meinen Job kosten könnte. Bin schließlich noch in der Probezeit und habe total vergessen, mich bei der Arbeit abzumelden. An so was denkt doch keiner, wenn er gerade verlassen wurde. Zu den fünf Phasen einer Trennung mit Schmerz, Wut, Verarbeiten und so weiter gehört meines Wissens nicht: »Chef anrufen und sich krankmelden.« Mein Handy hat hier ohnehin keinen Empfang, sehe ich. Neulich war ich schon einmal länger krank, das hat der Chef nicht gerne gesehen. Vielleicht wäre ein Rausschmiss die beste Lösung, dann könnte ich Marc bei der Arbeit nicht mehr über den Weg laufen. Er ist nämlich in derselben Firma wie ich.

»Je regrette, tout est complet!«, reißt mich eine Stimme aus meinen Gedanken. Das muss Olivier sein, der mir gerade schulterzuckend klarmacht, dass auch hier nichts zu holen ist. Immerhin tut er das mit einem netten Lächeln und lacht mich nicht aus. »Putain!«, fluche ich, und das kommt aus meinem tiefsten Innern. Ich wollte mich doch nie mehr aus diesem Sessel erheben und nun das. Olivier grinst, vermutlich wegen des derben Schimpfworts.

Dann schüttelt er leicht den Kopf und lässt sich auf das Sofa mir gegenüber fallen. Er sagt etwas und reiht dabei sehr viele französische Wörter aneinander, die ich allesamt nicht verstehe. Trotzdem nicke ich, man möchte ja schließlich höflich sein.

Leicht nervös schlage ich die Beine übereinander, wobei mir zwei der Einrichtungszeitschriften, die ich vorher überflogen habe, von den Knien rutschen. Olivier und ich beugen uns gleichzeitig nach vorne, um sie wieder aufzuheben. Er ist schneller. Reicht mir die guten Stücke und schaut mir weiter belustigt in die Augen. Wäre ich schon gebräunt, würde man nicht bemerken, dass ich knallrot werde. Muss also schnellstens in die Sonne, um ihr meine blassen Beine und andere Körperteile auszusetzen und um in solchen betörenden Situationen mit charmanten Franzosen besser gewappnet zu sein.

»Vous vous intéressez pour la déco, les meubles, la peinture et tout ça?« Ich verstehe nur Deko und Möbel, nicke erneut mit einem überzeugten Gesichtsausdruck. Na klar mag ich Möbel, vor allem, wenn sie so verdammt bequem sind wie dieser Sessel hier, aus dem ich nicht vertrieben werden möchte.

»C'est votre boulot?«, will er jetzt wissen. Ich merke, dass mein Französisch doch nicht so schlecht ist wie ich anfangs vermutete. Das ist doch ein flüssiges Gespräch! Finde ich total nett, dass Olivier sich so viel Zeit für mich nimmt und mich nach meinen Hobbys fragt.

Ob ich gerne Boule spiele? Das ist mal ein Anmachspruch, auf den der Mega-Mistkerl Marc im Leben nicht gekommen wäre. Immer dieses »Haste mal Feuer?« und »Zu dir oder zu mir«-Gequatsche. Hier in der Provence haben die Franzosen noch Anstand und interessieren sich für mich. Na gut, die Frage nach dem Boule-Spielen ist vielleicht ein wenig regional gefärbt, aber im Grunde zeigt sie nur, dass Olivier mich für eine sportliche Frau hält.

»Oui!«, sage ich deswegen. Ich sehe mich schon an einer kleinen idyllischen Boulebahn, in der linken Hand eine Kugel, in der rechten ein Glas Wein. La vie est belle.

Ich würde mit dem Typen auch Rasenschach spielen, wenn ich nur noch länger hierblieben könnte.

Olivier schaut mich an wie eine Erscheinung, springt aufgedreht auf. »C'est vrai? Vous êtes peintre?« Mann, der legt sich aber ins Zeug. Ist völlig aus dem Häuschen, dass ich mit ihm eine Runde Kugeln werfen gehe. Und was will er jetzt noch wissen? Den Anfang vom Satz habe ich nicht mitbekommen, aber am Ende war irgendwas mit Pain. Brot. So was nenne ich einen Kavalier, davon könnte Monster-Marc sich wirklich mal eine Scheibe abschneiden. Nicht vom Brot, von Oliviers Charme.

Scheint so, als wenn er noch möchte, dass ich mich mit Brot für die große Boule Partie stärke. Er wiederholt seine lange Frage mit dem »pain« zum Abschluss, und ich nicke begeistert. »Oui, bien sûr!«, erwidere ich. Na klar würde ich gerne mit ihm an einem der Tische draußen sitzen und knuspriges Baguette essen. Und dazu wohl das, was ich nicht verstanden habe. Mein Magen ist nämlich ähnlich leer wie mein Konto.

Seit Marcs Abgang habe ich nichts Festes mehr zu mir genommen, aber der Hunger kehrt allmählich zurück. Liegt bestimmt an der frischen Seeluft, obwohl die Côte d'Azur nun nicht direkt um die Ecke ist. Olivier zieht mich an den Armen hoch, die Einrichtungszeitschriften knallen ein zweites Mal auf den rot gefliesten Terracottaboden, und ich stolpere hinter ihm her. Der Hausherr führt mich durch einen kleinen Gang in die geräumige, gemütliche Küche, in der eine Dame (»c'est Maman!«) versunken in einem XXL-Topf rührt. Von dort führt eine Hintertür in den Garten.

So einen durchgeknallten Typen habe ich selten erlebt. Müsste der sich nicht um sein Hotel kümmern, um die Zimmerrechnungen oder zumindest um seinen Weinkeller? Ohne Unterlass redet Olivier auf mich ein. Wortfetzen von »génial« über »super« bis hin zu »fantastique« erreichen mein Ohr. Bin ja eigentlich mehr auf Schimpfwörter spezialisiert, aber diese Ausdrücke haben so viel Ähnlichkeit mit dem Deutschen, dass ich auf der sicheren Seite bin. Tatsächlich sehe ich hinter einem Strauch eine Boule-Bahn, auf die wir zusteuern, um sie dann aber links liegen zu lassen. Was soll das denn nun? Mir ist, als würde mein Hirn ein paar Meter hinter mir herhinken. Übermüdet, wie ich bin, scheine ich die ganze Situation nicht so richtig auf die Reihe zu bekommen. Olivier zeigt nämlich gerade voller Stolz auf ein kleines Steinhaus, das etwas abseits des Haupthauses steht. »Voilà!«, ruft er und strahlt mich an.

Voilà was?, denke ich. Er öffnet die Tür, und wir stehen in einer Diele, von der drei Zimmer abgehen und eine Treppe bis in den zweiten Stock führt. Ein paar Möbel sind mit Planen abgedeckt, einige Farbeimer stehen herum, Pinsel auf dem Fußboden, ein verschmierter Blaumann, aber die Wände sind nur teilweise gestrichen, so blau-verwischt irgendwie. An einigen Stellen auf dem Fußboden sehe ich Stuck aus Gips. Sieht aus wie ein hübsches Kunstwerk, bei dem der Künstler zur Halbzeitpause entweder keine Farbe mehr hatte oder keinen Bock oder mit seiner Geliebten durchgebrannt ist.

Wir gehen durch jeden Raum, einer davon ist bereits fertiggestellt und hat auch ein angeschlossenes Badezimmer. Sehr provenzalisch eingerichtet und auch in Blau gestrichen. Zumindest hier ist er fertiggeworden. Das ist wohl ein neuer Teil mit Zimmern, die ebenfalls vermietet werden sollen, gesetzt den Fall, der Maler beendet sein Kunstwerk eines Tages. Mir geht urplötzlich auf, dass Olivier mir möglicherweise zeigen möchte, wo ich später mal unterkommen könnte, wenn der ganze Kram fertig ist. Nett gemeint, hinterlässt aber einen bitteren Nachgeschmack, weil ich *jetzt* ein Zimmer brauche und nicht erst in hundert Jahren.

»Et alors?«, strahlt er mich hoffnungsvoll an. Das soll wohl so viel bedeuten wie: »Und, was meinst du?« – »C'est joli!«, antworte ich schulterzuckend. Das hat mal ein Austauschschüler aus Aix-en-Provence zu mir gesagt. Daher weiß ich, dass joli hübsch heißt. Erst nachdem ich in seinen Armen dahingeschmolzen war, wurde mir gesteckt, dass er das Gleiche auch noch zu meinen Klassenkameradinnen Anne, Rebecca und Nicole gesagt hat. »Branleur!«, hatte ich ihn damals beschimpft, was so ungefähr das Gegenteil von joli ist. Mein Lehrer Herr Bergs, der das ganze Drama damals von A bis Z mitbekommen hat, hat mir am letzten Abend in Aix im Weinrausch zugelallt, dass ich eine faule Socke, er aber sehr stolz auf mich sei.

Während ich in Gedanken durch eine Zeit vor rund achtzehn Jahren reise, telefoniert Olivier per Handy mit jemandem und streckt nach Beendigung des Gesprächs den Daumen hoch. »Il arrive!«, lässt er mich wissen. Irgendjemand wird also gleich kommen.

Keine Ahnung wer, keine Ahnung wieso.

Dann zieht Oliver mich erneut in das blaue Zimmer, la chambre bleue, wie an der Tür zu lesen ist. »Vous pouvez rester ici!«, erklärt er und zeigt dabei in kurzen Abständen auf das Bett, das Bad und das Fenster. Seine Körperhaltung und der Französisch-Schwall dazu verraten, dass er mir gerade eben dieses Zimmer angeboten hat.

Ich flippe vor Freude komplett aus. Komme also doch noch unter.

Das Zimmer ist ein Traum, und er hat es für mich reserviert, obwohl der Trakt hier offiziell noch gar nicht freigegeben ist. Aber die paar Pinsel und Farbeimer da draußen auf dem Flur stören mich doch nicht, solange ich nicht darüber stolpere und hineinfalle. Und nach Farbe riechen tut es auch nicht.

»Merci!«, rufe ich begeistert, weil ich es reizend von Olivier finde, dass er sich so für mich ins Zeug legt. Nun muss ich nicht wie ein Clochard unter der Brücke von Avignon campieren. »Merci à vous!«, gibt Olivier zurück. Ich bin sehr gerührt, jetzt bedankt er sich doch tatsächlich bei mir, obwohl er ja etwas für mich getan hat. Mon Dieu, das ist mir vielleicht einer. Habe ja nun ausreichend Gelegenheiten, ihn näher abzuchecken. Die wichtigen Dinge halt: Ob neben Herz, Hirn und Humor womöglich noch eine Frau vorhanden ist.

Wenn Marc wüsste, wie schnell er aus meinem Kopf raus ist, triumphiere ich selbstzufrieden, schniefe dabei jedoch eine kleine Runde und wische mir über die Augen, was aber am schlimmen Pollenflug in der Provence im Sommer liegen muss. Olivier hilft mir, meine Taschen aus dem Auto zu holen und sie in das kleine Häuschen zu bugsieren. Als wir alles drüben haben und ich mich tausend Mal bedankt habe, fällt mir ein, dass wir noch gar nicht über den Preis gesprochen haben.

In dem Moment betritt ein Mann das Haus, offenbar ein Freund von Olivier namens Alain. Er schüttelt mir freudestrahlend die Hand.

Werden hier alle Gäste so aufmerksam begrüßt und gleich dem gesamten Freundeskreis vorgestellt? Na, mir soll's recht sein, lenkt mich wenigstens ab. Alain kann Deutsch, hat ein Jahr in Freiburg studiert, glücklicherweise aber seinen französischen Akzent nicht in Deutschland gelassen. »Isch finde es fontastisch, dass Sie das machen!«, erklärt er. »Na ja!«, antworte ich. »Nicht übertreiben. *Ich* bin ja total froh unterzukommen. Damit hilft Olivier mir sehr!« – »Und Sie älfen ihm!«

Helfen? Hilfe! Wieso helfe ich Olivier? Allmählich ist mir die Sache nicht mehr ganz geheuer. Sollte dieses Gebäude hier möglicherweise ein Saunaclub für einsame Herzen werden, und ich bin gerade zur Geschäftsführerin ernannt worden?

»Wieso helfe ich ihm?«, frage ich Alain ganz blöd, während Olivier fröhlich neben uns steht und sehr stolz auf mich blickt.

»Sie seän gar nischt aus wie eine Malerin!«, meint Alain. »Aber Sie sind würklisch Malerin, also isch meine, Sie streischen Wände an? Toll! Der Maler ist nämlisch sehr krank gewordän. Und ir im Sommer jemondän su findän, der das macht, das geht gar nischt!«

Ich muss fantasieren. Der Mann sagt etwas, was ich falsch verstanden habe, weil ich seine Sprache nicht spreche. Leider spricht er deutsch, und ich habe ihn sehr wohl verstanden. Also: Was soll ich sein? Malerin? Wie kommt er denn darauf?

»Was glaubän Sie, wie lange Sie brauchän für die letzten Wände?«, bohrt er weiter, nachdem Olivier ihm ein paar Sätze zugeworfen hat. »Sie könnän natürlisch umsonst in dem Zimmer wohnen, während Sie dort streischän!«

Hilfe! Ich bin in einer Comedy-Serie gelandet. Im Lavendelfeld und in dem Olivenbaum dort müssen die Kameras stecken. Habe ich vorhin ahnungslos einem Deal zugestimmt, Wände streichen gegen freie Kost und Logis? Sehr, sehr langsam fällt bei mir der Cent. Olivier und Alain plaudern miteinander, und ich höre jetzt mal genauer zu. Dabei fallen erneut die Wörter boulot und peintre, was ich für Boule-Spielen und »Pain«-Essen gehalten haben.

»Was bedeutet das noch einmal genau?«, erkundige ich mich, so gelassen wie möglich bei Alain. »Mein Französisch ist nicht sooo doll!« – »Boulot ist ein wenisch umgangssprachlisch, heißt Arbeit, Beruf und peintre ist Maler. Aber das wissen Sie ja bestimmt.«

Mann, Siv, bist du bekloppt. Na klar, zu Hause bin ich von Marc »frisch gestrichen« worden und kann nun hier gleich »frisch weiterstreichen«. O Mann, in welchen Schlamassel habe ich mich da wieder hineinmanövriert? »Pauvre con!«, stoße ich aus, was »Blödmann und Vollidiot« heißt. – »Wie bittä?«, hakt Alain nach, der glaubt, sich verhört zu haben. – »Ach, rien!«

Das wäre jetzt die letzte Wendemöglichkeit, sprich, die Chance, alles richtigzustellen. Aber was tue ich? Anstatt zu bremsen oder das Steuer herumzureißen, steuere ich mit Vollgas weiterhin geradeaus auf den Abhang zu. »Vielleicht brauche ich so ein, zwei Tage dafür«, höre ich mich lässig sagen.

Alain klatscht begeistert in die Hände. »Auch mit dem Stuck? So schnell geht das?« Ach so, na klar, den Stuck hatte ich natürlich vergessen. Den bekomme ich sicherlich in einer Mittagspause hin. *Stuck?!* Seid ihr wahnsinnig?

Ich erinnere mich daran, dass ich mal versucht habe, einen kleinen Holztisch braun anzumalen. Der hatte am Ende mehr Nasen als die gesamte Bevölkerung Frankreichs zusammen. Aber da ich ja ohnehin an einem Wendepunkt meines Lebens angelangt bin, ist das wohl ein Wink des Himmels. Der Anstoß zum Aufbruch in neue, unerforschte Gebiete. Warum sollte ich nicht noch einmal mein Leben ändern und einfach von Texterin auf Malerin umsatteln? So schwierig kann es doch nicht sein, die paar Wände anzustreichen. Außerdem kann ich umsonst wohnen.

»Ja klar, das mit dem Stuck schaffe ich auch!«, beruhige ich die beiden Franzosen. Also lassen sie mich in meinem neuen Zimmer zurück und geben mir Zeit, mich umzuziehen, um danach auf der Terrasse mitzuessen. Alles gratis, versteht sich. Ich gehöre jetzt ja praktisch zur Familie.

Als Olivier und Alain draußen sind, schleiche ich in den Flur und schaue mir die Bescherung an. Bei genauem Hinsehen erkenne ich, dass der Maler eine spezielle Wischtechnik angewandt hat, dass eine bestimmte blaue Farbe angerührt werden muss und mich der Stuck meine letzten Nerven kosten wird.

Wieso musste dieser Kerl auch krank werden?

Ich werde mir jetzt erst einmal den Magen mit Ratatouille und Mousse au chocolat vollschlagen und dann eine handfeste Strategie erarbeiten. In Malen nach Zahlen war ich schließlich immer ein Ass.

Drei Stunden später bin ich in der lauwarmen Nacht auf der traumhaften Terrasse mit Olivier und seiner Truppe per Du, habe dreimal auf Französisch geflucht, eine hanebüchene Geschichte zu meinem Maler-Werdegang erfunden und eine ganze Flasche Rotwein intus.

Als ich in mein Bett falle, sehe ich Sternchen – die allerdings in Blau und mit Stuck verziert …

Was für ein farbenfroher Frühstückstisch! Rote Himbeermarmelade an gelben Croissants auf lilafarbener Lavendeltischdecke vor blauem Himmel. Hat mir Olivier mit einem sehr sexy Lächeln höchstpersönlich serviert. Außerdem stellt er mir ein kleines Radio hin, damit ich während der Arbeit Musik hören kann. Das wäre meine allerletzte Ausfahrtmöglichkeit gewesen, die Chance zuzugeben, dass ich keine Wände anstreichen kann und in Kunst eine Niete war, noch schlechter als in Französisch. Gerade will ich meinen Mut zusammennehmen und ihm alles beichten, als Olivier hektisch wird. Er müsse los, um für das neue Domizil weitere Möbel zu besorgen. Dabei strahlen seine grünen Augen so hell und glücklich, dass ich ihn nicht enttäuschen möchte. Wie gut, dass mich das mit den Möbeln gar nicht unter Druck setzt. Ich sammle Inspiration für meine Aufgabe. Der Plan steht: Ich werde jeden Morgen sehr früh aufstehen, quasi noch vor dem Aufwachen, werde Farbe anrühren, eine Runde joggen, zwei Stunden zügig Wände streichen, danach festen Schrittes die Provence zu Fuß oder per Rad erkunden, mittags ein Stündchen den Stuck anbringen, während des Trocknens ein paar Sehenswürdigkeiten anschauen und abends vor dem idyllischen Essen mit der gesamten Gästeschar noch die Stuckwischtechnik fertigstellen. In dem Tempo sollte ich in zwei bis drei Tagen mit allem durch sein. Vielleicht bleibt sogar noch ein wenig Zeit, Französisch zu lernen. Also normales Vokabular, keine Schimpfwörter.

»Zut!« Ich liege schlecht in der Zeit, bin wegen der Feierei am Abend viel zu spät aufgestanden und habe zu lange am Frühstückstisch herumgeträumt. Es ist schon Mittag und so heiß, dass man am liebsten regungslos im Swimmingpool treiben würde. Das tun die meisten Gäste auch. Haben die es gut. Hängen in den Liegestühlen, lesen, plaudern, trinken ein wenig. Alles in Zeitlupe, weil man sich bei der Hitze kaum rühren kann. Selbst im Badeanzug ist es unerträglich. Wie sehr werde ich dann gleich erst in diesem Blaumann schwitzen? Muss ich den tatsächlich anziehen? Okay, wir halten wie bei Asterix und Obelix fest: Die ganze Provence ist von Bikini- und Shorts-Trägern besetzt. Die ganze? Nein, ein kleines Mädchen aus Deutschland leistet heftigen Widerstand und läuft im Blaumann herum. Tja!

Das Teil ist viel zu groß. Sollte ich allerdings bis in alle Ewigkeit hier Wandmalerei machen und mich jeden Tag mit Croissants mästen, dann werde ich den Arbeiteranzug vermutlich bald sehr gut ausfüllen. Das Michelin-Männchen persönlich, nur eben in Blau. Mir laufen schon jetzt massenweise Schweißtropfen über Stirn und Rücken.

Verzweifelt hänge ich über den Farbtöpfen, weiß und blau und violett. Wie soll da denn was zusammengemischt werden?

Der eine Teil der Wand ist ja bereits bemalt, wie soll ich die Farbe in genau dem Ton hinbekommen? Ich packe meinen Laptop aus, merke aber schnell, dass hier Wireless Lan genau so ein Fremdwort ist wie peintre und boulot für mich. Aber ich hätte so gern ein paar handfeste, vertrauenswürdige Infos. In meinem farbverschmierten Outfit schleiche ich durch den Garten ins Haupthaus.

In der Küche werkelt erneut Oliviers Mutter Marie, es duftet köstlich nach Kräutern der Provence und nach allem, wovon sie im Fernsehen immer erzählen, wenn es um Südfrankreich geht und man selber als muffeliger Daheimgebliebener hofft, dass es nur Fassade und nicht echt ist. Isses aber doch. Ich könnte mich hier glatt niederlassen. Mich vielleicht als Inneneinrichterin und Malerin selbstständig machen. Um Farbe in mein Leben zu bringen. Das wäre dann so wie in Goodbye Deutschland, wo die Auswanderer schon pleite sind, noch ehe sie einen Fuß über die Grenze gesetzt haben. »Bonjour!«, sage ich zu Marie. »Ah, Siv, ça va?«

Na ja, gut geht's mir nicht wirklich, aber ich werde mein Möglichstes tun, um ihre Drei-Gänge-Menüs auch weiter genießen zu können. Mit Händen und Füßen versuche ich sie zu fragen, ob ich wohl mal ans Internet im Büro darf, um ein paar E-Mails zu checken. In Wahrheit werde ich dort einen Maler-Schnellkurs absolvieren. Marie nickt. Solange Olivier auf Möbelsuche ist, kann ich mich da austoben. Schnell suche ich bei Google nach den

Schlagwörtern »Wischtechnik«, »Stuck«, »Farben anrühren« und »Schneller Weg zum Selbstmord.«

Nur für den Fall, dass ich auffliegen sollte …

Denn ich schwöre, ich habe, abgesehen von dem Tisch, noch nie irgendetwas gestrichen. Na gut, außer vielleicht die Kohlehydrate zum Abendbrot. Und selbst das hat nicht geklappt.

Ich bin auch erst einmal in meinem Leben umgezogen, aus dem Haus meiner Eltern in die Hamburger Wohnung, die bereits tapeziert war. Daher musste ich keinen Finger rühren. Nun vertiefe ich mich mit steiler Stirnfalte in die Beschreibungen im Netz: »Wunderschöne Bordüre in 3-D Optik mit Stuck selber gestalten. Schritt-für-Schritt-Anleitung mit kleinem Pinsel, großem Pinsel, Gipsstuck, Acryl, Goldlack.« Fühle mich in meine Schulzeit zurückversetzt, als ich bei Französischgrammatik-Klausuren gleich die erste Aufgabe übersprungen habe, weil sie schier unlösbar war. Wende mich deshalb der vermeintlich einfacheren Arbeit zu: »Die Wischtechnik ist eine Nass-in-Nass-Technik, die zügiges Arbeiten erfordert. Das Werkzeug ist ein Naturschwamm oder Wischhandschuh. Damit verreibt man die Farbe kreuz, quer, kreis- oder wellenförmig. Rasche Erfolge sind möglich.« Allein das »zügige Arbeiten« treibt mir den Schweiß auf die Stirn. Zügig ist ein Wort, das meiner Ansicht nach jenseits der 25-Grad-im-Schatten-Grenze aus dem Duden gestrichen gehört. Das haben wir es schon wieder: Das Wort *streichen*. Es verfolgt mich! Allerdings reizt mich in dem Internettext das Versprechen auf raschen Erfolg. Wo bekomme ich bloß einen Schwamm oder Wischhandschuh her? Und das möglichst zügig. Diese Utensilien hat der kranke Maler nämlich leider nicht zurückgelassen.

Und was heißt »Wischhandschuh« auf Französisch? Oder »Schwamm«? Olivier ist weg, um Möbel zu kaufen, der kann mir dabei nicht helfen. Wäre auch viel zu riskant, mit ihm ein Maler-Fachgeschäft zu entern, damit er dort feststellt, dass ich einen Pinsel nicht von einer Zahnbürste unterscheiden kann.

Schwamm! Schwammschwimmschwammgeschwommen, hämmert es in meinem Kopf. Soll ich allein nach Rognes, den nächstgrößeren Ort, fahren oder noch weiter in ein Spezialgeschäft nach Aix-en-Provence? Aber damit vertrödle ich eindeutig viel zu viel Zeit.

Auf der Holztreppe vernehme ich ein Knarzen, schnelle vom Stuhl hoch und verstecke mich hinter der Tür.

»Hallo, bongjuä, wir gehen zum Swimmingpool!«, lässt die etwa sechzigjährige Rheinländerin mit einem rosafarbenen Flattergewand Marie in der Küche wissen. Hinter ihr trottet ihr halb so umfangreicher Mann nach draußen. Durch den Türschlitz beobachte ich, wie er seinen Zimmerschlüssel auf dem unbesetzten Tresen ablegt.

Ich denke nach. Vielleicht ist ihr Zimmer auch mit dieser Spezialtechnik ausgemalt und mit Stuck verziert? Als die Luft wieder rein ist, trete ich auf den Flur, schnappe mir den Schlüssel, schleiche die Treppe nach oben und bleibe vor Zimmer Nummer acht stehen, der Zahl die auf dem Schlüssel steht.

Soll ich da wirklich rein?

Während ich darüber nachdenke, wie lange es der Opa wohl mit seiner Flatter-Frau draußen aushält, hat sich auch schon irgendein Teufelchen den Schlüssel gegriffen und leise aufgesperrt. Wie ferngesteuert gehe ich durch das hübsch eingerichtete gelbe Zimmer, »la chambre jaune«. Volltreffer! Hier ist die Wischtechnik angewandt worden, die ich brauche. Aus der Nähe inspiziere ich die Wände, werfe auch noch einen ungläubigen Blick auf den Stuck da oben, wobei sich mir allerdings der Magen umdreht. Ob im Badezimmer auch alles gelb ist? Ja, ist es! Auf dem Badewannenrand steht ein Lavendel-Trockenstrauß. Ich setze mich daneben. Wie leicht bin ich doch dranzukriegen. Da braucht nur irgendwo ein vertrocknetes Blümchen zu stehen, das nach Kräutern der Provence duftet, und schon flenne ich. Wie sonst bloß beim Vorspann von »Nur die Liebe zählt«. Vielleicht auch, weil ich mit Mahaharc so geheherne mal in den Urlaub hierher gefahren wäre. Schluchz.

Schniefend greife ich nach Toilettenpapier. Meinen glasigen Blick lasse ich über die Wanne gleiten, er bleibt an etwas Gelbem hängen, das keine Tapete ist und keine Wischtechnik, dafür aber ein Schwamm. So ein schicker, unebener, der Besuchern zu verstehen gibt, dass man auch zu Hause im Urlaub ist. Du kommst mir gerade recht, Freundchen.

Ich greife mir das gute Stück und will gerade das Zimmer verlassen, als die Tür aufgeht und ich mit der pinkfarbenen Lady zusammenstoße. »Oh, was machen Sie denn hier, Frolleinchen?« Den Schwamm verstecke ich geistesgegenwärtig hinter meinem Rücken. Wie aber erkläre ich ihr, dass ich tatsächlich ihren Schlüssel gemopst habe und einfach so in ihrem Zimmer rumhänge? Wenn die mich verpfeift, dann kann ich mir alles abschminken: Die Unterkunft, mein neues zweites Standbein und bestimmt auch jegliches Rendezvous mit Olivier. Denk nach, Siv. Irgendwie musst du dich aus dieser Misere retten.

Da kommt mir die Frau zuhilfe. »Ach, Sie sind bestimmt wegen des Wasserhahns da. Wurde auch höchste Zeit!«, ruft sie affektiert und zieht mich an meinem Anzug zurück ins Bad. Stimmt, der Blaumann. Die denkt doch nicht etwa, dass ich die Klempnerin bin und ihren Wasserhahn repariere? »Ich kann ihn mir ja mal anschauen!«, erkläre ich.

Kurz drehe ich am Badewannenhahn. Kommt nix. Kein Wasser. Aber ich betrachte ihn so fachkundig, als wäre ich nicht nur Malerin, sondern auch noch Armaturen-Expertin. Eigentlich kann ich überhaupt keine zweite Baustelle gebrauchen. Aber wenn nicht spätestens morgen das Wasser wieder läuft, dann läuft hier auch für mich nichts mehr.

»Und wenn Sie dann bitte das Bett noch einmal machen könnten. Da hat mein Mann vorhin ein kleines Nickerchen gemacht.« Ich schaue auf das zerwühlte Bett und beginne mir Dinge vorzustellen, die ich mir nicht vorstellen möchte.

»Sicher! Kein Problem«, sage ich, aber da ist sie schon wieder mit einem Handtuch über dem Arm abgerauscht.

Gefühlte zwanzig Laken habe ich in den Armen und versuche diese ordentlich ins Bett hineinzustecken. Wieso haben die Franzosen auch keine normale Bettdecke plus Kissen wie in Deutschland, sondern bloß diese Wühl-Laken? Habe ich die eine Ecke glatt unter die Matratze gestopft, ist die andere wieder verzogen. Und dreckig noch dazu, bemerke ich mit Schrecken. Die Farbe auf meinem Overall färbt ab. Dieses Malheur bedecke ich einfach mit einer provenzalischen Blumendecke. Wird sie schon nicht merken.

Warum habe ich ihr eigentlich nicht einfach die Wahrheit gesagt? Wahrscheinlich weil ich mich, wenn ich schon halstief im Sumpf stecke, gerne noch weiter reinziehen lasse.

Mein Handy hat übrigens immer noch keinen Empfang. Unten im Büro könnte ich vielleicht heimlich telefonieren und einen Klempner herzitieren, der mir aus der Patsche hilft. Wenn ich wüsste, was Klempner auf Französisch heißt.

Google sei Dank habe ich kurz darauf im Schweiße meines Angesichts das Wort »plombier« und eine Nummer von Monsieur Duponts Werkstatt herausgefunden. »Comment? C'est qui?«, schreit der mich an, nachdem ich in den Hörer geflüstert habe, vor lauter Angst, jemand könnte mich auf frischer Tat ertappen. Ich hätte diesen Dupont auch mit meinem gesamten Urlaubsgeld bestochen, wenn er nur flugs im Badezimmer der Rheinländerin aufgelaufen wäre. Ich brauche dringend Hilfe. Vielleicht sollte ich Marie, die Mutter von Olivier, fragen? Aber bis ich der auf Französisch erklärt habe, was ich schon alles verbockt habe, ist der Sommer dreimal rum.

Ein Französisch-Dolmetscher wäre nicht schlecht. »La vache!« Ein Geistesblitz! Warum bin ich darauf nicht gleich gekommen? Ich schicke ein Stoßgebet zum Himmel, dass mein Lehrer Herr Bergs nicht nur so dahergeredet, sondern tatsächlich eine Kommune in der Nähe von Aix aufgemacht hat.

Ich habe Glück und finde ihn in den Pages Blanches, dem französischen Telefonbuch im Internet. Ob er sich überhaupt noch an mich erinnert? Doch ich habe jetzt keine Zeit, darüber nachzugrübeln.

»Hallo, hier ist Siv Beyer«, hauche ich auf seinen Anrufbeantworter. »Vor fünfzehn Jahren haben Sie mir eine Vier minus in Französisch gegeben. Daran knappse ich immer noch herum. Aber darum geht es jetzt gar nicht.« Ich versuche nicht weiter abzuschweifen, sondern erkläre wispernd meine missliche Lage. »Ich hänge im ›Le Mas aux volets bleus‹ in einem kleinen Ort namens Beaulieu fest und brauche dringend einen Klempner. Bitte tun Sie mir den Gefallen und bringen Sie schnell einen her. Ich erkläre Ihnen später alles.« Ich sehe Herrn Bergs vor mir, wie er kopfschüttelnd die Nachricht abhört und vermutlich denkt, dass ich es seit meiner Schulzeit weder geschafft habe, meine Aufsätze ordentlich zu gliedern, noch mein Leben. »Wenn Sie mir nicht helfen, bin ich foutue. Kaputt. Weg vom Fenster!« Ich gebe noch rasch die Adresse durch, raune dreimal »Merci« und schicke noch ein »Kennen Sie sich zufällig mit Wänden und Stuck aus?« hinterher. Dann muss ich aber schnell auflegen, weil Olivier zurückkommt. Natürlich ist es ein bisschen absurd zu glauben, Herr Bergs würde alles stehen und liegen lassen für eine Schülerin, die vor fünfzehn Jahren eine von vielen war. Und das noch in der »Stark versetzungsgefährdet«-Variante.

Aber man darf ja wohl noch träumen …

Während Olivier in der Küche mit seiner Mutter spricht, stehle ich mich blitzschnell aus dem Büro und tue überrascht, als ich ihn sehe. Alain kommt hinzu und erklärt, dass sie ein paar Stühle, einen Tisch und einen Spiegel bestellt haben, Dinge, die allesamt am nächsten Tag geliefert werden. »Ça ira?«, fragt Olivier mich hoffnungsfroh. Ob ich bis dahin fertig bin?

»Bien sûr!«, stoße ich meine beiden derzeitigen Lieblingswörter hervor. Dann gehen wir zusammen durch den Garten in Richtung des Hauses. Hoffentlich kann ich sie irgendwie abschütteln! Doch da zeigt Olivier schon auf die kleine Unterkunft und fragt, ob er mal die ersten Ergebnisse anschauen dürfe. »Bien sûr« wäre jetzt die eindeutig falsche Antwort, da ich noch nicht einen einzigen Strich an die Wand gemalt habe. »Demain?«, frage ich daher mit einem geheimnisvollen Lächeln. »Ah, morgän, wenn alles fertisch ist, stimmt's?«, interpretiert Alain meinen Satz. »Ja!« Ich atme wieder aus. Das gibt mir einen Tag Schonfrist. Vielleicht sollte ich die ganze Nacht durchwischen? Den Schwamm habe ich ja jetzt. »Kommst du morgän?«, versucht sich Olivier auf Deutsch. »Zum brocante?« – »Brocante ist ein Antiquitätenmarkt«, erklärt Alain. Dafür bin ich ihm dankbar, ich hätte mich von dem Wort beinahe wieder auf die falsche Fährte führen lassen.

Hätte ja auch »Broccoli« heißen können oder so.

War das eine Einladung? Möchte Olivier mit mir gemütlich durch die Gegend flanieren und die Schönheiten der Gegend zeigen, oder braucht er einfach nur eine »Maler-Einrichtungs-Spezialistin«, die ihm hilft, Möbel auszusuchen? Mir doch egal. Bevor auffliegt, dass ich nicht die bin, die ich vorgebe zu sein, möchte ich unbedingt dieses Date. Alain hat sich unauffällig verabschiedet, und Olivier und ich stehen einander nun sprachlos gegenüber.

Wir grinsen beide über beide Ohren, wobei ich aber wetten könnte, dass er mit dem dämlichen Gegrinse angefangen hat. »Bis gleisch!«, sagt er, und es kommt mir so vor, als habe er sich eine Nachhilfestunde Deutsch bei Alain geholt. Gerade als er gehen will, stürmt die rosafarbene Flatterdame mit hochrotem Kopf auf uns zu. »Was haben Sie denn mit dem Bett angestellt? Es ist total unordentlich, und eine Art blaue Schmiere ist auch drauf!«

»Vielleicht hat Ihr Mann im Bett gegessen?«, schlage ich vor.

»Also wirklich! Was erlauben Sie sich. Ich frage ihn sofort!«, droht sie und dreht sich um.

»Nein, nein, tun Sie das bloß nicht. Natürlich bekommen Sie neue Bettwäsche und zum Frühstück ein Extra-Croissant!«

Olivier will wissen, was sie wollte. »Rien. Gar nichts! Sie ist très contente. Sehr glücklich hier!« – »Ah, ça c'est bien!«

Ohne Blaumann, dafür im roten Minikleid, sitze ich am Abendbrottisch mit Olivier und seinen Leuten. Mutter Marie lächelt mir so freundlich zu, als wäre ich die lang verschollene Schwiegertochter. Oder als würde sie denken: »Wann findet der Kerl endlich mal eine Frau und zieht aus?« Aber was weiß ich schon über Oliviers Liebesleben? Will ich auch gar nicht, viel zu lecker ist das Fleisch mit den gebackenen Thymian-Kartoffeln. Wir lachen dicke Tränen, als ich das französische Wort für Lammkeule durcheinanderbekomme. »Gigot d'agneau«, heißt es, und ich verstehe irgendwas mit Gigolo. »Toi?«, frage ich und zeige auf Olivier. Er denkt, ich frage ihn, ob er ein gigot, eine Lammkeule ist, dabei wollte ich wissen, ob er ein Gigolo, ein Herzensbrecher ist. Als er versteht, worum es geht, lächelt er mich sehr männlich-sarkastisch hinter seinem Weinglas an.

Und ich denke: Ja, er ist ein Herzensbrecher, er ist gerade dabei, meins anzuknacksen.

Nach dem Essen begleitet er mich zu meiner kleinen Hütte und gibt mir zwei bisous, die französischen Küsse, auf die Wange.

»Merci, dass du das für misch tust!«, raunt er mir zu. Ich glühe. Vor Aufregung und vor Scham, weil ich bisher exakt gar nichts für Olivier getan habe.

Anstatt mich mit einem Buch ins Bett zu kuscheln, ziehe ich wieder diesen schrecklichen Arbeitsanzug an, fülle einen Eimer mit Wasser, hole den Schwamm aus seinem Versteck in meinem Zimmer hervor und wage mich an die weiße Wand. Im Internet stand, dass man einfach nur Farbe mit Wasser mischt und dann drauflos wischen soll, so als würde man eine Fensterscheibe wischen, wild durcheinander. Das ist genau mein Ding, stelle ich nach einer Stunde und dem Radio-Abendprogramm mit französischen Chansons fest. Ich betrachte mein Werk und bin ganz stolz auf mich. Bis auf den Übergang zwischen der alten und neuen Bemalung. Da ist eine kleine viereckige Fläche, die gar nicht hübsch ausschaut. Da muss ich mir wohl was einfallen lassen. Der Rest: 1A. Da kann man gar nichts falsch machen. Obwohl: den Stuck habe ich noch nicht mit einberechnet.

Bis zwei Uhr morgens wische ich rhythmisch in einem zart-blauen Ton die Flurwand und komme dabei so sehr zur Ruhe, wie es fünf Wochen Wellness in einer Ayurveda-Meditations-Farm auf Sri Lanka nicht geschafft hätten. Währenddessen sehe ich Marc vor mir, mit dem ich nie so viel gelacht habe wie heute beim Abendbrot mit Olivier. Warum habe ich das nur nie bemerkt? Weil er in der Agentur, in der ich arbeite, was zu sagen hat? Weil ich gedacht habe, der hat was im Kopf, da kann man ja nicht ständig Witze reißen? Dabei hat er neulich mal eine Mango mit einer Avocado verwechselt, was mir richtig peinlich war. Zwei Punkte meines Herz-Hirn-Humor-Triathlons für Männer nicht erfüllt.

»Nein! Gestrichen!«, denke ich, während ich streiche und wische und wässere. Nicht einmal, ob er Herz hat, weiß ich wirklich. Hätte er mich dann so kalt abblitzen lassen wegen der beknackten Nachbarin? Und so wische ich mir Monsieur Marc in dieser Nacht im Sommer in der Provence einfach aus dem Herzen heraus.

Mit viel zu wenig Schlaf, aber vergnügt und frisch gereinigt futtere ich am nächsten Morgen am Frühstückstisch Baguette mit Orangenmarmelade. Olivier setzt sich wie selbstverständlich neben mich, stibizt mir ein Stückchen Brot und erinnert mich mit vollem Mund an den Brocante nachher. Wenn man wie selbstvergessen vom Teller seines Gegenübers mitisst, ist man entweder seit siebzig Jahren verheiratet, oder man fühlt sich sehr wohl in der

Gegenwart des anderen. Wobei das eine das andere nicht ausschließt. Ich schmiere mir ein Croissant mit Marmelade und würde es ihm am liebsten zum Abbeißen hinhalten. Bin schon gespannt, wie es heute läuft. Wenn wir mit antiken Möbeln anrücken, der Raum aber noch nicht fertig stucka-dingsbums ist, dann stehe ich blöd da. Na ja, immerhin sind die Wände fertig, bis auf diesen unheilvollen Fleck an der Wand. Aber dafür wird mir schon noch eine Lösung einfallen.

Ich wiege mich in Sicherheit, bis die Rheinland-Dame, heute in Türkis gewandet, auf uns zuprescht. »Von wegen ein Croissant mehr zum Frühstück wegen der Unannehmlichkeiten!«, beginnt sie eine Schimpfkanonade auf Olivier abzufeuern. Ich kann nur hoffen, dass seine Deutschkenntnisse noch nicht so weit fortgeschritten sind.

»Regen Sie sich doch bitte nicht so auf«, versuche ich die Dame zu beruhigen. »Wir wollten, dass Sie ein ganz besonders frisches bekommen. Hier, persönlich für Sie geschmiert!« Ich strahle sie an und halte ihr mein Croissant hin. »Oh,« antwortet sie überrascht. »Na schön, danke. Aber der Wasserhahn geht immer noch nicht richtig. Heute regeln Sie das hoffentlich.« Zumindest habe ich sie mit dem Croissant hoffentlich etwas ruhiggestellt.

»Hein?« Olivier schaut wie ein Fragezeichen. »Ach, sie findet die Croissants so lecker!«, beschwichtige ich ihn und hoffe, er hakt nicht weiter nach. »Ils sont fous les allemands!«, bemerkt er nur kopfschüttelnd. Ich glaube, es war kein nettes Kompliment für deutsche Urlauber.

»Tu as fini?«, fragt Olivier nach. Ob ich fertig bin. »Oui!«, antworte ich, weil ich keinen Hunger mehr habe.

»C'est vrai?«, fragt er begeistert. »Alles fertisch? Aussi le stuc? Génial!«, lobt er mich. Offenbar ging es gar nicht ums Frühstück. Stattdessen habe ich gerade behauptet, nicht nur die Wände, sondern auch den Stuck fertiggestellt zu haben. Hoffentlich möchte er sich das Ergebnis nicht sofort ansehen.

Ich ziehe ihn in Richtung Parkplatz, um hier so schnell wie möglich wegzukommen. Mir bleibt gar keine Zeit mehr, die Klempner-Frage zu erörtern. Egal, heute Abend fliegt sowieso alles auf. Bis dahin werde ich den Tag mit Olivier genießen. Danach kann er mich gerne in der Luft zerreißen.

Auf dem kleinen Flohmarkt ein paar Kilometer entfernt reihen sich die Möbelstände aneinander. Hier ein alter Bauernschrank, dort ein Stuhl ohne Sitzfläche, und da ein alter Schinken. Viel Lavendel drauf. Sieht mit den prächtigen Farben aus wie eine gelungene Mischung aus den berühmtesten französischen Malern, ein Werk von »Monchacézgautisse« sozusagen.

Während Olivier mit einem Händler ein paar Stände weiter verhandelt, kommt mir eine Idee. Ich versuche aus Zeitmangel keine große Feilscherei, sondern drücke dem Verkäufer flugs ein paar Scheine in die Hand. Ich weiß nicht, wie, aber glücklicherweise schaffe ich es auch, ihn dazu zu überreden, das Bild gleich nach Ende des Marktes ins Mas zu liefern. Muss Olivier ja nicht merken.

Ich zwinkere dem Verkäufer dankbar zu und gehe zu dem kleinen Café, wo Olivier auf mich wartet. Gekauft hat er nichts. Ich habe eher das Gefühl, er hat gar nicht vor, ein ganzes Einrichtungshaus abzutransportieren, sondern will mit mir einen romantischen Ausflug machen. Aber vielleicht habe ich auch zu viel Farbe inhaliert, und er hat gar keine amourösen Absichten. Außerdem: Wer verliebt sich schon in eine leicht verwirrte Frau, die meistens im Blaumann herumläuft? (Den ich jetzt selbstredend nicht anhabe.) Ich verwickle Olivier in ein Gespräch über französische Cafés und die Deutschen, um Zeit zu schinden, bis das Bild vor Ort ist. Andererseits ist das mit der Wasserhahn-Reparatur noch nicht gelöst, und die Zeit läuft. Aber ohne Zwickmühlen wäre das Leben doch ein stinklangweiliger, schnurgerader Weg.

Ich genieße meinen grand Café crème und lasse mich von Olivier bezaubern. »Es ist nischt wischtisch, wie der Café schmeckt«, radebrecht er. »Sondern mit wem man ihn trinkt!« Eine Spur zu kitschig für meinen Geschmack, aber ich freue mich über jedes Kompliment. Bin in der Hinsicht in letzter Zeit ein wenig unterversorgt gewesen.

Aus dem Augenwinkel beobachte ich, wie die Markthändler ihre Stände abbauen, und »mein Mann« das Bild auf die Ladefläche seines Renaults lädt. Das läuft also.

Danach lädt Olivier mich zum Mittagessen ein. Wir verspeisen eine Gemüsetarte mit Salat und trinken dazu leichten Weißwein.

Plötzlich piepst mein Handy mehrfach im Abstand von wenigen Sekunden. Oh, dann habe ich wohl wieder ein Netz. Meine Mailbox ist rappelvoll mit Nachrichten, drei davon von Marc. Er entschuldigt sich aber nicht etwa tausendfach dafür, dass er mich hat gehen lassen. Vielmehr echauffiert er sich darüber, dass er nicht weiß, wo ich stecke. »In der Agentur sind sie stinksauer. Du hast neulich schon so lange gefehlt. Also wirklich, Siv, du kannst doch nicht einfach so abhauen!« Habe ich das richtig verstanden? *Ich* kann nicht einfach so abhauen?! Muss er gerade sagen. Conard! Doppelconard!

Ich bin nicht traurig, nicht enttäuscht, nicht wütend. Mir macht es nichts aus, dass ich meinen Job wahrscheinlich bald tatsächlich los bin. Auch Marcs Stimme zu hören war nicht so schlimm wie befürchtet.

»Tout va bien?«, fragt Olivier besorgt, als ich das Handy beiseitelege. »Alles gut!«, erkläre ich bestimmt. Hast du vielleicht einen Job für mich?, würde ich am liebsten fragen, bis mir einfällt, dass er mich ja schon als Malerin angestellt hat. Tja, dann werde ich vermutlich nachher ein zweites Mal gefeuert. Ich beginne hysterisch zu kichern und erkläre das mit der Hitze und dem Wein, der mir zu Kopf steigt.

Nach dem Essen schwanken Olivier und ich in der prallen Mittagssonne zurück zum Auto. Vielleicht sollten wir lieber zu Fuß gehen. Dauert länger, und ich könnte mich irgendwo auf der Strecke entweder volltrunken in den kleinen Fluss stürzen oder vor Hitze verdursten. Damit wäre ich aus dem Schneider.

»Zeigst du mir jetzt den Raum?«, fragt mich Olivier, der offenbar keine Probleme damit hat, sich hinters Steuer zu setzen. Verträgt anscheinend mehr als ich, der Mann.

Wir halten am Mas, dem Häuschen meiner Träume. Vielleicht kann ich eine Alkoholvergiftung vortäuschen, denn zeitgleich stürzen nun die dicke Rheinländerin, der

Bildermann vom Markt und Marie auf uns zu. Auweia, jetzt bin ich fällig!

Marie erklärt, dass ich Besuch habe, und deutet auf den Bilderlieferanten. Reflexartig drehe ich ihm den Rücken zu und versuche seine Existenz zu verdrängen. Leider springt nun die Rheinland-Furie in mein Blickfeld und wird vermutlich gleich zuschlagen. Doch dann höre ich: »Das mit dem Wasserhahn haben Sie gut arrangiert.«

»Geht er wieder?«, hake ich vorsichtig nach. »Ja, er geht! Und *er* ist leider auch wieder gegangen«, fügt sie rätselhafterweise noch hinzu.

Wie meint sie das? Keine Ahnung. Was zählt, ist, dass der Klempnergott offensichtlich ein Einsehen mit mir gehabt hat.

Marie zupft mich am Ärmel, der Bild-Lieferant ist leider immer noch nicht verschwunden. Gerade als er in Oliviers Gegenwart einen Schwall an Erklärungen loslassen will, mischt sich eine männliche Stimme hinter mir ein. »C'est bon. Merci!«

Die Stimme gehört nicht Olivier. Doch ich kenne sie. Von einem französischen Anrufbeantworter und von einer Klasse in einer Schule in Hamburg. »Ach du Scheiße!«, rufe ich.

Herr Bergs grinst. »Na, Siv. Das kannst du aber doch auch auf Französisch!« Er hat viel kürzere Haare als früher, ist aber immer noch so drahtig, aus seinem sonnengegerbten Gesicht blinzeln mich verschmitzte Augen auf vertraute Weise an. Die anderen warten offenbar auf eine Erklärung, wer das ist. »C'est …«, beginne ich den Satz und breche ab. Mein alter Französischlehrer, den ich fünfzehn Jahre nicht gesehen habe? Klingt nicht sehr plausibel.

»Je suis son oncle!«, nimmt mir Bergs die Erklärung ab. »Mon oncle?«, stoße ich dümmlich hervor. »Ton oncle?«, fragt auch Olivier. Als »mein Onkel« mir einen eindringlichen Blick zuwirft, schalte ich. »Genau, mein Onkel, wir haben gemeinsam, wir machen manchmal zusammen, also wir …«, stottere ich.

»Was denn nun?«, fragt die Rheinländerin, die uns interessiert zugehört hat.

»Wir haben gemeinsam einen Malerbetrieb in Hamburg!«, erklärt Herr Bergs und übersetzt es gleich ins Französische. Er sei hier im Urlaub, und ich hätte ihn zur Unterstützung hinzugeholt.

Ich schwitze so stark, als säße ich zeitgleich im Dampfbad und in der 100-Grad-Sauna. »C'est très gentil!«, mischt sich Oliviers Mutter Marie ein und wirft meinem Hippie-Französischlehrer einen Blick zu, der bisher ihren Kochtöpfen vorbehalten war. Und das, obwohl er einen Blaumann trägt. Genauer gesagt, *meinen* Blaumann.

Hinter uns hupt es. Ein Laster hält, und es werden einige Möbel abgeladen, die ein neues Zuhause suchen.

Unsere kleine Gruppe marschiert in Richtung Nebengebäude, wo ich seit vorgestern mein Unwesen treibe. Ich halte den Atem an, weil ich Olivier gleich erklären muss, warum ein unschöner Fleck an der Wand prangt und der Stuck auch nicht fertig ist.

Herr Bergs genießt meine Nervosität ganz offensichtlich, er stößt genussvoll die Tür zum Häuschen auf.

Keine Farbtöpfe mehr, keine Planen mehr und auch

keine verschmierten Pinsel. Die Wand ist sauber an den Rändern verwischt, von Stuck ist zwar nichts zu sehen, dafür ziert ein dunkelblau-violettes Reben-Muster die Kante zur Decke. Sieht aus wie mit der Schablone gemalt. Der hässliche Fleck ist durch den Flohmarkt-Schinken kaschiert. Da hat aber jemand ganze Arbeit geleistet. »Siv! C'est le clou!«, freut sich Olivier. Die Rheinländerin klatscht dümmlich Beifall. »Das hier reserviere ich für den nächsten Sommer. Das ganze Haus!«, befiehlt sie und zwitschert ab in Richtung Swimmingpool.

»Wie haben Sie das denn hingekriegt?«, frage ich meinen Französischlehrer.

»Als ich deinen Hilferuf abgehört habe, war mir klar, dass ich schnell hierher muss, weil das mit dir und dem Malen nicht gutgehen kann.« – »Wieso wussten Sie das?« – »Na ja, ich war ja nicht umsonst früher mit deiner Kunstlehrerin zusammen ...« Ich lache auf und erinnere mich an meine erschütternden Strichmännchen im Kunstunterricht.

»Außerdem hatte ich eh gerade nichts anderes zu tun. Die Kommunen heutzutage sind auch nicht mehr das, was sie mal waren.« Er erzählt außerdem, dass Marie – dabei lächelt er sie unverschämt direkt an – ihm alles erklärt habe. Dass ich eine Künstlerin sei und das Haus anmalen würde. »Da war mir klar, dass du ganz tief im Schlamassel steckst. Dann hab ich diesen Blaumann angezogen, und plötzlich stürzt diese durchgeknallte Rheinländerin auf mich zu und zieht mich in ihr Zimmer.« Er muss sich mächtig erschrocken und befürchtet haben, sie wolle ihn verführen. »Was war ich froh, als ich das erledigt hatte und schnell weg konnte. War nicht schwer mit dem Wasserhahn. Seit ich vor zehn Jahren hierhergezogen bin, mache ich im Haus alle Reparaturen. Als so eine Art Mädchen für alles.« – »Merci!«, stöhne ich erleichtert auf. »Und woher können Sie das mit den Mustern an der Decke?« – »Deine Kunstlehrerin ist mit mir nach Frankreich gezogen, hat mir das Malen beigebracht und ist dann irgendwann verschwunden. Wahrscheinlich habe ich mir die Frau danach aus dem Herzen gemalt!«, erklärt er, und die Formulierung kommt mir irgendwie bekannt vor.

Olivier tritt zu uns, umarmt mich und gibt mir zwei sehr ausgedehnte französische bises auf die Wange. »Vous voulez dîner avec nous?«, richtet er das Wort an meinen Lehrer. »Et toi, Siv, tu veux rester un peu plus longtemps?«, fragt er. »Ich bleibe sehr gerne zum Abendessen. Und ob du noch länger bleiben willst?«, übersetzt Herr Bergs sofort. Als Einziger weiß er, dass ich so lange Sätze nie und nimmer verstehen kann. Na ja, wofür hat man schließlich einen Onkel?

»Wie hast du dir diesen Schlamassel eigentlich eingebrockt?«, will mein Retter wissen. Ich denke an meine sprachlichen Missverständnisse. »Ach«, beginne ich, peinlich berührt. »Ich habe Boulot mit Boules verwechselt, und Peintre mit Pain. Und dann kam irgendwie eins zum anderen …« Wir beginnen beide zu lachen. »Mince alors!«, haue ich noch ein »Verflixt noch mal!« heraus. »Das wäre alles nicht passiert, wenn ich früher nicht so einen unsagbar schlechten Französischlehrer gehabt hätte …«

Ballermann 2.0

Dort, wo der Weg eine Kurve macht, weil das Meer die Felsküste ausgeleckt hat; dort, wo der Weg so unschuldig tut und dann plötzlich mir nichts dir nichts einen Haken schlägt; dort, wo der Weg noch einen lächerlich kleinen Olivenbaum festhält, dort werde ich sie hinunterstürzen. Alle. Zuerst den Mann, dann die drei Frauen. Und dann die Kurve weitergehen und mich nicht mehr umschauen.

Sie werden gefunden werden, in ein paar Stunden schon. Die Touristen lieben diesen Weg am Meer entlang. Wenn sie es am Strand nicht mehr aushalten, wenn sie sich in ihren Hotels geduscht und eingecremt haben, wenn sie ihren Espresso oder Campari getrunken haben, dann ist immer noch Zeit bis zum Abendessen, das gegessen werden muss, weil es in der Halbpension drin ist. Um acht werden die Speisesäle geöffnet, aber jetzt ist es erst sechs, und zu erzählen gibt es seit dem Frühstück nichts mehr. Deshalb gehen die Touristen diesen Weg, weil er Erholung von Mallorca verspricht, das es vierzehn Tage lang abzuliegen gilt.

Sie werden die vier da unten liegen sehen. Die einen

werden überlegen, ob es ein Verbrechen war – aber gleich passiert sein, der Weg ist nicht beleuchtet und da hätten sie die Kurve nicht gekriegt – aber gleich vier? Und ein weiterer wird sich erinnern, in welchem Hotel er sie gesehen hat, vorher. Die meisten werden es schrecklich finden, tragisch auch, gerade im Urlaub, nicht wahr, aber für alle wird es das aufregendste Ferienerlebnis sein.

Vielleicht werden sie sich streiten, wer sie zuerst gefunden hat. Einer macht ein Foto, ein anderer auch, ein Dritter ruft mit dem Handy seine Frau an, ein Vierter meldet den Vorfall der Polizei, die nichts versteht, weil sie nur spanisch spricht. Und dann ist es vorbei mit der Ruhe auf dem Weg, weil jetzt alle dort hingehen und insgeheim hoffen, auch mal eine Leiche zu finden – aber gleich vier? Möglicherweise fällt einem sogar ein, dass die vier, ehe sie da unten lagen, doch fünf waren.

Der Frankfurter Flughafen ist voll mit Reiselustigen. Die Reiselustigen sehen nicht lustig aus, sondern blass. Wie beim Metzger warten sie geduldig, bis sie mit der Abfertigung an der Reihe sind. Meine Tante hat Angst, dass ihr Koffer Übergewicht hat. Darum soll ihre Tochter den dicken Pullover und die beiden Strandmatten in ihren Koffer umpacken. Die Tochter will nicht.

»Warum hast du auch den dicken Pullover mitgenommen, wir fahren in den Süden«, sagt sie.

Meine Tante sagt: »Man kann ja nie wissen.«

Mein Onkel sagt: »Abends kann es auch in Mallorca kalt werden.«

Dann stehen wir vor dem Schalter der spanischen Fluggesellschaft. Der Blick auf die Waage erlaubt dem Pullover und den Strandmatten zu bleiben, wo sie sind. Das Gepäck verschwindet auf dem Fließband und wir in Richtung Halle 5, Ausgang B 23.

Wieder warten wir, diesmal auf unverschämt orangefarbenen Plastikstühlen. Die Stühle machen die Reiselustigen noch blasser. Ein paar Leute schauen angestrengt in den grauen Himmel. Sie suchen nicht nach der Sonne. Die muss hier gar nicht mehr scheinen, sonst würden die, die jetzt nicht in Urlaub fahren, womöglich genau so braun wie die, die für die Sonne zahlen. Man wartet, dass das Flugzeug aus Mallorca kommt, damit es wieder nach Mallorca fliegen kann. Das dauert. Die spanischen Fluglotsen machen Dienst nach Vorschrift.

»Ausgerechnet, wenn wir fliegen«, meckert meine Cousine.

Wir warten eine Stunde und dann noch eine. Mein Onkel holt aus seinem Handgepäck die Videokamera und filmt die Wartehalle und uns. Meine Cousine versteckt ihr Gesicht hinter einem Buch.

Meine Tante sagt zu meiner Mutter: »Seit er die Kamera hat, tut er nichts anderes mehr.«

Meine Mutter sagt: »Lass ihn doch.«

Dann ist das Flugzeug gelandet.

Wir werden zum Einsteigen aufgerufen; meine Tante, mein Onkel und meine Cousine sitzen vorne, meine Mutter und ich hinten. Wir lassen die graue Wolkenbrühe unter uns. Als wir achttausend Meter hoch und mitten im Blau sind, bekomme ich rasende Lust auszusteigen und

Urlaub auf weißen Wattewölkchen zu machen. Ganz allein. Nur der Mann im Mond darf ab und zu vorbeischauen.

War es Leichtsinn oder gar Wahnsinn, als ich meiner Mutter vor einem halben Jahr einen Urlaub mit mir schenkte? Es war eine Erkältung. Seit Monaten litt meine Mutter unter einer hartnäckigen Bronchitis mit Schnupfen, Husten und allem drum und dran. Ihr Hausarzt riet ihr zu einer Luftveränderung. Das erzählte sie mir am Telefon, und ich sagte: »Warum machst du nicht wirklich mal wieder richtig Urlaub?«

Woraufhin sie die Namen von Bekannten und Freundinnen aufzählte: Die eine ging ihr schon beim Kartenspiel auf die Nerven, die andere habe nie Zeit, bei dem befreundeten Ehepaar fühle sie sich wie das fünfte Rad am Wagen und alle anderen seien krank oder alt. Wobei meine Mutter, das muss man dazu sagen, Leute, die gut und gerne zehn Jahre jünger sind als sie, als alt bezeichnet. Alle Hinderungsgründe, die sie aufzählte, leuchteten mir ein. Und so fragte ich sie ganz spontan, ob sie denn Lust habe, mit mir zu verreisen.

»Hättest du denn Lust dazu?«, fragte sie vorsichtig.

Ja, die hatte ich. Schon möglich, dass ich Wiedergutmachung für meine lange Abwesenheit leisten wollte. Mit zwanzig war ich von daheim fortgezogen. Meine Besuche beschränkten sich auf ihren Geburtstag und gelegentliche Feiertage. Schon möglich, dass ich auch mal wieder ein bisschen Tochter sein wollte. Ich dachte damals nicht lange darüber nach.

Wir hatten beide Lust auf Meer, wir hatten beide Lust auf Sonne, wir hatten beide keine Lust auf große Organisation. Also eine Reisegesellschaft. Mich amüsierte diese Idee. Wie es sich gehört, finde ich Massentourismus ekelhaft. Ich fahre individuell und gern spontan in abgelegene Orte. Meine Reisen sind nicht immer sensationell, aber meist originell. Doch die Vorstellung, mit meiner Mutter allein in einem Haus in der Pampa zu sitzen und als alternativen Gesprächspartner höchstens noch den Wirt einer Dorfkneipe zu haben, war mir etwas unheimlich. Außerdem, dachte ich, ist es bestimmt spannend, Urlaub wie alle zu machen. Wenn schon, denn schon.

Bei »denn schon« fiel mir Mallorca ein. Meine Mutter war erst skeptisch. Aber dann erinnerte sie sich, dass Leute erzählt hatten, wie schön die Insel eigentlich sei. Also informierten wir uns, sie in ihrer Stadt, ich in meiner, und einigten uns telefonisch auf ein gediegenes Hotel an der Ostküste. Ich hätte unseren Urlaub bequem im Internet buchen können. Meine Mutter bestand darauf, für uns beide in einem Reisebüro zu buchen. Schon möglich, dass auch sie mal wieder ein bisschen Mutter sein wollte.

Wenn die Windmühlen auftauchen, kann man mit der Landung rechnen. Der Himmel ist auch hier so grau wie in Frankfurt, die Felder sind braun, dann und wann Grünes, das sieht nach Palmen aus, und als der Pilot die Maschine sanft auf die Piste setzt, klatschen die Urlauber.

»Voll gut«, sagt eine Frau vor mir, »voll gut, das hätten unsere nicht besser machen können.« Wer mit einer Reisegesellschaft Urlaub macht, darf getrost ein Idiot sein.

Wir schieben uns aus dem Flugzeug, wir schieben an der Passkontrolle vorbei, wir trotten hinter einer Frau im blauen Kostüm zur Gepäckausgabe. Die Koffer müssen wir allerdings selber erkennen. Am Ausgang stehen weitere Damen und Herren in blauen Kostümen mit großen Schildern in der Hand. Neckermann, Tui, Auf & Davon. Meine Mutter sagt auf Spanisch zu Frau Neckermann, dass wir nach Cala Ratjada wollen. Frau Neckermann sagt in einwandfreiem Deutsch: »Bus 72, links.« Als wir aus dem Flughafengelände hinausfahren, gebe ich meiner Mutter einen Kuss und wünsche ihr schöne Ferien. Meine Tante schaut neidisch. So was Nettes würde ihre Tochter nie machen.

Wie sind Tante, Onkel und Cousine mit in diese Ferien gekommen? Ich bin schuld. Meine Mutter hatte der Tante fröhlich von unseren Mallorca-Plänen erzählt, und da fiel es der Tante ein, zu fragen, ob sie nicht auch, und ob wir etwas dagegen hätten, wenn. Meine Tante hatte gute Gründe zu fragen. Sie fuhr seit Jahr und Tag mit Mann und Kind an die Nordsee. Da war das Wetter meistens schlecht, der Mann schweigsam und das Kind terroristisch. Das Kind war mittlerweile 27 und stets beleidigt. Beleidigt, weil es zu dick war; beleidigt, weil es seine Eltern nicht leiden konnte; beleidigt, weil es keine Freunde hatte, weil es ja so dick war, vielleicht aber auch, weil es immer beleidigt war und ihm deshalb nichts anderes übrig blieb, als mit den Eltern an die See zu fahren. Bei so vielen guten Gründen, beleidigt zu sein, hatte es verlernt, wie man mit dem Beleidigtsein aufhören kann. Mich konnte das Kind, meine Cousine, erstaunlicherweise gut leiden. So hofften meine Tante auf Entlastung und mein Onkel auf Abwechslung.

Nur meine Mutter war nicht wirklich begeistert. Weil es aber ihre Sache nicht ist, spontan und offen Unwillen zu zeigen, sagte sie, da müsse sie aber mich erst mal fragen. Mir war auch diese neue Ferienkonstellation recht. Wenn ich schon die schönsten Wochen im Jahr mit einer Reisegesellschaft verbrachte, warum nicht auch noch in Familiengesellschaft? Irgendwie mag ich Familie, am besten eine große, und die Idee, im Kollektiv zu versinken und von morgens bis abends immer irgendwo dazuzugehören, bringt mich ins Schwärmen.

Der Bus entlässt uns in Cala Ratjada vor einem Hotel, das tatsächlich so aussieht, wie es der Reiseprospekt zu Hause behauptet hat. Meine Mutter und ich bekommen ein Zimmer im ersten Stock mit Blick aufs Meer. Die Verwandten werden zwei Etagen höher untergebracht, ohne Blick aufs Meer. Wir packen unsere Koffer aus und machen einen Spaziergang. Die Sonne ist jetzt auch da. Am Strand liegen erschreckend viele Menschen, aber wenigstens nicht in Reih und Glied. Wir gehen die Strandpromenade entlang, rechts schauen wir auf die Felsküste, links in den Speisesaal eines Hotels. Die Schnitzel auf den Tellern ertrinken gerade in brauner Sauce. Dann kommen wir auf eine Hauptstraße. Die Hauptstraße erkennt man daran, dass sie aussieht wie eine Hauptstraße bei uns, nur dass mehr Sonnenmilch angeboten wird. Weil Sonntag ist und Siesta, so nennt man das, sind alle Boutiquen geschlossen, sogar die Weißwurst- und Pommesbuden haben Pause. Dann und wann kreuzt ein Mallorquiner die menschenleere Straße, dann kann man sich fast wie nicht zu Hause fühlen. Nach etwa fünfzehn Minuten haben wir die City von Cala Ratjada abspaziert. Am Hafen trinken wir unseren ersten Espresso, schauen auf das glitzernde Wasser und bestätigen uns immer wieder, wie gut es uns geht.

Meine Familiengesellschaft etabliert sich. Wir haben einen festen Platz im Speisesaal des Hotels. Nach drei Tagen weiß der Ober, dass wir zum Essen vier Bier und eine Cola trinken. Wir werden diese Bestellung nicht durcheinanderbringen, obwohl mich auch der trockene Landwein reizen würde. Aber bevor ich die Lust auf Neues formulieren kann, steht das Gewohnte schon auf dem Tisch.

Die Hotelgäste fangen an, uns zu grüßen. Manche schauen uns nachdenklich an. Ich vermute, sie überlegen, wer zu wem gehört. Der Kellner, der das Geschirr abräumt, löst das Problem auf seine Art: Er nennt alle Frauen an allen Tischen »Maria«.

Nach außen bilden wir eine Einheit, nach innen raufen wir uns zusammen, wortlos, versteht sich. Meiner Mutter fällt das leicht. Sie ist anpassungsfähig, äußert selten eigene Wünsche, hat aber Lust mitzumachen, was andere vorschlagen. Meine Tante ist begeistert über ihre neuen Gesprächspartner. Sie erzählt von morgens bis abends. Das allerdings rückwärts, sozusagen. Wenn sie einen Baum sieht, der ihr gefällt, erzählt sie uns von Bäumen, die ihr in anderen Urlauben gefallen haben. Jedes Essen bietet reichlich Anlass, sich an andere Essen zu erinnern. Ihre Fantasie ist stets da, wo sie nicht ist, und ich bin sicher, sie wird diesen Urlaub erst in ihrem nächsten Urlaub so richtig genießen können. Mein Onkel passt gut zu meiner Mutter: Er ist zu allem bereit. Und wenn ihm doch mal alles zu viel wird, verschwindet er hinter seiner Videokamera. Meine Cousine lässt sich und uns in Ruhe. Weil sie den Konkurrenzkampf im Braunwerden schon nach zwei Tagen abbricht, weil sie auch in ihrem 28. Lebensjahr keinen Ehrgeiz entwickelt, schwimmen zu lernen, und weil ihr unsere alberne Fröhlichkeit auf die Nerven geht, liest sie viel. Am liebsten esoterische Bücher und die am liebsten im Bett des Hotelzimmers.

Und ich? Sperre Augen und Ohren auf und lerne Neckermann. Meine Bereitschaft macht mich freundlich und entspannt. Ich laufe vor Zustimmung über. Ich strahle mit der Sonne um die Wette, ich bringe meine Familie zum Lachen. Ich schlage immer neue Spazierwege zu den immer gleichen Cafés vor. Ich werde braun, obwohl das ganz ungesund ist. Ich lerne, was Millionen von Reisegesellschaftlern schon lange wissen. Die Sicherheit, dass jeder Tag sein wird wie der vorherige, und die klammheimliche Freude über diese Sicherheit bringt mich zum Staunen. Eine gemütliche Verblödung erfasst mich, ich werde angenehm anspruchslos. Es gibt tatsächlich Momente, da ist die Welt so durch und durch in Ordnung, dass ich den Begriff »Glück« im Handumdrehen hätte definieren können. Was will ich mehr?

Einmal pro Woche gibt es Tanz auf der Terrasse. Während die Kellner das Abendessen servieren, räumen andere Kellner draußen die Liegestühle beiseite und stellen Tische auf. Eine Kapelle rückt an. Die Urlauber verkürzen heute das Essen und verschwinden auf ihre Zimmer, um sich schön zu machen.

»Aber zum Tanzen gehe ich nicht«, sagt meine Cousine.

»Aber gucken können wir ja mal«, sagt meine Tante.

Ich sage: »Au ja.«

Meine Mutter hat keine Lust, sich umzuziehen.

»Wir sind schön genug«, sagt mein Onkel.

Als das Schlagzeug draußen eine Art Foxtrott schlägt, und der Sänger tut, wofür er bezahlt wird, gehen wir auf die Terrasse. Die Cousine ist überraschenderweise bereit mitzukommen, »aber nur kurz«.

Es gibt in meiner Familie ein Erbgesetz, das da lautet: Nichts ist schöner, als sich über andere lustig zu machen. So verdeckt man Unsicherheit, spürt die Distanz nicht und steht statt daneben darüber. Das Erbe, oder besser: Die Mit-Gift kommt auch hier zum Einsatz. Wir lästern über die hausbackene Musik, meine Tante spottet über eine ältere Frau mit, wie sie meint, gewagtem Dekolleté. Ich schwanke zwischen Rührung und Schadenfreude für das Paar aus Gelsenkirchen, das ganz alleine und ganz falsch seine Kreise auf der Tanzfläche dreht. Nur mein Onkel verliert die Lust am Lästern schnell. Er zeigt auf einen Tisch, der noch frei ist. Meine Tante ziert sich ein bisschen, meine Mutter sagt »Von mir aus«, meine Cousine geniert sich schon wieder, dass sie zu dick ist, ich sagte schon wieder »Au ja« und steuere auf den Tisch zu. Bei einem Wiener Walzer fordert mich mein Onkel zum Tanzen auf.

Vermutlich sind wir ein merkwürdiges Paar. Er Mitte 70, braungebrannt mit grauem Bart, in Shorts und T-Shirt. Ich Ende 30, braungebrannt mit langen blonden Locken und Minirock. Mein Onkel nimmt mich in den Arm. Mein Onkel erinnert sich an seine vorehelichen Talente. Mein Onkel war vor dem Krieg und vor der Heirat Balletttänzer. Mit sanftem Druck lässt er mich Schritte tun, die ich jahrelang nicht mehr getan habe. Mit wachsender Begeisterung drehen wir uns um uns selbst und fegen die langsameren Urlauber von der Tanzfläche. Dann brauchen die Musiker eine Pause, und wir gehen zurück an unseren Tisch.

»Übernimm dich nicht«, sagt des Onkels Ehefrau zum Ehemann. »Du bist das doch gar nicht mehr gewohnt.«

»Dann wird es Zeit, dass ich wieder in Übung komme«, antwortet er.

Abwechselnd tanzt er nun mit meiner Tante, meiner Mutter und mir. Das heißt: drei Mal mit mir, ein Mal mit seiner Frau, drei Mal mit mir, ein Mal mit meiner Mutter, drei Mal … Der Onkel rückt näher, er tanzt mich in Ecken, die für Mutter und Tante unsichtbar sind, der Onkel tanzt sich in seine Jugendlichkeit zurück, ich freue mich, noch ganz Nichte, und als die Musiker eine Schmuserunde einschieben, komme ich ins Stolpern. Jetzt, wo keine Schritte mehr gefragt sind, jetzt, wo sich die Tanzfläche füllt, jetzt, wo mein Onkel tanzt, wie Onkel nicht tanzen, oder bilde ich mir das nur ein? Was ist dabei, wenn er seinen Kopf an meinen legt? Jetzt will ich mich nicht mehr führen lassen, meine Füße übersetzen meine Verlegenheit, der Onkel sagt: »Was ist denn los?«, und lässt sich von der Tanzfläche ziehen.

Die Tante und die Mutter leeren gerade ihre Weingläser, die Cousine ist schon zu den esoterischen Büchern gegangen, und dann stehen wir vier an der Treppe, und es hagelt familiäre Wir-tun-so-als-wäre-nichts-Gute-Nacht-Küsse.

In den nächsten Tagen stellte meine Tante ihr Rückwärtserzählen ein und entwickelte ein neues Programm: Stell dir vor, was alles passieren könnte. Wenn wir nun an der Felsküste spazieren gingen, kam ihr unweigerlich die Idee, dass sich Steine lockern, Wellen über den Weg schlagen und die Erde einen Riss bekommen könnten. Auch in Alltäglichem entdeckte sie Bedrohungen. Stell dir vor, ich wäre auf dieser Bananenschale ausgerutscht. Wer sagt, dass sie in den Hotels nicht klauen? Meine Cousine nannte ihre Mutter nur noch »Alte Unke«.

Mich dagegen faszinierte der Ausdruck von Schrecken und Katastrophenlust auf dem Tantengesicht. Wie eine Süchtige entwickelte sie immer neue Fantasien und lachte ein bisschen verlegen, wenn wir sie sprachlos anschauten.

Mein Onkel schien das alles schon zu kennen oder nicht mehr wissen zu wollen. Er hatte sich für seine frisch ertanzte Jugendlichkeit entschieden und blieb mir auf den Fersen. Wir waren die Einzigen, die schwimmen konnten, und ließen die Restfamilie mehrmals täglich im seichten Wasser hinter uns. Er begleitete mich fortan zum Tennisplatz und filmte mich wie besessen. Meine Tante ließ keine Gelegenheit aus, ihn an sein Alter zu erinnern. Meine Mutter war wie immer freundlich zu allen. Die Cousine schaute dem neuen Familiendrama, in dem sie ausnahmsweise nicht der Auslöser für Konflikte war, wollüstig zu. Mein Onkel blieb, egal, was passierte oder nicht passierte, bestens gelaunt. Und ich war verwirrt, als ich mir eingestand, dass mir seine Bewunderung auch gefiel. Ich löste das Problem, indem ich meine Familiengesellschaft gegen die Reisegesellschaft austauschte.

Ich machte eine Inselrundfahrt und jagte im klimatisierten Bus quer über das vor Hitze flimmernde Mallorca. In Inca, der drittgrößten Stadt, wurden wir durch eine Lederfabrik gehetzt. In Manacor, der zweitgrößten Stadt, besichtigten wir in einer Perlenfabrik echte Arbeiterinnen, die falsche Perlen herstellten. In Palma, der Hauptstadt, war die Kathedrale geschlossen, dafür konnten wir auf dem Rückweg auf der Straße zwischen San Lorenzo und Arta noch einen alten Glasbläser in einem neuen Museum bestaunen. Der freute sich, er hatte – wie die Leder- und die Perlenfabrik – einen Vertrag mit der Reisegesellschaft und verdiente nicht schlecht an dem Wunsch der Touristen, etwas Schönes, Einmaliges, Supergünstiges aus dem Urlaub mitzubringen. Die Bräune wird vergehen, aber die kleine Vase auf dem Bücherregal sorgt für Erinnerung. Wann waren wir noch mal da? Schön war es, oder? Ich kaufte nichts.

Stattdessen ging ich am späten Abend noch in eine Disco, wo ich mich von Männern anlachen ließ, die das durften. Meine vorübergehende Abwesenheit trug sehr zur Familienharmonisierung bei.

Ich habe getan, was man am Strand tut. Jetzt ist es mir langweilig.

»Ich mache einen Spaziergang«, sage ich und ziehe ein T-Shirt und Shorts über den Bikini. »Kommt jemand mit?«

Die Tante und meine Mutter möchten lieber weiterlesen. Die Cousine hat keine Lust, sich zu bewegen. Der Onkel schläft.

Ich gehe los, links vom Hotel führt ein Weg aus dem Ort hinaus. Nach hundert Metern fängt ein kleiner Wald an. Ich freue mich über den Schatten, den die Bäume machen. Ich habe kein Ziel, ich möchte nur laufen. Ich höre meine Schritte auf dem Boden, ab und zu knackt ein kleiner Ast. Ich bin alleine hier. Ich erinnere mich, wie ich mich mal in einem Wald verlaufen habe, ich hatte Angst, weil niemand da war. Oder hatte ich Angst, weil doch jemand da war? In diesem Wald kann man sich nicht verlaufen. Und immer ist hier irgendwer. Jetzt auch.

»Warte doch mal«, ruft er.

Ich schaue mich um, der Onkel ist gekommen. Er hat seine Kamera dabei, diesmal nicht die Videokamera, sondern einen Fotoapparat.

Ich bleibe stehen. Es ist mir nicht recht. Jetzt steht er neben mir.

»Hallo, du.«

»Hallo, Onkel Richard«, sage ich.

»Den ›Onkel‹ können wir doch mal weglassen, findest du nicht?«, sagt er.

»Können wir nicht, Onkel Richard.«

Er lächelt, wir gehen stumm nebeneinander.

»Du hast neulich gesagt, du brauchst Fotos von dir. Ich könnte welche machen.«

Ich sage nichts.

Der Onkel nimmt den Deckel vom Objektiv und schaut auf das Display.

»Nun bleib einfach mal stehen, das Licht hier ist sehr schön.«

Ich bleibe stehen, ich schaue ihn an, ich höre das Klacken seiner Spiegelreflexkamera, wenn er abdrückt.

»Guck doch mal freundlicher, Kleines.«

Der Onkel nennt seine Frau seit 40 Jahren »Kleines«.

Ich atme tief ein und drehe den Kopf weg. Es klackt und klackt.

»Ja, das ist gut, sehr gut. Und jetzt hierher blicken. Ja. Kennst du den Film ›Blow up‹? Von Antonioni. Sechzigerjahre.«

Der Onkel geht in die Knie, er hält den Apparat schräg, er verrenkt sich und streicht sich lässig eine Haarsträhne aus der Stirn.

»Ja, schau her, genau so, du bist schön, weißt du das?«

Klack, Klack, Klack.

»Du machst mich heiß.« Sagt der Onkel. Sagt der Onkel tatsächlich.

»Hör auf damit«, sage ich und gehe weiter.

Er kommt hinterher und legt eine Hand auf meine Schulter.

»Was ist denn los?«, sagt er.

Was ist denn los, was ist denn dabei, wenn er mich fotografiert, wenn er seine Hand auf meine Schulter legt, und ich möchte mich übergeben, aber das ist doch übertrieben, es ist doch nur nett gemeint, wenn er seinen Kopf beim Tanzen an meinen ... und plötzlich habe ich Angst, es ist doch ganz unsinnig, Angst zu haben, wovor denn auch, einem fremdem Mann hätte ich längst eine Ohrfeige gegeben, hätte ich? Und ich könnte ja schreien, wie lächerlich, bloß weil der Onkel Starfotograf spielen will, ich kann mich nicht mehr bewegen, ich verstehe das nicht, ich verstehe das alles falsch, weil ich es nicht richtig verstehen will, wenn doch jemand jetzt in diesem Wald auf diesem Weg spazieren gehen würde, dann sähe jemand einen Onkel, der seine Nichte fotografiert, ja und?

Und dann hat der Onkel den Objektivdeckel wieder zugeschraubt, und dann hat der Onkel seine Nichte gefragt, ob sie da drüben in dem Café noch etwas trinken gehen, einen Kaffee oder eine Limonade, »Ich lade dich ein«, und dann hat die Nichte gesagt »Na gut«, damit alles wieder normal wird mit dem Onkel und der Nichte, weil ja kein Mensch mit einem anderen etwas trinken geht, wenn er sich belästigt fühlt, ist doch so, ach. Und dann sind der Onkel und die Nichte eine Limonade trinken gegangen und haben ein Glas lang nicht gesprochen und auf dem Heimweg auch nicht.

»Das könnt ihr mir doch nicht erzählen, dass ihr nur spazieren gegangen seid«, sagt die Tante, als wir zum Strand zurückkommen.

Mein Onkel lacht.

»Wir gehen jetzt etwas essen«, sagt meine Mutter. Die Cousine und die Tante rollen ihre Badetücher zusammen und stehen auf.

»Essen ist eine gute Idee«, sagt der Onkel.

Ich lege mich in den Sand.

»Kommst du nicht mit, Svenja?«, fragt meine Mutter.

Ich schüttele den Kopf. Meine Familie geht. Ich drehe mich auf den Bauch und weine in den Sand.

Eine neue Touristengruppe war angekommen, elf Männer und neun Frauen, alle aus Berlin. Sie waren typische Touristen, die stets so sind, wie man nicht sein möchte. Die prallen Netzunterhemden der Männer waren noch das geringste Übel. Aus der Heimat oder aus dem Duty free hatten sie sich Dosenbier mitgebracht und lärmten abends in der Hotelbar.

Ich war gerade mal wieder in den Schoß der Familie zurückgekehrt, wir saßen auch in dieser Bar, und zur Feier des Tages – was feierten wir noch mal? Dass meine Cousine heute noch nicht gemeckert hatte? Dass mein Onkel nur noch jedes dritte Mal mit mir schwimmen ging? Dass meine Tante noch nicht ausgeraubt worden war? Egal, zur Feier des Tages tranken wir süßen Sekt und plauderten träge über dies und das. Meine Cousine trug ihr neues T-Shirt, ein Affe aus hundert Prozent Polyester ballte die Fäuste über ihrem gewaltigen Busen.

Die neue Touristengruppe war eine Betriebsgruppe, sie arbeiteten bei der Post und hatten dieses Hotel für ein verlängertes Wochenende ausgesucht. Zuerst unterhielten sie sich über ihre (nicht anwesenden) Vorgesetzten, dann über ihre (nicht anwesenden) Kollegen, dann über deutsche Autos und Ausländer in Deutschland. Den meisten Frauen wurde es langweilig, sie verschwanden im Laufe des Abends auf ihre Zimmer. Zurück blieben die elf Männer und zwei jüngere Kolleginnen. Die Männer balzten um die Wette. Die Frauen fanden das lustig.

»O je«, gurrte eine etwa Zwanzigjährige im glitzernden Minikleid und mit leicht derangierter Frisur, als sie den ich weiß nicht wie vielten Schnaps spendiert bekam, »ick platze jleich aus alle Nähte.«

»Det woll'n wa sehn«, grölte ein Postmann.

Meine Tante erzählte Geschichten aus ihrer Kindheit, mein Onkel erzählte Geschichten aus dem Krieg, meine Mutter erzählte Geschichten aus der Kindheit ihres Bruders, der im Krieg geboren war. Meine Cousine spielte mit ihren fettigen Haaren.

»Uff det, wat wa liebn«, lallte ein Postler.

»Und wat liebn wa?«, lallte ein anderer Postler.

Die Gläser krachten aneinander.

Mir war schlecht. Ich hasste die sabbelnden Berliner, ich hasste meine Familie, ich hasste mich für meine Neckermann-Bereitschaft, keine Spielverderberin zu sein. Ich hatte die Nase voll von meiner erholsamen Anspruchslosigkeit. Was machte ich überhaupt hier?

»Erinnersse dir eijentlich noch an die Uschi?«, fragte jemand am Nebentisch.

»Wat denn für 'ne Uschi?«

»Na die Uschi eben!«

»Die mit dem fetten Arsch?«

»Mann, nee, die Uschi von Schalter drei.«

»Ick hör imma Uschi. Uschi. Muschi.«

Die Frauen kreischten.

Der Sekt war süß, der Abend so lau. Es ging uns so gut. Und jeden Tag Sonne. Und alle waren wir doch schön braun geworden. Warum habe ich nicht wenigstens …

Lange Zeit vor unserer Zeit benutzten die Griechen, die Römer und die Karthager die Mallorquiner als Kanonen. Die schönen Männer, die heute die Touristen bedienen, knallten mit ihren exakt ausgerichteten Schleudern jahrhundertelang Steine gegen feindliche Helme, Schilder, Pferde und Menschen. Ihre Treffsicherheit machte sie im Mittelmeer berühmt und gab den Balearen ihren Namen. Werfen heißt auf griechisch »ballein«. Mallorca war eine gute Adresse für Schlachtgewinnler.

»Uschi, Muschi« tönte es immer noch im Chor vom Nebentisch. Eine Frau aus dem Rheinland sagte empört: »Nää, wat sin Sie doch für Ferkel!«

Dort, wo der Weg eine Kurve macht, weil das Meer die Felsküste ausgeleckt hat; dort, wo der Weg so unschuldig tut und dann plötzlich mir nichts dir nichts einen Haken schlägt; dort, wo der Weg noch einen lächerlich kleinen Olivenbaum festhält, dort …

»Noch ein Schlückchen Sekt?«, fragte der Onkel. Ich schüttelte den Kopf. Er beugte sich zu mir, legte zwei Finger unter mein Kinn, die Pupillen der Tante verengten sich, er hob mein Gesicht hoch, er sagte:

»Lach doch mal, Kleines.«

Sie werden gefunden werden, in ein paar Stunden schon. Die Touristen lieben diesen Weg am Meer entlang. Wenn sie es am Strand nicht mehr aushalten, wenn sie sich in ihren Hotels geduscht und eingecremt haben, wenn sie ihren Espresso und Campari getrunken haben, dann ist immer noch Zeit bis zum Abendessen, das gegessen werden muss, weil es in der Halbpension drin ist. Um acht werden die Speisesäle geöffnet, aber jetzt ist es erst sechs, und zu sagen gibt es nichts mehr.

Mein vorzeitiger Rückflug ohne Familie verlief ohne besondere Vorkommnisse. Der Flugkapitän teilte mit, die Sicht sei gut.

Ein Hund namens Socke

Es war Anfang Juni, als Johanna von einer zweiwöchigen Dienstreise zurückkam. Ganz aufgeregt vor Sehnsucht keuchte sie die vier Treppen bis zu ihrer Wohnung hinauf, ließ den Koffer fallen und konnte kaum den Schlüssel herumdrehen, so sehr zitterten ihr die Finger. Wenn das keine Entzugserscheinungen waren! Endlich hatte sie ihre heiß geliebte wunderschöne Tochter wieder. Bestimmt war sie wieder gewachsen und noch hübscher geworden. Paula war schließlich das Einzige, wofür es sich zu leben und zu kämpfen lohnte. Für Paula strengte sich Johanna in der Firma so an. Sie wollte ihr etwas bieten. Paula sollte es so gut haben wie früher, als sie noch …

»Paula ist im Wohnzimmer.« Die Babysitterin Steffi kam mit besorgtem Gesicht an die Wohnungstür. Babysitterin war natürlich eine unpassende Bezeichnung, sie war eher Tochter-bei-Laune-und-Wohnung-in-Ordnung-Halterin. Auch die musste man sich erst mal leisten können.

Der Schreck fuhr Johanna in die Glieder. »Ist alles in Ordnung?« War etwas passiert, während sie weg war? Aber sie hatte doch jeden Tag angerufen!

»Sie … pubertiert wohl ein bisschen.«

Na gut. Paula war dreizehn. Da war es wohl ihr gutes Recht, ein bisschen zu pubertieren. Obwohl es ein blöder Zeitpunkt war, gerade jetzt, wenn ihre Mama wiederkam, damit anzufangen. Voll Liebe und Zärtlichkeit und voller Drang zu erzählen und zu hören, wie es Paula ohne sie ergangen war, legte sie die Hand auf die Klinke. Sie wollte Paula bei der Hand nehmen und gleich ins nächstbeste Eiscafé schleppen, dort die Beine baumeln lassen und aller Welt zeigen, wie vertraut und harmonisch und … ähnlich sie sich waren. Wie oft hatte man ihr gesagt, was für ein hübscher Anblick sie beide seien, Mutter und Tochter, fast wie Schwestern, strahlende Wangen, leuchtende Augen, glänzende Haare wie aus der Hautcreme- oder Shampoo-Werbung.

»Nimm es nicht so ernst!« Steffi wedelte mit dem Staubtuch unverbindlich auf den Bücherregalen herum. »Sie hat da was ausgeheckt.«

»Oh. O je. Schule?«

»Frag sie.«

»Ähm … Jungs?«

»Frag sie.« Steffi prügelte geradezu auf die Bücher ein. »Nimm's nicht so ernst. Ist bestimmt eine Laune.«

Oh. O Gott. Das hörte sich nicht gut an. Johannas Knie wurden weich.

»Ähm … Alkohol?«

»Frag sie.« Steffi staubwedelte augenrollend ins Treppenhaus, um sich eine Zigarette anzuzünden.

Johanna klopfte an die Wohnzimmertür und schob vorsichtig den Kopf hinein.

Prinzessin Paula saß mit zusammengeknoteten Beinen auf dem weißen Kuschelsofa und war samt iPod unter ihrer blonden Mähne versunken. Sie war tatsächlich schon wieder gewachsen, noch schlanker und hübscher geworden.

»Juhuu! Da bin ich wieder!«

»Hallo, Mama.«

Die Umarmung fiel steifer aus als erwartet. Als hätte Paula eine Sperre eingebaut.

Ups? Warum fiel ihr Paula nicht wie sonst mit ihren stürmischen Begrüßungsattacken um den Hals und wühlte mit beiden Händen in ihrer Handtasche nach dem Mitbringsel? Und warum fühlte Johanna sich sofort so schlecht wie früher, wenn ihre Mutter sie plötzlich so abweisend behandelte?

»Hee! Was ist los?«

»Also, ähm, Mama, nimm es jetzt bitte nicht persönlich, okay?«

In Johanna schnürte sich alles zusammen. Das hörte sich nicht gut an. Gar nicht gut.

»Was soll ich nicht persönlich nehmen?«

»Also, Mama, ich war ja über Pfingsten bei Papa.«

»Ähm, ja …?« Schlimmes schwante Johanna. Von hinten zog sich eine Art Eisenkralle über ihren Kopf und presste ihr die Schläfen zusammen.

»Und Papa meinte, wo ich doch im Sommer vierzehn werde …«

O Gott. Bitte nicht. Bitte nicht das, wovor Johanna sich mehr fürchtete als vor einem Autounfall.

Johanna fühlte alles Blut aus ihrem Gesicht weichen. Sie schloss die Augen, atmete bewusst aus. Vielleicht ging es nur um einen Ferienaufenthalt in England oder so. Einen Sprachkurs. Das wäre zwar das erste Mal, dass Richard für seine Tochter einen Cent zahlen würde. Aber dennoch. Positiv denken.

»Ja, mein Herz, du wirst vierzehn.«

»Und damit kann ich auch entscheiden, wo ich wohnen will.«

Peng. Mitten zwischen die Augen. Treffer, versenkt.

Es *war* das, wovor Johanna sich seit acht Jahren gefürchtet hatte. Seit sie mit Paula aus der ehelichen Villa ausgezogen war.

»Eines Tages darf sie selbst entscheiden, bei wem sie wohnen will«, hatte Richard noch hinter ihr hergebrüllt. »Und du kannst ihr niemals das bieten, was ich ihr bieten kann!«

Aus lauter Angst vor diesem Trumpf im Ärmel ihres Ex-Mannes hatte sie bei einem Notar eine Vereinbarung unterschrieben, dass sie nie, niemals auch nur einen Cent Unterhalt verlangen würde, so lange Paula bei ihr lebte.

Deshalb strengte sie sich in der Firma so an.

Deshalb ließ sie sich für den Außendienst einteilen. Weil sie damit so viel Geld verdiente, dass sie Paula alles bieten konnte.

Na gut, keine Villa. Aber ein freies, fröhliches Leben ohne Sorgen. Mit Reiten, Ballett, Musikunterricht, Skifahren im Winter an den Wochenenden und Ferienreise im Sommer. Und sie wohnten in einem durchaus passablen Altbau mitten im Herzen von München.

Johanna zwang sich, alle Panik, alle schlechte Energie, jedes Fitzelchen mieses Karma aus ihrem Zwerchfell zu atmen, bevor sie Augen und Mund wieder öffnete und freundlich sagte: »Ja, mein Kind, das kannst du natürlich selbst entscheiden.«

»Also, wie gesagt, Mama. Nimm es nicht persönlich.«

»Natürlich nicht.« Johanna krampfte ihre Hände hinterrücks in ein Sofakissen, um es sich notfalls vor den Mund zu halten, falls sie schreien musste.

»Aber Papa meinte, da du sowieso dauernd weg bist …«

»Dauernd?«

»Also Mama, jetzt *lass* mich doch mal ausreden! Du bist *wohl* dauernd weg. Nicht nur deine Dienstreisen, sondern … überhaupt.«

»Ich arbeite, wie jeder andere Mensch auch.«

»Papa sagt, er kann sich seine Zeit frei einteilen.«

»Aber das stimmt doch gar nicht! Papa ist Architekt! Nur in den Ferien tritt er etwas kürzer, wenn du bei ihm bist …«

Johanna hätte Richard wieder mal am liebsten den Hals umgedreht. Warum hatte sie ihn denn verlassen? Weil er sich einen feuchten Fiedlerfurz um sie beide gekümmert hatte. Weil er ständig »dringende berufliche Termine« hatte, die aus irgendeinem Grund immer bis zwei Uhr nachts dauerten und nie ohne viel Alkohol und Damenparfüm abgingen! Weil er ganze Wochenenden zum Golfen und Skifahren weggeblieben war, mit seinen ach so wichtigen potenziellen Klienten! Und weil sie schließlich irgendwann ein paar Utensilien aus dem horizontalen Bereich in einer Plastiktüte unter seinem Mantel gefunden hatte.

Frau und Tochter hatten ihn nicht interessiert. Ihr Leben damals bestand darin, auf allen vieren Bauklötze zu stapeln und die Uhr anzuflehen, doch ein bisschen schneller zu ticken. Da konnte sie genauso gut mit Paula alleine leben. Ohne zusätzlich noch Richards unbezahlte Haushälterin, Putzfrau, Köchin und Buchhalterin zu geben. Und er konnte ganz ohne rot zu werden weiterhin seine nächtlichen Clubs aufsuchen. Jedem das Seine.

Natürlich wohnten sie nicht in einer Villa. Aber ihre Mietwohnung mit den hohen Decken und Stuckwänden war schön und kuschelig. Ein Mutter-Tochter-Nest. Mit Hunderten von vertrauten Winkeln, vertrauten Gesprächen, vertrauten Alltäglichkeiten, von der Lieblingstasse über das Morgenritual des Auf-die-Sekunde-Duschens, vom Zettel am Kühlschrank über den Einkaufsplan bis hin zum Plauder-Abendessen mit anschließendem gemeinsamen Abendspaziergang um den Block. Sie hatten so viel Gemeinsames! Die Geheimsprache, die ausgeliehenen Klamotten und die geteilte Wimperntusche, das Glätteisen und die Lieblingsserie »Desperate Housewives«, ganz zu schweigen von den Tampons auf dem Badezimmerregal (Größe Mini und Größe normal) und dem Nagellack, den sie sich kichernd gegenseitig auf die Zehen auftrugen. Was sollte Paula bei Richard?

»Papa hat mir schon die Schule gezeigt, auf die er selbst auch gegangen ist. Er meint, da ist das Abitur viel leichter als hier.«

»Aber das ist doch Blödsinn! Bis du so weit bist, gilt das Zentralabitur. Und das ist überall gleich schwer!«

»Papa meint, außerdem hat er einen Garten.«

»Ich weiß. Den habe ich selbst angelegt, falls er das vergessen haben sollte.«

»Und ein großes Haus mit Schwimmbad und Fitnesskeller.«

»Ich weiß.« Beides hatte Johanna ebenfalls mitgeplant und ausgestattet. Würde Paula ihr jetzt jedes einzelne Zimmer der Düsseldorfer Villa beschreiben? Hatte sie eine Ahnung, wie weh das tat?

Wollte sie ihre Mutter vielleicht ein bisschen verletzen? Ganz unterbewusst? Sie für ihre häufige Abwesenheit bestrafen?

»Papa sagt, in seiner Straße wohnen auch ein paar ganz tolle, coole Jugendliche. Ich kriege ein Moped. Hier in München darf ich ja nicht Moped fahren.«

»Weil du keines brauchst«, schnaufte Johanna entsetzt. »Wir wohnen direkt in der Innenstadt, neben der U-Bahn!«

»Außerdem habe ich hier gar keine richtige Freundin.«

»Aber das stimmt doch nicht!« Johanna raufte sich verzweifelt die Haare. »Du hast doch Lea und Tina und Caro und …«

»Alles voll blöde Ziegen.«

»Und dein Klavierunterricht und dein Ballett? Und dein Reitstall?«

»Mama, aus dem Alter bin ich jetzt echt raus. Papa sagt, er nimmt mich mit in seinen Golfclub. Da finde ich die richtigen Kontakte. Für später.«

O Gott. In diesem Moment wallte ein unsäglicher Zorn in Johanna auf, ein Hass, gegen den sie sich nicht wehren konnte.

Was für ein mieses abgekartetes Spiel!

Paula verschränkte die Arme vor der knospenden

Brust und fügte noch einmal großzügig hinzu: »Wie gesagt, Mama, nimm es nicht persönlich. Aber zum nächsten Schuljahr ziehe ich um.«

»Das heißt, es ist schon beschlossene Sache?« Johanna krampfte ihre Hände in das Kissen. Jeden Moment würde sie schluchzend darüber zusammenbrechen. »Papa hat ganz bestimmt noch viel weniger Zeit für dich als ich!«, wimmerte sie kraftlos. »Der ist auch immer nachts weg! Mit wem willst du kuscheln?«

In Paulas Augen flackerte es.

»Na ja, Mama, Papa meinte, bei ihm kriege ich auch einen Hund.«

»Einen … Hund.«

»Ja, denn Papa hat ja Platz und einen Garten. Und du nicht.«

Johanna ballte die Fäuste. Also gut. Jetzt hieß es zu den Waffen greifen. Zur bloßen Selbstverteidigung natürlich. Sie öffnete den Mund und hörte sich sagen: »Und wenn *ich* dir einen Hund schenken würde?«

Paulas Blick flackerte heftiger, ihre dunkelbraunen Augen wurden fast schwarz. »Du hast doch immer gesagt in der Wohnung geht das nicht … wegen dem Vermieter?« Abwartend fixierte sie Johanna, eine Prise Berechnung lag um ihre Mundwinkel. Sie ähnelte Richard in diesem Moment aufs Erschreckendste.

Schließlich murmelte sie so ganz nebenbei: »Wenn ich hier in München einen Hund bekäme, würde ich natürlich nicht zu Papa nach Düsseldorf ziehen.«

Aha. Darum ging es also. Es war eine glatte Erpressung. Johanna hatte in diesem Moment nicht die Kraft, sich dem unfairen Kampf zu stellen. Die nackte Panik steckte noch in ihrer Brust.

»Wenn du hier einen Hund hättest … natürlich nur einen ganz kleinen … dann …?«

Auf Paulas Wangen zeigten sich diese Grübchen, mit denen sie die ganze Welt verzaubern konnte. »Dann hätte sich das Thema Papa natürlich erledigt.«

Johanna fühlte eine Woge der Erleichterung über sich hinwegschwappen. »Man könnte ja noch mal mit dem Vermieter reden.«

»Ach … auf einmal?«

Diese Kröte, dachte Johanna. Sie hat mich. Sie hat mich weich gekriegt. Sie hat mich mit meinen eigenen Waffen geschlagen.

Drei Tage später hatten sie einen Hund.

Es war ein entzückender kleiner schwarzer Zwergschnauzer, einer ohne diese künstlich rasierte Vorne-Bart-hinten-nackt-Rentnerfrisur. Sie nannten ihn Socke, weil er immer eine Socke im Maul mit sich herumtrug, sie knurrend durch die Gegend schleuderte, an ihr riss und biss, sie mit den Pfoten bearbeitete, bis sie Fäden zog, um sie schließlich achtlos irgendwo liegen zu lassen. Bald war die Wohnung übersät mit einzelnen Socken, die auf diese Weise zu Tode gekommen waren. Der Hund Socke war die pure wuschelige, weiche, wollige Lebensfreude auf vier Beinchen. Er war gerade mal zehn Wochen alt, neugierig, verspielt, entzückend, putzig, possierlich, und zauberte jedem Menschen, der ihn sah, ein entrücktes Lächeln aufs Gesicht. Besonders Paula.

Wenn Paula aus der Schule kam, warf sie genauso ungeduldig und zitternd vor Vorfreude und Sehnsucht ihre Schultasche ins Treppenhaus wie Johanna vor Kurzem ihren Koffer, und stürzte sich dann bäuchlings zu ihrem Hundekind auf den Fußboden. Ihre Augen hatten eine Zärtlichkeit, ihre Stimme eine Sanftheit und ihre Umarmungen eine Fürsorglichkeit, wie Johanna es bei Paula noch nie erlebt hatte.

Es war wohl die gleiche unerträglich heftige, zärtliche, überbordende Liebe, wie Johanna sie für Paula spürte, und vermutlich das gleiche hilflose Gefühl völligen Ausgeliefertseins. Zwischen Seligkeit und Verzweiflung, immer auf einem sehr schmalen Grat.

»Wenn dir jemand Socke wegnehmen wollte, wie würde es dir dann wohl gehen?«, versuchte Johanna Paulas Sinne zu schärfen.

»Den würde ich ermorden, zerstückeln und in die Isar schmeißen«, knirschte Paula mit Wutspucketröpfchen hervor und drückte ihr fiependes Hundekind an sich. »Aber vorher würde ich ihm noch die Fingernägel einzeln ausreißen und die Augen ausstechen und die Zunge abschneiden.« Ihre Aggressionsfantasien kannten keine Grenzen. Die Grübchen bohrten sich in ihre Wangen wie kleine schwarze Löcher.

Na bitte, dachte Johanna still lächelnd. Dann weißt du ja, was ich mit Richard gemacht hätte.

Die Sommerferien kamen. Und damit die drei vereinbarten Wochen, die Paula bei ihrem Vater verbringen sollte. Er hatte wie immer eine tolle Überraschungsferienreise gebucht. Diesmal mit neuer Freundin Natascha. Johanna wollte sich nicht unbedingt vorstellen, wie er sie kennengelernt hatte.

»Socke will ich aber unbedingt mitnehmen«, beharrte Paula.

Nun musste Johanna erneut zu den Waffen greifen. Es war wichtig, einen Trumpf in der Hand zu behalten. Einen kleinen schwarzen wuscheligen, weichen Socken-Trumpf.

»Aber ihr macht Golf-Urlaub in einem All Inclusive Club in Ägypten! Da kann das Hündchen doch nicht mit!«

Paulas Miene verdüsterte sich.

»Ich will überhaupt keinen Golf-Urlaub in Ägypten! Ich will mit Socke in Papas Garten bleiben!«

Das hättest du wohl gern, Kind. Und Richard wäre das vermutlich auch höchst recht. Dann müsste er nicht mal mehr selbst einen Hund kaufen. Wie er überhaupt noch nie einen Cent Unterhalt für Paula bezahlt hatte. Nicht mal ihre Zahnspange. Er hatte dem Zahnarzt stattdessen die acht Jahre alte notarielle Vereinbarung geschickt.

Johanna rieb sich bedauernd das Kinn. »Tja, Papa hat aber Ägypten und den Golf-Urlaub und den Kamelritt und die Nilfahrt zu den Pyramiden schon gebucht.«

»Dann *will* ich nicht zu Papa.«

Hurra! Eins zu null für mich, Richard!

Johanna strich Paula besänftigend über die Haare. »Ach, Kind! Der arme Papa will dich doch auch mal bei sich haben. Der ist doch sonst ganz traurig!« Hmpf! Hmpf! Hmpf!

»Außerdem fährt so 'ne blöde Tussi mit, die mich unbedingt kennenlernen will!« Paula verschränkte die Arme wütend vor der knospenden Brust. »Die will mir das Golfspielen beibringen, aber ich *will* überhaupt nicht Golfspielen!«

»Aber das ist sicher gut für dich, für später, dann kommst du in die entsprechenden Kreise.« Johanna lächelte mild und weise.

»Ich *will* in keine entsprechenden Kreise! Ich will auch auf keinem Kamel reiten! Und die Pyramiden gehen mir am Arsch vorbei!«

Hmpf! Hmpf! Hmpf! Aber so was von zwei zu null für mich, Richard!

»Aber du sollst doch Papas Freundin kennenlernen!«, säuselte Johanna in den süßlichsten Obertönen. »Die ist bestimmt total nett!«

»Blöde neureiche Oberzicke! Ich will bei dir bleiben! Und bei Socke!«

Tja, meine Süße, dachte Johanna, das trotzige Kind tröstend, das inzwischen weinend auf ihren Knien lag. Bei aller Liebe – aber was du kannst, kann ich schon lange. Reite du mal mit Natascha auf dem Kamel.

Socke bleibt hier.

Paula war heulend abgeflogen. Johanna krampfte sich das Herz zusammen, wenn sie an das tränenüberströmte Gesicht ihrer Tochter dachte. Verschmierte Wimperntusche, rote Flecken, Rotz und Wasser. Diese Schluchzer durch die Zahnspange: »Mama, wie viel Tage, bis ich wieder bei dir und Socke bin?«

»Nur einundzwanzig. Das schaffst du.«

Johanna saß im Auto nach Meran, wo sie in ein paar Tagen den nächsten beruflichen Termin haben würde.

Vorher wollte sie ausspannen und zu sich finden. Jedesmal, wenn Paula zu ihrem Vater flog, blieben Angst und Leere in Johannas Herzen und die panische Angst, Paula könnte eines Tages nicht wiederkommen.

Als Paula noch klein war, hatte ihr Vater kein Interesse an ihr. Er hatte keinen Zugang zu ihrer kindlichen Welt, zu ihren Bedürfnissen, ihrem Horizont, ihrer Fantasie. Aber jetzt, wo Paula langsam eine junge Frau wurde, konnte Richard mit ihr angeben. Sie »in seinen Kreisen« vorzeigen. Johanna wollte sich lieber nicht vorstellen, wie die so aussahen, die Kreise. In seiner letzten E-Mail vor Paulas Abreise hatte er Johanna aufgefordert, dem Kind »ein paar vorzeigbare Klamotten und Schuhe für die Abende im Club« mitzugeben.

Johanna war sicher, dass er viel mehr an seine eigenen Interessen dachte als an Paulas. Deshalb hatte sie zu der List mit dem kleinen Hund gegriffen. Der Zweck heiligte die Mittel.

Sie äugte auf den Beifahrersitz hinüber, wo das arme Zweckmittel nichtsahnend zusammengerollt schlief. Es sah aus wie ein schwarzer kleiner Waschbär.

Im Hotel Mignon fand sie ein hübsches Zimmer, wo es ihr gestattet wurde, das Hündchen mitzunehmen. Dann stand sie lustlos auf dem Balkon, schaute auf die Berge und dachte an Paula. So knapp war sie diesmal der endgültigen Trennung entkommen! So knapp! Ihr Herz war schwer und einsam, sie fürchtete sich vor den drei Wochen ohne ihr Kind.

Johanna atmete tief durch, um nicht selber loszuheulen. Jetzt bot sich erst einmal ein langer Spaziergang an, mit Socke, dem bewegungssüchtigen verrückten Tierchen, das ihr schon wieder unternehmungslustig in die Schuhe biss.

Sie wählte einen schmalen Weg mit Ausblick über die Dächer von Meran, der laut Wandervogelschild in Richtung Dorf Tirol führte, wo sie seliges Vergessen und keinen einzigen hasserfüllten Gedanken an ihren Ex-Mann Richard zu finden hoffte.

Der milde Sommerwind wehte schon mal einen Teil ihrer trüben Gedanken davon und bauschte das flauschige Federfell des Tierchens in alle Richtungen. Socke versuchte mit seinem Mäulchen den Wind zu schnappen und biss sich aus Versehen ins eigene Schlappohr. Der Kleine tänzelte so lebensfroh und übermütig auf seinen Hinterbeinchen, dass er tatsächlich aussah wie eine putzige Miniaturausgabe des schwarzen Schwans in »Schwanensee«. Das Ballett hatte sie mit Paula erst vor Kurzem in München gesehen.

Wie immer blieben sofort die Spaziergänger stehen und stießen angesichts des possierlichen Tiers Entzückensschreie aus. Sogar die Verbiestertsten begannen bei seinem Anblick zu lächeln.

Würde dieses kleine unschuldige Bündel Lebensfreude auch Johanna selbst die Sorgenfalten aus dem Gesicht bügeln können? Sie rannte ein bisschen und versuchte dabei, das tobende Knäuel, das sich ständig in der Leine verhedderte, nicht aus Versehen zu treten.

Die Amseln zwitscherten sich die Kehle aus dem Leib. Fast glaubte Johanna, einzelne Wortfetzen oder Satzteile herauszuhören. Eine Freche schrie immer: »Zipfi rein,

Zipfi raus«, eine andere auf dem Baum gegenüber tschilpte unverdrossen: »Das lass ich mir nicht biieeeten, das lass ich mir nicht biieeeeten!«

Das Hündchen hatte sich nun endgültig in seiner Leine verstrickt, obwohl sich Johanna immer wieder bückte und ein zartes Hinter- oder Vorderbeinchen, das sich so weich anfühlte wie ein Hähnchenschenkel, aus der Verstrickung löste. Socke biss ihr dabei spielerisch ins Handgelenk, doch die winzige kleinen weißen Milchzähnchen kratzten nur ein wenig. Er wollte frei sein!

Ach was, dachte Johanna. Hier kann er doch auch frei laufen. Er hat den ganzen Tag im Auto gesessen und braucht Bewegung. Autos kamen keine, Fahrräder auch nicht, und die großen bösen knurrenden Köter mit den tropfenden Lefzen, die alle mal am ausgelassen herumspringenden Frischfleisch riechen wollten, waren an der Leine.

Johanna knipste das ungeduldige, vor Bewegungsdrang zitternde Tierchen von der Leine ab, und Socke peste mit fliegenden Ohren davon, als wollte er noch den Flieger nach Düsseldorf kriegen.

Johanna eilte wie eine besorgte Mutter hinterher. Hinter einer scharfen Kurve des Panoramaweges wurde ihr allerdings klar, dass der schmale Weg dort an einer steilen Schlucht vorbeiführte. Zwar schützte ein Zaun vor dem Abgrund, aber Socke passte locker darunter hindurch.

»Socke!«, rief Johanna besorgt. »Fuß!«

Doch das hatte Socke noch nicht gelernt. Er sprang jeden Baum an, nagte an den Zaunpfosten, pinkelte auf den schmalen Weg und versuchte einen Regenwurm zu fressen. Johanna bekam das kleine Tier zu fassen, pulte ihm den sich noch windenden Wurm aus dem Mäulchen und sagte mahnend: »Pfui.«

Besser, sie leinte das Hündchen wieder an. Doch der Kleine war kaum zu halten. Johanna fummelte noch mit dem winzigen Karabinerhaken am wuscheligen Hals von Socke herum, als sie keuchende Schritte hinter sich vernahm. In Hockhaltung drehte sie sich nach hinten um. Es war ein Jogger, der gerade im Begriff war, über sie eine Art Bocksprung zu machen. Ein fremder, durchtrainierter, verdammt gut aussehender Jogger, der federnden Schrittes über sie hinwegsprang, als wäre sie bloß ein großer Stein auf dem schmalen Weg.

Reflexartig zog Johanna den Kopf ein, und diese Schrecksekunde nutzte Socke, um wie ein Pfeil abzugehen und sich an die federnden Fersen des Joggers zu heften. Dabei kläffte er nicht, sondern hüpfte lautlos wie ein überdimensionaler schwarzer Floh oder ein verrückt gewordenes Mini-Känguruh.

»He! Halt«, schrie Johanna. »Wir hatten doch gerade besprochen, dass es hier gefährlich ist!« Japsend rannte sie hinter Socke her, der wiederum auf den Hinterbeinen um die muskulösen Waden des Joggers herumhampelte.

»Socke«, keuchte Johanna. »So was tut man nicht! Lass das!«

Der Jogger lächelte amüsiert und trabte weiter.

Da näherte sich keuchend und an der Leine seines Frauchens zerrend ein mittelgroßes Kamel in Hundeform.

Erfreut senkte es den Hals, um an dem winzigen, umherspringenden Hündchen zu schnüffeln, ein Spuckefaden seilte sich meterlang ab, und dann nahm Johanna wie in Zeitlupe wahr, was in Wirklichkeit viel schneller geschah: Das Kamel machte ein paar eifrig tapsende Schritte nach vorn, um Socke entweder zu küssen oder zu fressen, Socke ging vor Schreck wie ein Knallfrosch in die Luft und machte einen Satz nach hinten an den Rand des Abgrunds, rutschte unter dem Zaun hindurch, glitt trotz seiner verzweifelt haltsuchenden Klettpfötchen, die wie einem Hamsterrad rotierten, rückwärts über die Kante und verschwand mit einem nicht zu beschreibenden panischen Welpenquietschen in der Tiefe. Ein paar Tannenzapfen und Steine folgten ihm.

Das Kamel begann sonor zu bellen, sein Frauchen schrie gegen den Lärm an: »Gottfried sitz!«, die Amsel schrie »Zipfi rein, Zipfi raus«, und Johanna schrie: »Scheiße! Hilfe!«

Der Jogger verlangsamte seinen Schritt, blieb stehen und schaute sich suchend um. Dann raufte er sich die Haare und kam in beachtlichem Tempo zurückgespurtet.

»Da!«, stieß Johanna zitternd hervor und zeigte in die Tiefe, wo das jämmerliche Quietschen inzwischen sämtliche Amseln von ganz Südtirol übertönte.

»Bitte tun Sie doch was«, flehte Johanna. Es war doch Paulas kleiner Hund! Er war ihr einziger Trumpf! »Helfen Sie mir!«

Ohne weitere Fragen zu stellen (Richard hätte in dieser Situation nicht nur über Sinn und Zweck des Ganzen zu diskutierten begonnen, sondern vermutlich ihre Krankenversicherungskarte verlangt), übersprang der Jogger in einem eleganten Grätschsprung den immerhin hüfthohen Zaun, rannte scheinbar senkrecht in die Tiefe und war verschwunden. Unter seinen trippelnden Füßen hörte Johanna Zweige brechen, Laub knirschen, Steine und Geröll zu Boden poltern.

O Gott, dachte Johanna. Jetzt habe ich den Mann auch noch auf dem Gewissen. Das ist nicht mein Tag. Das ist gar nicht mein Tag.

Die Kamelfrau samt ihrem blöde glotzenden und am Zaun schnüffelnden Kamel stand mit zahlreichen anderen Spaziergängern um sie herum und starrte so gespannt wie Johanna in die Schlucht, wo das jämmerliche Quietschen kein Ende nehmen wollte.

»Das ist unverantwortlich!«, sagte die Kamelfrau und schüttelte den Kopf. Das Kamel tat so, als hätte es mit der ganzen Sache nichts zu tun und schüttelte ebenfalls den Kopf, so sehr, dass die meterlangen Spuckefetzen auf drei Quadratmeter Zaun kleben blieben.

Ein älterer Herr mit Hirschhornknopfjoppe legte beruhigend den Arm um Johanna, weil sie inzwischen vor aufgeregtem Zittern nicht mehr ruhig stehen konnte. »Warten Sie mal ab, junge Frau. Man hört ihn ja noch winseln.« Na toll, dachte Johanna. Wen meint er, den Hund oder den Jogger?

Ein älterer Wandervogel im rotweiß karierten Hemd, mit wadenlagen Cordhosen in Schlammgrün und gleichfarbigem Naturfreunde-Rucksack, der gerade vom europäischen Fernwanderweg Nummer 5 zurückkam, bot Johanna übereifrig sein Handy an: »Wollen Sie Ihren Freund anrufen, ob er sich was getan hat?«

»Nein, danke«, murmelte Johanna. Bei sich dachte sie: Was soll das? Erstens ist das nicht mein Freund, zweitens hat der vermutlich kein Handy mit, und wenn, dann wüsste ich seine Nummer nicht, und überhaupt ist hier gar kein Empfang.

Am liebsten hätte sie sich ebenfalls in die Schlucht gestürzt, um das arme Tier – und ihr Leben mit Paula – zu retten. Aber sie zitterte viel zu sehr, obwohl der alte Mann in der Lodenjoppe sie so fest an sich presste, dass sich die Hirschhornknöpfe in ihre Schläfe bohrten.

Das Kamel bellte heiser, als wollte es melden, da unten tue sich etwas.

»Ruhig mal!« Der Lodenjoppen-Rentner hob lauschend den Zeigefinger.

Tatsächlich – das ohrenbetäubende schrille Quietschen war in ein schluchzendes Winseln übergegangen. Johanna vernahm feste Tritte und ein heftiges Keuchen aus männlicher Sportlerbrust. Äste knackten, Steine lösten sich, das Hündchen fiepte leise. Sie lauschten alle gebannt. Selbst die Amseln hatten aufgehört, sich anzuschreien.

Der angenagte Wurm, den sie Socke noch vor ein paar Minuten aus dem Schlund gepult hatte, wand sich nun über den Spazierweg, als wollte er auch mal gucken kommen. »Hab ich was verpasst?«, schien er in seinen angestrengten Bewegungen zu fragen.

Alle starrten in die Schlucht. Das Kamel versuchte den Wurm zu verschlingen, aber das Frauchen verstand jetzt keinen Spaß mehr: »Gottfried, sitz!« Sie riss so genervt an der Leine, dass das arme Tier fast erstickte. Der angeschlagene Wurm krabbelte ungehindert weiter, bis er in einem Gottfriedschen Spuckefaden ertrank.

Der Jogger tauchte schließlich ziemlich lädiert hinter einem Felsvorsprung auf. Er blutete recht stark am Knie und hatte auch ein paar Striemen im Gesicht. Seine Arme waren mit blauen und grünen Flecken übersät, er sah aus, als käme er gerade aus dem Bürgerkrieg gegen die Italiener. Unter dem Arm hatte er das zitternde Bündel Socke, das mit bänglich blinkenden Kopfaugen unter seinen Stirnfransen hervorlugte.

»O Gott, es lebt!«, rief die Kamelbesitzerin. »Gottfried, da hast du noch mal Glück gehabt!«

»Eieiei«, bemerkte der Wandervogel mit einem bedenklichen Zischen, als er die Verletzungen von Johannas Retter sah. »Der muss dringend ins Krankenhaus. Das muss genäht werden. Wenn der nicht mal ein paar komplizierte Knochenbrüche hat.«

Johanna wurde ganz anders. Scheiße! Dass so was aber auch immer ihr passierte! Das war die Strafe für die Socke-Aktion gegen Richard! Ihr sackten die Beine weg.

Der Jogger hatte sich inzwischen vollends zu den gaffenden Beobachtern des Geschehens hochgequält und reichte Johanna mit schmerzverzerrtem Gesicht das Hündchen über den Zaun. Socke schien unversehrt zu sein, er ruderte mit den Beinchen in der Luft, als wollte er durch den Ärmelkanal schwimmen.

»Danke, o danke!«, stammelte Johanna ein übers andere Mal, als sie zitternd die Arme nach ihrem Hundekind ausstreckte und den kleinen Socke an sich presste. Das Tierchen war von trockenem Blätterwerk, kleinen Ästen, Staub und Morast regelrecht paniert. Vorsichtig tastete Johanna den weichen Winzling ab. Socke quietschte ein paar Mal hysterisch auf, kuschelte sich dann aber schutzsuchend in Johannas Armbeuge.

»Der Kleine hat aber einen Schutzengel gehabt«, sagte die Kamelfrau. »Ist heil geblieben.«

Das Kamel sprang an Johanna hoch.

»Gottfried! *Nein!!* Sitz!«

Der Schutzengel, Sankt Jogger, konnte nun nicht mehr ganz so elegant wie vorher über den Zaun grätschen, sondern stieg mit blutenden Händen und zerkratzten Armen ziemlich mühsam herüber.

»O Gott«, stammelte Johanna immer noch wie unter Schock. »O danke, lieber Gott, danke, ich danke Ihnen so sehr!«

»Florian reicht schon«, grinste der Jogger.

Johanna atmete erleichtert auf. Erst jetzt registrierte sie, dass es sich bei Florian um ein äußerst gut aussehendes Exemplar Mann handelte; er hatte große Ähnlichkeit mit Matthew McConaughey, dem hinreißenden Typ aus »Marley und ich«. Diesen wundervollen Hundefilm hatte Johanna mit Paula bestimmt ein halbes Dutzend Mal gesehen.

Der deutsche Wandervogel störte den romantischen Moment, indem er Johanna schon wieder sein Handy unter die Nase hielt: »Rettungshubschrauber?«

»Nein, passt schon«, sagte Florian McConaughey.

Sein hübsches, markantes Gesicht war bunt wie eine Landkarte: grüne und braune Flecken, braune Striemen und Schmutz und eine aufgeplatzte Augenbraue. Mein

Gott, dachte Johanna, was hat dieser schöne Mann alles für mich getan!

In einem heftigen Anfall von Dankbarkeit sank sie ihm zu Füßen und hätte ihm statt eines schnöden Papiertaschentuchs am liebsten ihr Schweißtuch gereicht.

Der Wandervogel kramte eifrig in seinem Rucksack nach einer Mullbinde und nach Desinfektionsmittel. Er schien begeistert zu sein, dass er den ganzen Kram jetzt doch nicht umsonst auf den europäischen Fernwanderweg mitgeschleppt hatte. Auch die Frau mit dem Kamel überhäufte sie mit guten Ratschlägen, und so verarzteten sie gemeinsam den armen, schönen Florian, der am Wegesrand saß und heldenhaft tapfer die Schmerzen erduldete, die durch das Tupfen und Wischen nicht unbedingt besser wurden.

»Passt schon, wirklich!«, versicherte er immer wieder, während die noch immer anwachsende Zuschauerschar aufgeregt Prognosen wie »Blutvergiftung, Amputation, Tetanus, ein Leben lang im Rollstuhl« von sich gab.

Johanna wurde so übel, dass sie kurz davor war, sich am Wegesrand zu übergeben. Endlich zerstreute sich die gaffende Menge, und nach einer gefühlten Stunde waren Florian, der Socken-Retter, und Johanna auf dem schmalen Weg allein.

Ihr winziges schwarzbehaartes Hundekind unter dem Arm, half sie Florian auf, und er humpelte und hüpfte, den Arm um ihre Schulter gelegt, mit ihr den Weg zurück.

»O Gott«, stammelte Johanna immer wieder. »O Gott, was kann ich denn nur tun?«

»Du kannst mal aufhören, mich Gott zu nennen«, bat

Florian grinsend. »Es sieht wirklich schlimmer aus als es ist.«

»Aber einen Arzt rufen wir! Darauf bestehe ich!«, sagte Johanna.

»Ich *bin* Arzt«, sagte Florian. »Mach dir keine Sorgen.«

Dann sah er sie von der Seite an: »Wär aber nett, wenn du mich noch in mein Hotel begleitest. Nur so. Zur Sicherheit.«

»Ähm … klar. Natürlich.« Das war eine gute Idee.

»Und dann trinken wir ein Glas auf den Schreck.«

Johanna schluckte trocken. Ja. Seine Ideen wurden immer besser. Florian gefiel ihr. Viel besser, als ihr Richard je gefallen hatte. Der Retter verlorener Socken. Mit Doktortitel. Und verdammt gut aussehend war er auch noch. Kein Weichei. Hatte offensichtlich eine Menge Humor und … sie schielte heimlich auf die Hand, die ihre Schulter umfasst hielt: keinen Ring.

Socke war ein richtiger kleiner Glücksbringer!

»Welches ist denn dein Hotel?«

»Das Mignon«, sagte Florian und zeigte in den Abgrund.

Unter ihnen lag die Stadt.

Unter ihnen lag das Mignon.

Es war Nachmittag, und es war heiß.

Wir wohnten in den Bergen

Wir wohnten in den Bergen, und Brisbane war die aufregende Großstadt. Wir fuhren nicht oft hin – Benzin war teuer, und unser Budget reichte nicht für Spazierfahrten –, aber irgendwann während der langen Sommerferien nahm Mama meine Schwestern und mich mit zu Nana. »Besuch in der Stadt« nannten wir das, und wir trugen immer unsere besten Sachen.

Unser Wagen war ein senffarbener Triumph, der uns ein paar Jahre zuvor aus Südaustralien hergebracht hatte, und wir fuhren mit heruntergekurbelten Fenstern, durch die mit den Insekten die Geräusche hereinflogen, während der Regenwald (Wippflöter, über Steine plätscherndes Wasser) in die Hitze des Buschs (Zikaden, der Klang von sich ausdehnendem Sonnenlicht) überging. Und dann schließlich der Qualm der Bremsbeläge, wenn wir die klapprige Brücke in der untersten Schlucht überquerten, die bei Regen überflutet war und unseren Berg in eine Insel verwandelte.

Ein kurzer Halt, damit ich mich übergeben konnte, und wir waren wieder unterwegs, den Pacific Highway entlang. Die Beine klebten am Kunststoffsitz fest, und wir zankten uns, wessen Rock sich über wessen Polsterlinie verirrt hatte, bis Mama, die das vorne im Auto halb wahnsinnig machte, den Wettbewerb ausrief: Welche von uns sah die Hochhäuser als Erste? Und wir verstummten bis zur Gegend um die Gaza Road, wo die ersten hohen Gebäude auftauchten.

Wenn wir endlich in Stafford ankamen, stand Nana bereits vorne unter dem ypsilonförmigen Tempelbaum und wartete darauf, den Metallstab hochzuziehen und das Tor zu öffnen. Wir parkten immer auf dem Rasen vor dem Haus. Damals waren die Gärten der Leute noch nicht voller Beete, nicht in Brisbane, und eine Garage gab es nicht, da Nana nicht Auto fuhr. Das verwunderte und beeindruckte uns irgendwie, als könnte sie nicht schwimmen oder keinen Videorekorder bedienen; es war eine Entscheidung, die sofort verriet, dass sie aus einer anderen Zeit stammte.

Nana war sanft und hübsch, sie hatte papierdünne, blasse Haut und die blauen Augen eines jungen Mädchens. In der Sonne benutzte sie einen Schirm, lange bevor es Mode war, weil sie sich in ihrer Jugend einmal schwere Verbrennungen zugezogen hatte. (Sie war zwanzig Jahre alt gewesen, der Krieg, der sich hinter den Kulissen bereits zusammenbraute, war noch nicht auf die Bühne gestürmt, und als sie von Freunden zu einer Bootsfahrt auf dem Brisbane River eingeladen wurde, war sie entzückt. Die Verbrennungen brauchten Jahre, um abzuheilen, und Nana unterschätzte die Sonne von Queensland nie wieder.)

Ihr Haus befand sich in einer Siedlung mit Sozialbauten, ein gutes, ehrliches Heim, wie sie stolz zu sagen pflegte, im

Schwung des Nachkriegsoptimismus gemeinsam mit Hunderten anderer gebaut, die Happy Valley in saubere, ordentliche Karrees mit sauberen, ordentlichen Behausungen für saubere, ordentliche Familien aufteilten. Und so hatte sich der Connelly-Klan 1955 von der Faserzementhütte in der schlammigen Ebene von Cribb Island, wo er bis dahin zu Hause gewesen war, verabschiedet und an den Hängen von Stafford das erträumte Leben in der Vorstadt aufgenommen.

Das Gelände stieg von der Straße aus an, daher ragte die Front des Hauses vor, während der hintere Teil in den Hügel hineingebaut war, sodass das Gebäude selbst lange, kräftige Beine wie ein Küstenfischer hatte. Wir waren viele Male ermahnt worden, auf dem vorderen Balkon vorsichtig zu sein, und hatten strikte Anweisung, das Spiel meiner Mutter nicht nachzuahmen, die als Kind ihre kleine Schwester in einem an ein Seil geknoteten Korb über die Kante hinabgelassen hatte.

Während Nana und Mama eine Kanne Tee zusammen tranken, liefen meine Schwestern und ich schnurstracks durch die Fliegengittertür nach hinten in den Garten. Am oberen Zaun stand ein großer Mangobaum mit glänzenden Blättern und einer Überfülle an Früchten, und wir kletterten so hoch wir konnten und rafften dabei Mangos zusammen. Von unserer Laube zwischen den Ästen aus knallten wir sie gegen den Kompostofen, eine nach der anderen, und versuchten damit genau in den Schacht zu treffen. Wir aßen sie auch, direkt vom Baum, faseriges, sonnenwarmes Fleisch und Saft, der uns über die Arme hinabrann. (Einmal aß ich zu viele und übergab mich den ganzen Nachmittag in Nanas rosafarbene Porzellanbadewanne.)

Damals war die Zeit anders. Der Tag wurde langsamer, wenn die Hitze sich verdichtete, und irgendwann stiegen wir vom Baum hinab, um in der Waschküche hinter dem Haus herumzustöbern und so zu tun, als wäre sie unsere eigene Hütte mitten in einem verwunschenen Wald. Oder eine Zeitmaschine, die uns an Millionen verschiedener Orte bringen konnte. Die alte Hoover-Waschmaschine und die dazugehörige Mangel dienten als Steuergeräte, und der Kessel und der Kiefernholzstock, die Nana brauchte, wenn sie Betttücher wusch, wurden zu Waffen, um unsere Widersacher abzuwehren.

Manchmal waren unsere Feinde ganz besonders gerissen, und wir benötigten noch zusätzlich die Kraft der Wäschespinne. Wir kurbelten sie so hoch es nur ging, dann rannten wir vom obersten Punkt des Gartens los und warfen uns hoch in die Luft. Ich flog im Kreis herum, die stickige Brise im Gesicht, ein Lachen tief aus der Magengrube hervorbrodelnd. Und im wirbelnden Gelb-Grün des Gartens bildete ich mir manchmal ein, flüchtig drei geisterhafte Mädchen zu sehen, Mama und ihre Schwestern, die oben auf der Zaunkante Seiltanzen spielten.

Wir machten immer genug Lärm, um Nanas Nachbarinnen in ihre Gärten zu locken. Die Besetzung änderte sich nie – damals wechselten die Menschen noch nicht so oft den Wohnort, sie richteten sich lieber fürs Leben ein, als den Arbeitsplätzen hinterherzuziehen. Nana wusste, wann ihr Auftritt fällig war. Dann tauchte sie aus der Küche auf und schlurfte zum gemeinsamen Zaun. Wir wurden zur Begutachtung herbeigerufen und mussten uns auf die alten Betonstufen stellen, die seit der Abschaffung des Außenklos an den Drahtzaun geschoben waren. Kommentare wurden abgegeben, wie viel wir gewachsen seien, und Nana strahlte. Die Nachbarn wussten alles über uns – Auszeichnungen für Biologieprojekte, Ergebnisse der Ballettprüfung, Sternchen im Klassenbuch –, aber wir wussten nicht einmal ihre Namen.

Nachdem die Leistungen diverser Enkelkinder verglichen und alle für begabt erklärt worden waren (auch wenn jede der Frauen insgeheim von der Überlegenheit ihrer eigenen Brut überzeugt war), wurden wir noch einmal losgeschickt mit der Anweisung, uns ein kühles Plätzchen zum Spielen zu suchen, bis das Mittagessen fertig sei. Da die Sonne bereits hoch am Himmel stand, zogen wir uns in die Kühle und Dunkelheit hinter dem riesigen Hortensienstrauch am Fuß der Vordertreppe zurück. Von dort aus konnten wir durch die Holzlatten den abschüssigen Erdboden unter dem Haus sehen. Die Tür zu dieser Schattenwelt war mit einem Vorhängeschloss versperrt, daher mussten wir die schemenhaften Haufen merkwürdiger Gegenstände, die dort in der Mitte lagen, aus der Entfernung betrachten: herrenlose Fahrräder und Koffer, ein altertümlicher Hundewagen und Sachen, die dem Großvater gehört hatten, den wir nie kennengelernt hatten. Seinen Namen allerdings wussten wir – Hughie –, und wir hatten ein Foto von ihm gesehen: Das verwegene Grinsen, die schwarzen irischen Augen und der altmodische Anzug verliehen ihm einen gewissen Glamour, die

Aura eines Filmstars aus lang vergangener Zeit. Es war seltsam, dieses verschmitzte, attraktive Gesicht zu betrachten, das in die Kamera lachte, nicht ahnend, dass er viel zu bald sterben sollte.

Früher hatte er Mama immer vom Abendkurs an der Schule in Kelvin Grove, wo sie sich auf ihren Highschoolabschluss vorbereitete, abgeholt und sie manchmal in Verlegenheit gebracht, wenn er seinen Freunden vom Stafford Bowls Club stolz erklärte, wie fleißig sein Mädchen sei. »Arbeitet den ganzen Tag bei der Stadtverwaltung und lernt abends noch für den Abschluss«, sagte er, woraufhin sie mit hochgezogenen Schultern lächelte und unter der Last der öffentlichen Aufmerksamkeit ganz klein wurde.

Eines Abends beklagte sie sich im Auto darüber, sie sei müde und möge ihre Arbeit nicht. Es sei unfair, sagte sie, dass sie beides tun müsse, während ihre Freundinnen immer noch zur Schule gehen durften. Ohne den Blick von der Straße zu wenden, wusch Hughie ihr den Kopf: »Glaubst du etwa, ich mag meinen Job?«

Er war zwölf gewesen, als einer seiner Brüder ihn von der Schule abholte. »Na los, Kumpel«, hatte er gesagt. »Vater hat sich das Bein verletzt, und Mama sagt, du musst nach Hause kommen; es wird Zeit, dass du dir eine Arbeit suchst.« Hughie fuhr einen Lieferwagen für einen Wurstwarenhersteller, und wenn es auch nicht das war, wovon er geträumt hatte, so war es doch ein Job und die Pflicht eines Mannes.

Er war einer jener Väter, die ihre Töchter zum Fischen mitnahmen und lachten, wenn die Kinder davor zurückschreckten, die Fischeingeweide auf die Angelschnur zu fädeln. Nach der Arbeit trank er gern noch ein Bier im Bowls-Club, und dann sang er auf dem gesamten Heimweg »Galway Bay«. Abends saß er auf dem Sofa, und seine Mädchen hockten sich abwechselnd auf seine Schultern, frisierten ihm die Haare mit Bürsten und Bändern und kicherten, während sie es ihm zu Zöpfchen banden.

Er starb, als Mama fünfzehn war, auf einem Campingausflug in Kingscliff. Das Aneurysma hatte ihn in den Schlaf verfolgt und ihn erwischt, als er gerade nicht aufpasste. Seine Zwillingsschwester überlebte ihn um vierzig Jahre, und bei ihrer Beerdigung weinten wir um sie beide und um die Lebenszeit, die Hughie versäumt hatte, all die krachenden Gewitter von Brisbane, die Küste, die unbefischt blieb, die Enkel, die Schlange gestanden hätten, um ihm Schleifen ins Haar zu binden.

Nana heiratete nicht noch einmal, aber nicht aus Mangel an Gelegenheit. Sie war sehr entschieden: Es sei eine Sache, der Schatz eines jungen Mannes zu sein, sagte sie, aber sie habe keine Lust, die Sklavin eines alten zu werden.

Das Mittagessen gab es immer an dem Tisch, der in der Mitte von Nanas Küche stand. Er hatte sein Leben als Art-déco-Holzmöbel begonnen, war aber eines Tages Ende der Fünfziger verschwunden, um dann, einigermaßen geheimnisvoll, eine Woche später wieder zurückgebracht zu werden, gerüstet für das nächste Jahrzehnt: eine rote Laminatplatte mit Chromkanten und statt der quadratischen Holzbeine cremefarbene Metallzylinder und schwarze Gummifüße.

An diesem Tisch hatte Mama in den frühen Sechzigern gesessen, als ihre große Schwester von einer Freundin nach Hause gerannt kam und eine rätselhafte weiße Knolle präsentierte. »Das ist Knoblauch«, erklärte sie ihrem verblüfften Publikum. »Die Italiener kochen damit. Das ist genau wie Zwiebel, aber man braucht kaum etwas davon.«

Nicht, dass Nana Knoblauch verwendete, wenn sie für uns kochte. Wir bekamen Brathühnchen und Kartoffeln, dazu Erbsen, die sie selbst enthülst hatte, gefolgt von Götterspeise und zwei Sorten Obst. Und zum Trinken gab es immer Limonade. Wenn Nana wusste, dass wir kamen, lief sie die zwei Kilometer zu den Läden auf der Stafford Road und kehrte mit einem Einkaufsnetz voll süßer Getränke zurück, mit denen sie uns verwöhnte.

Nach dem Mittagessen verzog ich mich immer ins Gästezimmer. Dort gab es ein schmales Bücherregal, das sich bog unter dem Gewicht der kostbaren Bände, die Mama und ihre Schwestern als Mädchen gesammelt hatten. Sämtliche Jahrgänge von School Friend und Girls' Crystal aus den 1960er-Jahren, auf jedem Titelblatt der Name einer anderen Schwester. Gern fuhr ich mit dem Finger über den Namen meiner Mama (den aus der Zeit, bevor sie heiratete und meine Mama wurde) und über die mit Kuli gezeichneten Porträtskizzen, in denen sich schon damals ihre sichere Hand zeigte. Derselbe Stil, dieselben gekritzelten Gesichter, die bei uns zu Hause in den Bergen die Rückseite von Briefumschlägen zierten.

Zu seltenen Gelegenheiten wurde uns erlaubt, in Nanas Zimmer zu »ruhen«. Die blaue Chenille-Tagesdecke, auf der die Puppe mit einem leeren Fürst-Pückler-Eisbecher unter dem gehäkelten Rock thronte, war immer makellos glatt, und die graue Laminat-Frisierkommode beherbergte ein buntes Sortiment glitzernder Ketten, Armreifen und Ohrringe, wie Ava Gardner sie in den Schwarz-Weiß-Filmen trug, die wir manchmal nachmittags mit Nana ansahen. Es gab auch eine Puderquaste in einer Schale mit nach Moschus duftendem Puder, die auf einem Spitzendeckchen stand, und Hochzeitsfotos unserer Tanten mit Turmfrisuren und in sehr kurzen Kleidern sowie eines von unserer Mama und unserem Vater. »Damals waren wir noch tot«, sagte meine Schwester feierlich beim Betrachten ihrer lächelnden Gesichter.

Es schien eine ganze Menge passiert zu sein, während wir tot waren. Wir schnappten Bruchstücke von Geschichten auf und schmückten sie selbst mit Einzelheiten aus. In Tagträumen sah ich vor mir, wie Nana von ihrem gestrengen Parlamentariervater auf dem Bürgersteig vor einem Café an der St. Paul's Terrace beim Tanzen mit einem amerikanischen Soldaten erwischt worden war; wie sie als Kind ihren kleinen Cousin Jackie geärgert hatte, indem sie die Rinde ihres Sandwichs unter seinen Stuhl warf und sich von ihm in dem kleinen Hundewagen durch den Garten in Spring Hill ziehen ließ. Ich malte mir Hughies irische Großfamilie aus und seine Kindheit in Windsor, die Spitznamen, die sie einander gaben (seiner war »Wackelgockel«) und wie er und Nana sich kennenlernten und ineinander verliebten, als eine ihrer Schwestern ihn eines Abends mit nach Hause brachte, um ihn der Familie vorzustellen.

Wenn die Dämmerung hereinbrach und der Besuch fast vorbei war, drängten wir uns in Nanas rosafarbene Wanne. Das war ein herrlich ausgiebiges Badevergnügen (ein seltener Genuss für uns Kinder aus den Bergen), da Nana ans städtische Wassernetz angeschlossen war. Die Seife roch nach Hafer, und unsere Nachthemden fühlten sich anders an, einfach weil sie an einem anderen Ort getragen wurden.

Während Mama das Auto belud, knieten meine Schwestern und ich nebeneinander auf der Sesselkante und betrachteten durch die Alujalousien die funkelnden Vororte, die auf die nächtliche Stadt zuwogten. Damals war eine schöne Aussicht noch nicht das Privileg der Reichen, und was dort in der Ferne glitzerte, war in unseren Augen ein Märchenland oder das Reich des Zauberers von Oz.

Ein Kuss auf Nanas Papierwange, dann quetschten wir uns auf den Rücksitz unseres Triumph, um Brisbane und seine aufregenden Ausblicke und Geräusche zu verlassen. Und als wir wegfuhren, sahen wir durchs Rückfenster, wie die zierliche Gestalt, die allein unter dem summenden Verandalicht stand, kleiner und kleiner wurde, bis sie mit einem letzten Winken wieder in ihrem Haus an den Hängen von Stafford verschwand.

Aus dem Englischen von Astrid Finke

VERA SANDBERG

Der Mann in den Bergen

Wir saßen ineinander verkeilt auf dem Sofa. Arme und Beine so miteinander verschlungen, dass wir uns gerade noch in die Augen sehen konnten. Stahlgraue Augen blickten in meine mir seit fünfzig Jahren bekannten grünen.

»Und wohin würdest du denn gern mit mir verreisen?«, hatte er gerade gefragt. Er hatte mir von seinem Plan, allein durch die Pyrenäen zu wandern, erzählt und mein Befremden gesehen – obwohl ich mich bemühte, es in Erstaunen zu mildern.

Meine ehrliche Antwort hätte nur heißen können: Drei Wochen, und das hätte zumindest Verwirrung ausgelöst. Also schwieg ich. Er bot Ort – ich suchte Zeit. Pyrenäen? Toskana? Oder einfach Ostsee? Die Wahrheit ist: Ich hasse ausgedehnte Urlaube. Ich kann weder drei Wochen in der Toskana glücklich sein, noch drei Wochen an der Ostsee. Von den Pyrenäen ganz zu schweigen, ich weiß kaum, wo genau sie sich befinden. Keine Gegend scheint mir drei Wochen wert. Ein Mensch, zumal ein männlicher, schon.

Ich hatte ihn aus der Liebes-Tombola im Internet gefischt. Er sollte nach den üblichen Fehlschlägen mit Unentschiedenen, Ungeschiedenen und aus anderen Gründen Bindungsunwilligen mein absolut letzter Versuch sein. Ich wollte noch nicht einsehen, dass alles in meinem Leben gut wird, nur die Liebe nicht. Ich wollte immer noch und immer wieder mit einem Mann zusammen sein. Erst mal drei Wochen, dann vielleicht drei Jahre. Oder bis in alle Ewigkeit.

Zu seinen grauen Augen kamen als weiteres Argument zwei Längsgrübchen dicht neben den Lachfalten am Mund, die ihn besonders männlich aussehen ließen. Eine gute Stimme, ein schönes Lachen – was wollte ich mehr?

Er war im Angebot gewesen, weil er verlassen war von seiner Frau, die vermutlich dringend die richtige Brille gebraucht hätte. Die Gründe für sein Verlassensein waren für mich völlig unbegreiflich. Aber nur so kommen eben gute Männer wieder auf den Markt. Dennoch, die Schmach saß tief, egal, wie viel er lachte und ulkte. Darum brauchte er Erholung, Einsicht. Und Aussicht. Und manche Menschen steigen dazu auf Berge. So einer war das. Einerseits einsamer Wolf, andererseits Kuschel-Collie. In beiden Rollen überzeugend. Und nun erwog er, seine Bergeinsamkeit mit mir zu teilen. Oder sogar von ihr abzusehen und mit mir ans Meer zu gehen. Ich war glücklich.

Aber weil auch ich in zwei Teile zerfalle, einerseits anschmiegsames Weibchen, andererseits lebenskluge Frau, erschien es mir doch gefährlich, sein Angebot anzunehmen. Ein frisch verlassener Mensch muss seinen Zielen folgen, wenn er sie endlich entdeckt hat. Und sich nicht so schnell ablenken lassen.

Aber das sagte ich wiederum auch nicht. Denn meine herz-weichen Ziele sind mir schon näher, das Klugsein findet durchaus anderswo Platz.

Ich hatte luxuriöse drei Ferienwochen im Kopf, für die er seine Arztpraxis schließen wollte. Die Ferien, die ich nicht brauchte, denn Freiberufler arbeiten immer und nie. Das hatte meine Mutter mir vorgelebt, sie war Schriftstellerin, und sie zelebrierte ihre Arbeit als Erholung vom Familienalltag. Wobei wir Kinder uns immer etwas fehl am Platze vorkamen und versuchten, sie möglichst wenig zu stören. Möglicherweise der Grund, weshalb ich immer noch auf Liebessuche war. Aber man soll ja nicht für alles die Eltern verantwortlich machen. Und die Kindheit ist nun wahrlich lange vorbei.

Arbeit war bei uns zu Hause jedenfalls nie das, was andere Menschen unter Arbeit verstanden, nämlich das, was sie an dem hindert, was sie viel lieber machen würden. Toskana. Oder Pyrenäen. Mich hat diese Art von organisierter Erholung nie richtig überzeugt.

Die Wahrheit ist doch: Nach den üblichen drei Wochen kehren die Urlauber meist recht erleichtert an ihre Arbeit zurück, weil es ganz ohne feste Struktur eben auch bald fad würde. Immerzu Eis schlecken und Ausblicke preisen, familiäre Spannungen aushalten und dabei immerzu fröhlich sein, das ist auf die Dauer mindestens so anstrengend wie richtige Arbeit. Über die kann man wenigstens klagen und meckern. Was auch eine gewisse Befriedigung bieten kann. Und viele Gleichgesinnte sichert.

Kurz: Ich bin auch in diesem Sommer eher nicht erholungs-, dafür aber sehr zuwendungsbedürftig. Was man einem frisch verliebten Mann nur bedingt zeigen darf – so jedenfalls die kleine Liebes-Schule für Anfänger und Fortgeschrittene. Mein Problem ist nicht der Urlaubsflug, mein Problem ist die Punktlandung in der Liebe, wie ich sie leider noch nie so richtig erfolgreich hingekriegt habe.

Ich als immer oder nie arbeitende Freiberuflerin hatte schon lange aufgehört, Urlaub zu machen, genau gesagt, seit die Kinder aus dem Haus waren. Die hatten natürlich einen Anspruch auf Ferienreisen gehabt. Und ich hatte mich dieser Pflicht nicht entzogen. Hiddensee, Menorca, Thüringen, Österreich – das mussten sie doch gesehen haben.

Seit Jahren muss ich also nur noch eine jeweils charmante Antwort finden, wenn mich Bekannte, die sich in stressigen Angestellten-Verhältnissen befinden, im Fitness-Studio oder an der Käsetheke arglos fragen: »Na, hast du schon Urlaub gemacht?« Oder auch: »Und wohin fährst du denn dieses Jahr in den Urlaub?«

Ich hätte ja sagen können: »Ach, ich war gerade beruflich in der Südsee.« Oder: »Ich muss für den Job nächste Woche nach Sardinien.« Was sogar stimmte, aber das hätte die Kluft zwischen meinen abwegigen Reisegewohnheiten und dem Leben der anderen noch sichtbarer gemacht. Und ich habe es doch lieber harmonisch. Also murmelte ich immer etwas wie: »Mal sehen, im Herbst vielleicht.« Um mir dann frisch gebuchte Urlaubspläne erzählen zu lassen. La Gomera, Teneriffa, Ibiza, Bali … Interesse musste ich natürlich heucheln – aber Urlaub ist wirklich nicht das einzige Thema, bei dem ich das aus Nettigkeit und aus Angst vor totaler Einsamkeit manchmal muss.

Den Landeanflug auf die mir vorschwebende ebenso leidenschaftliche wie alltägliche Liebe habe ich allerdings nie aus dem Blick verloren. Ein Absturz – vermutlich lebensgefährlich!

Und so kam es, dass ich auf die simple Frage, wohin ich mit meinem neuen Liebsten denn gern verreisen würde, keine sinnvolle Antwort fand. Ich dachte an das Scheitern all der Lieben zuvor. Ich dachte: Vielleicht diesmal! Oder wie Liza Minelli in »Cabaret« so taschentuchreif sang: »Maybe this time!???«

Wir saßen immer noch ineinander verkeilt, mein neuer Freund und ich – und ich sah mich meinem Ziel, diesem Menschen näherzukommen, schon ganz nah. Vielleicht auch um den Preis seiner Pyrenäen-Wanderung. Oder meiner Urlaubs-Phobie. Wir verließen das Thema dann aber ohne Ergebnis, weil wir doch erst mal schnell ins Bett wollten.

Der Sommer stand in voller Pracht. Und erwärmte meine Hoffnung, dass mich jetzt endlich und endgültig die Liebe erwischt hatte, nach der ich so ewig gesucht hatte. Man soll sie ja nicht suchen, das weiß ich, anderseits: Wer sucht, der findet. Und warum sollte ich nicht auch mal Glück haben?

Obwohl – bei Liza Minelli im Film hat's damals auch nicht geklappt. Aber das waren ja auch wirklich ganz andere Zeiten.

Ich hätte glücklich sein können, wenn ich nicht so unglücklich gewesen wäre. Denn so schnell sich unsere Chemie füreinander entschieden hatte, so schnell kamen auch all die Ängste und die Zweifel und die Erwartungen, die nun mal dazugehören, wenn zwei vollreife Menschen sich im Internet treffen.

Schädigungen nennen das die Psychologen. Keiner von uns, die wir schon ein paar Runden auf diesem Planeten gedreht haben, ist ohne Schädigungen. Dafür haben Elternhaus, Gesellschaft und vorausgegangene Liebesirrtümer gründlich gesorgt. Bei ihm regnete es also durchs Dach, bei mir waren dafür die Grundmauern angefressen.

Er war der Flucht-Mann, der in der Nähe sein Eigenleben, seine Freiheit und Einzigartigkeit bedroht sieht, ich die Klammer-Tante, die sich einfach nicht dazu aufraffen kann, zu vertrauen. Und zwar auf meine eigene Einzigartigkeit.

Ich wusste das alles. Aber mein Bauch weigerte sich hartnäckig, diese Erkenntnisse nahrhaft zu verdauen. Sodass mein Herz stur an der selben Stelle wehtat wie schon mit siebzehn, als ich existenzielle Angst bekam, wenn Schulhof-Paul mich in der Mittagspause wieder keines Blickes gewürdigt hatte. Ja, natürlich: Wer, bitte schön, ist Paul? Damals hatte er die Macht, mich auszulöschen.

Und drei Jahrzehnte und zwei Therapien später ist da immer noch die Frage: Kann man leben ohne Mann? Auch das übrigens ein Satz aus einem Lied, wunderschön gesungen von der alten Kitsch-Tante Marianne Rosenberg, die aber mit uns allen reifer geworden ist und nun gar nicht mehr kitscht, sondern ihre und unsere Liebesweisheiten mit Chuzpe verjazzt. »Kann man leben ohne Mann?«, eine Zeile, die die Antwort schon enthält: Nein! Aber man muss offenbar.

Mein neuer Geliebter wurde bald ein rarer Gast. Wenn er da war: Feuerwerk. Wenn er nicht da war: Finsternis. Und ich immer auf der Hut, das ja nicht zuzugeben.

Aber gewisse Infos finden immer einen Weg, und das nicht erst, seit wir das sogenannte Kommunikationszeitalter haben. Im Gegenteil: E-Mails und SMS sagen oft gerade das nicht, worum es wirklich geht. Dann sind die Worte wie Widerhaken. Man sagt: Ich will ja nicht klammern. Und schon klammert man. Also fühlte ich mich schwer beladen mit Fragezeichen, die ich nicht senden durfte.

Ich schrieb – denn E-Mails waren unser Medium geblieben – relativ ehrlich: »Wo ist die Leichtigkeit hin, das unbeschwerte Glück, einander getroffen zu haben?« Ich meinte: Nie hast du genug Zeit, selbst deine alte Tante ist dir wichtiger als deine neue Liebe.

Liebe? Das Fragezeichen entzündete sich und fraß sich ins umliegende Herzmuskelgewebe. Ich sah mich an den Rand gedrängt. Oder genauer: Ich blieb am Rand stehen, wurde nicht ins Zentrum seines Lebens gelassen, obwohl ich ihm genau das auf meiner Seite bot.

Das alte Lied. Frauen wollen zu viel, Männer zu wenig. Auch mein Neuer neigte zum Weglaufen. Und ich hatte meine Bedürftigkeit noch immer nicht im Griff.

Ich heulte darüber bei meinen Freundinnen, wie ich früher schon wegen anderer Männer bei ihnen geheult hatte.

Seine Antwort: Jetzt wisse er, dass er allein wandern werde. Er wolle den Kopf frei bekommen. Er werde die Dinge in sich ordnen.

Ich war niedergeschmettert. Der Ort, der mir drei Wochen Zeit sein sollte, versank im Titanic-Tempo. Und ich spürte zugleich Bewunderung: Was für ein Mann. Vielleicht steht am Ende ein Wir, dachte ich, wenn er sich Klarheit verschafft hat in der dünnen Luft dort oben. Zum Glück hatte ich noch keine Wanderstiefel gekauft, auch keinen Rucksack und keine neue Outdoor-Jacke. Die Pyrenäen, das hatte ich gleich geahnt, waren doch zu weit weg für mich.

Nun musste ich nicht klettern und wandern. Nun musste ich warten. Und das ist viel schwerer. Er würde jede Minute neue Eindrücke haben, ich würde die Tage zählen. Er würde seine Leistungsfähigkeit austesten. Ich würde versuchen zu funktionieren. Drei Wochen lang.

Mitten in diesen finsteren Aussichten für diesen endlos heißen Sommer rief Ruth an. Meine dickste Freundin – in zweierlei Hinsicht. Ostsee, hörte ich. Zwei Wochen, zu dritt, du, ich und Mary. Eine Ostseehütte als Drei-Mädel-Haus. Ich dachte nur: Ablenkung vom Warten, und sagte Ja.

Ostsee, das ist kein lästiger Urlaub, Ostsee ist Nachhausekommen für eine Berlinerin, die vor dem Mauerfall jeden Sommer dort verbracht hat. Ahlbeck, Ahrenshoop – Sehnsuchtsorte der Kindheit, für immer positiv besetzt.

Ostsee also, dazu die lustige, gemütliche Ruth und die interessante, hübsche Mary. Großartig. Die Zeit würde unbemerkt und stetig vergehen, wie Sand durch die Eieruhr rieselt. Und ich konnte per E-Mail an den Bergfreund eigene Reisepläne vermelden – ätsch. Unabhängigkeit vorgaukeln. Du Pyrenäen, ich Ostsee. Scheinbares Patt. Und danach vielleicht Wir in Berlin – aber das schrieb ich natürlich nicht. Zu viel Angst vor den Fragezeichen.

Zwei Tage vor der Ostseetour fragte ich dann aber doch, wohin es denn genau gehen sollte und was für ein Quartier Ruth und Mary gebucht hätten. Als ich den Link öffnete, roch ich es förmlich. Muff und Mief aus Gewerkschaftsheim-Zeiten – das gehörte nicht zu den Sehnsüchten der Kindheit, das war eher der Grund, weshalb wir dann doch irgendwann die Destination gewechselt hatten – zum Beispiel eigene Ferienhäuser in Mecklenburg oder Brandenburg –, und später dann das bröcklige Land ganz verließen oder umkrempelten. Je nach Biografie.

In der Hütte aus grauer Vorzeit waren zwar eine lilafarbene Küchenzeile eingebaut und eine Dusche mit Plastik-Schiebetür. Aber es gab auch ein orangefarbenes Kunstledersofa, einen riesigen Klotz von Fernseher und zwei Ehebetten, die sich den Namen offensichtlich schon verdient hatten.

Ohne die Aussicht auf drei Wochen Warten im heißen Berlin hätte ich jetzt wahrscheinlich einen Rückzieher gemacht. So aber war ich scheinbar abenteuerlustig. Statt Liebe und Sport in den Pyrenäen also Überlebenstraining im preiswerten Segment des Ostsee-Tourismus.

Man kann nicht alles haben, dachte ich. Und enttäuscht war ich ohnehin. Vom Urlaub als solchen. Und von den Männern sowieso. Aber auch von mir, weil ich immer noch nicht gelernt hatte, unter all dem nicht so sehr zu leiden.

Ruth mag es gern östlich-rustikal, außerdem wollte sie ohnehin in ihrem Auto schlafen, sie liebt es, in ihrem Auto zu schlafen, so war sie schon wochenlang durch Norwegen getourt – allein, sie konnte also den Bergfreund gut verstehen, der mit sich selbst genug zu tun hatte.

Und sie wollte sich auch nicht an der Miete für die Hütte beteiligen, weil sie es nicht konnte. Das fand ich okay. Es ist schließlich schon eine ganze Weile so, dass unschuldige Mittelstandsleute ganz schnell an den Rand der Armut rutschen. Und diejenigen, die noch nicht so weit sind, können noch eine Weile für sie mitbezahlen, dachte ich.

So nahm ich mir vor, über den Zustand der preiswerten Hütte nicht ein einziges Wort zu verlieren. Ruth hatte sie ausgesucht. Mary war dankbar, dass jemand die Initiative übernommen hatte. Und ich schloss mich an und spielte hier nicht die Luxus-Dame.

Als wir am ersten Abend aufschlossen, erkannte ich den gefühlten Mief aus dem Netz gleich wieder und schwieg eisern. Aber Ruth stand irritiert auf der Schwelle der Eingangstür und sagte: »So schlimm habe ich es mir nicht vorgestellt.« Das genügte als Genugtuung. Das Ganze hatte auch den Vorteil, dass wir uns unserer verschütteten Improvisationstalente erinnerten – und das machte nicht nur augenblicklich jünger, es beantwortete auch die Frage von Marianne Rosenberg und mir noch einmal aus ganz anderer Sicht: Kann man leben ohne Mann? Na klar! Ziemlich lustig sogar.

Und wir machten uns fröhlich daran, unsere Vorräte

auszupacken, zauberten einen Salat und entkorkten den ersten Wein im Drei-Mädel-Haus an der See. Salat zaubern – das ist leider absolut zutreffend ausgedrückt. Ohne Schüssel, ohne Schneidbrett, von Salatbesteck ganz zu schweigen, war es wirklich ein Kunststück, etwas zuzubereiten, was annähernd unseren Gewohnheiten entsprach. Immerhin hatte ich eine Pfeffermühle und Olivenöl dabei. Ruth hatte ein scharfes Messer. Und Mary richtig guten Appetit.

Wir saßen auf krummbeinigen weißen Plastikstühlen vor der Hütte unter dem geblümten Sonnenschirm, der den Regen leidlich abfing, und waren bester Laune. Ich, weil ich jetzt nicht mehr so sehr an den Mann in den Bergen denken musste – Freundinnen sind eben wirklich was Wunderbares. Mary, weil sie nach vielen geschäftigen Monaten endlich Urlaub hatte, den verdienten, wie sie meinte. Und Ruth wahrscheinlich einfach nur, weil sie da war. Daran freut sie sich allerdings überall, wo sie ist. Ein echter Fall von Leben ohne Mann. Und vielleicht sogar ein lehrreiches Beispiel.

Und wieder einmal erinnerten Ruth und ich uns, wie wir vor fast dreißig Jahren in Mecklenburg am Feuer gesessen hatten. Die Kinder schliefen hinter uns in dem alten Bauernhaus, das mir damals als Ferienhaus gehörte, wir hatten bulgarischen Roten im Glas, seufzten vor purer Lebensfreude und bedauerten es ausgiebig, dass wir nicht lesbisch waren. Sonst wäre unser Glück damals perfekt gewesen.

Schon da fehlten die Männer. Die Kinder hatten sie uns gelassen. Und auch die Gewissheit, alles ohne sie zu schaffen. Bis heute hat sie sich bestätigt, nur die dumme Sehnsucht, die ist geblieben. Wie unlogisch eigentlich. Kann man leben ohne Mann? Ja, natürlich. Man muss!

Drei Frauen auf vierzig Quadratmetern – jeder von uns war klar, das verlangt Kultur, Humor und Disziplin. Ruth schlief nämlich doch nicht im Auto, der zwölf Jahre alte VW-Passat war am Tag vor der Abreise kaputtgegangen. Also packte Ruth ihre riesige Luftmatratze in den mittleren Raum mit dem Sofa und der Küchenzeile.

Dass vor dem Einschlafen wieder keine SMS aus den Pyrenäen kam, registrierte ich kaum noch. Müde war ich und wohlgebettet – ich hatte in Anbetracht der Internetfotos meine eigenen Bettsachen mitgebracht, Zudecke, Unterbett, Kissen in verschiedenen Größen. Ein bisschen Prinzessin auf der Erbse, das musste schon sein, wenn ich die Mühen eines Urlaubs auf mich nahm.

Am Morgen wurde Ruths Riesenmatratze senkrecht in meine Schlafkammer gestellt, damit wir uns wenigstens zu zweit an der Küchenzeile bewegen konnten, was aber zur Folge hatte, dass ich nicht mehr an den Schrank mit meiner Unterwäsche kam. Trotzdem dauerte es mit dem Kaffee eine gute halbe Stunde. Ruth hatte vergessen, Wasser in die eigens mitgebrachte Espressomaschine zu gießen. Gekicher über freiwillig auferlegten Komfort-Verzicht – auch irgendwie erholsam. Sonst würden sich nicht Millionen Camper mit Isomatten und Spirituskocher abgeben. Ihre Lust kann ja eigentlich nur aus Verzicht bestehen – weil sie sonst immer alles haben, soll es im Urlaub mal ganz anders sein.

Beim Frühstück regnete es immer noch, aber wir wussten ja: Am Meer entscheidet sich das Wetter immer erst gegen zwölf. Wir rückten den Couchtisch an die offenen Fenster, entfernten die Kunstblumen und die Plastikdeckchen – und witterten einen Hauch Seegeruch.

Die Ostsee riecht nämlich anders. Kein Mittelmeer, keine Karibik kann sie ersetzen. Alles zu soft, zu warm und zu voll. Hier dagegen: Regennasser Sand, dicke Sturmwolken. Fest entschlossen fuhren wir zum Strand. Und siehe, der Regen beendete sein Tagwerk. Die Temperatur allerdings erholte sich nicht ganz.

Ruth hatte eine sogenannte Strandmuschel dabei, ein halbes Zelt, das man gegen den Wind stellen konnte. Mary hatte eine ganze Sammlung Schals und Tücher eingepackt. Ich hatte immerhin hohe Stiefel und einen dicken norwegischen Krimi.

So verging Zeit. Und das war ja auch das Einzige, was ich hier wirklich wollte. Zeit, geh, bring mir den Tag, an dem er sagt: Ich habe dich so vermisst, ich verlasse dich nie wieder.

Natürlich diskutierten wir unsere Männergeschichten rauf und runter. Alle drei geschieden, alle drei schon lange solo. Ich die Einzige, die die Sache noch nicht ganz aufgegeben hatte. Bekam jede Menge Ratschläge, jeden Tag, wenn ich wollte. Immer schön locker bleiben, auf deine Wirkung vertrauen, nicht zu sehr brauchen, wollen, lieben. Weniger ist mehr. Der Mann will jagen. Er braucht die Illusion, frei zu sein, aber klare Ansagen. Und so weiter und so fort.

Dazu gab es Grillfisch und Bratkartoffeln und Salat und hinterher Sanddorn-Eis. Auch jede Menge Müller-Thurgau und Chianti. Man kann schließlich nicht auf alles verzichten. Ausflüge in Nachbarorte, Bummeln an Promenaden, Wandern am Steilufer. Mary, die sich überlegt, ob sie nicht doch noch mal einen Mann will. Oder doch lieber einen Hund?

Die Zeit verging ordnungsgemäß, und derweil traten Charaktere zutage. Ruth rauchte achtzig Zigaretten am Tag. Mir war ja klar gewesen, dass sie raucht, aber wie viel, das hatte ich nicht gewusst. Nach eigenen Angaben kam sie nur darum ab und zu aus dem Wasser – es war nämlich wärmer als die Luft – weil sie rauchen musste. Sie hatte sogar extra einen zierlichen Klappaschenbecher dabei, mit emailliertem Deckelchen, und seit dem ersten Abend lagerte ein Dutzend Zigarettenstangen im leeren Bücherbord über dem Sofa. Unsere Bücher hatten wir je nach Tageszeit ohnehin auf dem Nachttisch oder in der Badetasche.

Interessant fand ich: Ruth war absolut nicht bereit, einen Zusammenhang zwischen ihrer üblen Gewohnheit und ihrer finanziellen Krise zu erkennen. Mit leicht drohendem Unterton sagte sie: Ich bin süchtig, Punkt. Damit waren alle Argumente stumpf.

Dass wir ihre Sucht mitfinanzierten, indem wir gewisse Kosten übernahmen – geschenkt. Wir waren ja nicht in der Gruppentherapie. Es genügte, dass mein Liebes-Frust immer wieder besprochen werden musste. Der schien zumindest mir nicht ganz so trist wie Nikotinsucht. Ruth allerdings hielt ihre Art der Abhängigkeit für ihre individuelle Lösung.

Mary wiederum nervte in den Restaurants. Erst lernte sie die Speisekarte auswendig, ehe sie etwas bestellte, dann war das Essen kalt oder das Besteck war nicht sauber, dann wieder vergaß sie beim Bezahlen ihren EC-Pin und machte das nervöse Personal noch nervöser. Außerdem rechnete sie nach dem gemeinsamen Bezahlen immer auf die letzte Kommastelle ab und schrieb Ruths Schuldenstand akribisch auf – ich vermied es, darüber näher nachzudenken, es hätte mir die Freundschaft vermiesen können.

Ruth rauchte und schwieg, ihre Ferienkasse war ohnehin leer. Mary rechnete, wedelte den Rauch weg und wollte die Plätze tauschen. Und ich gab den Puffer zwischen den Welten.

Es war mir ein Rätsel, was die beiden zu Freundinnen gemacht hatte: Ruth, Puppenspielerin, leidenschaftliche Mutter, Großmutter und Bauchmensch, Mary, promovierte Kulturwissenschaftlerin und erfolgreiche Geschäftsfrau. Ich konnte mich in beide ein wenig hineinversetzen. Gab jeder ein bisschen Recht. Und es war Frieden an der Oberfläche. So wie bei anderen Urlauben mit anderen Besetzungen auch.

Immerhin, ich wartete nur halb so dringlich auf eine SMS wie allein zu Hause. Als das Thema Paarberatung endgültig ausgereizt war, erzählten wir uns Filme, Bücher, Theaterstücke. Tratschten auch ausgiebig über gemeinsame Bekannte. Die natürlich alle nicht so cool, so liebenswürdig, so reflektiert waren wie wir drei.

Und später kamen dann die wahren Geschichten. Auch die, wie Ruths und Marys Väter sich kennengelernt hatten. Das war in der Resistance in Frankreich im Zweiten Weltkrieg gewesen. Beide Helden des Antifaschismus. Ihre Töchter nun ihr Leben lang Helden-Töchter. Mit den entsprechenden Irritationen und Verletzungen, die wir nur so weit besprachen, wie beide bereit waren, sie selbst zu erkennen und zuzugeben. Das war die Verbindung, die Erklärung für eine lebenslange, ungleiche Freundschaft: das Familienschicksal.

Ich hatte auch eine Heldin beizusteuern: Meine Großmutter väterlicherseits, die als aufmüpfige Halbjüdin in der Festung Breslau gefangen gehalten worden war, weil sie einem Wehrmachts-Deserteur geholfen hatte – und die darüber später ein wunderbares Buch schrieb. Diese Großmutter, die ein Jahr ihres Lebens täglich mit dem Tod durch Erschießen rechnen musste, habe ich leider erst näher kennengelernt, als ich erwachsen und sie schon lange eines natürlichen Todes auf ihrer Couch gestorben war. Meine Eltern hatten sich scheiden lassen, bevor ich laufen konnte, und so gab es nur die seltenen Besuche bei einer verschrobenen alten Dame, die weiße Mäuse als Haustiere hielt und von der ich nicht wusste, wer sie für mich und wer ich für sie war. Oma nannte ich längst die Mutter meines neuen Vaters.

Vor einigen Jahren las ich endlich das Buch meiner leiblichen Großmutter und begriff tiefer, wer ich war. Diese ungewöhnliche, unkonventionelle, mutige Frau war meine Vorfahrin. Mit dem entflohenen Offizier hatte sie offenbar eine Affäre gehabt. Ihr Mann war längst über alle

Berge – unter Mitnahme der Kinder. Die Familie ist sich nicht ganz einig, ob er sich plötzlich ihrer jüdischen Herkunft geschämt hatte oder ob die Ehe auch so den Bach runtergegangen wäre.

Ihr Geliebter wurde vor ihren Augen in ihrer Wohnung erschossen. Nach dem Krieg hatte meine Großmutter dann einen zwanzig Jahre jüngeren Liebhaber.

Schade, dass sie mir nicht mehr erzählen kann, was sie von der Liebe hielt. Raum für Spekulationen. Heimliche Hoffnung, ich hätte genug von ihren Genen geerbt. Kann man leben ohne Mann? Gern hätte ich meiner Heldin diese Frage gestellt.

Derweil wehte der immer frische Ostseewind, pustete uns die Köpfe frei, wurde die unglaubliche Hütte heimeliger, schmeckten die selbst gekochten Spaghetti, und sogar mein berühmtes Zucchini-Carpaccio bekam ich hin, nachdem wir gelernt hatten, der Küchenzeile alles zu entlocken, was drin war. Morgens erzählte Mary uns, noch im Nachthemd, ihre Träume und ließ sie uns enträtseln. Oder eben nicht. Einige bestätigten den Eindruck, dass sie wirklich urlaubsreif war.

Jeder weitere Tag mit den Freundinnen zeigte vor allem eines: Ich bin nicht allein. Auch wenn der Mann unerreichbar war. Der Regen wurde allerdings dauerhaft, die untergründige Spannung zwischen der ordentlichen Mary und der lässigen Ruth ebenfalls. Und ich wusste bald wieder, warum ich Urlaub völlig überflüssig finde. Sehnte mich nach meinen beiden Katzen, nach meinem Bett, nach meinem Mac.

Das ist für mich sowieso das einzig Überzeugende am Wegfahren: dass man zurückkommen kann. In die eigene Welt. Zu sich. Und dafür muss man eben erst mal weg sein.

Der Mann in den Bergen war auf einmal so fern, dass fast nichts mehr wehtat. Schön, wenn der Schmerz nachlässt, das hatte mein Vater immer gesagt – wie wahr.

Als ich allein zurückfuhr, planmäßig ein paar Tage vor den beiden anderen, durch Regen und unter tiefem Himmel, plongte mein Handy auf dem Beifahrersitz. Ein Doppelton mit Hall wie aus dem All gelandet, und zack, mitten rein ins Herz. Es konnte auch Werbung sein. Oder ein Auftrag. Oder meine Tante.

Ich hielt es noch hundertfünfzig Kilometer aus, ohne anzuhalten und nachzusehen. Und zu Hause, die Katzen um meine Waden, klopfenden Herzens, noch in der Jacke im Flur stehend, las ich vom Glück der Strapazen, vom Spanischlernen und vom mittelmäßigen Essen. Und dann: »Liebe, du fehlst! Bis ganz bald!«

Ein Gebirge fiel ab von meiner Seele, wieder war sie nackt und bloß und frisch bereit, verletzt zu werden. Aber der Sommer schien gerettet. Und vielleicht sogar der nächste.

Irgendwie habe ich das Gefühl, dass das ohne Ruth und Mary nicht so gewesen wäre. Erklären kann ich das aber nicht.

BARBARA SCHAEFER

Run, baby, run, baby, run

Ich renne los, ich renne und renne. Mein Puls schnellt in die Höhe, 179 zeigt die Messuhr, ich bin zu schnell, ich werde außer Atem kommen, rasende Kopfschmerzen werden mich überfallen. Ich schalte ein wenig zurück, ich werde ruhiger, so kann ich nun stundenlang traben. Das wird ein sehr langer Lauf. Raus aus der Hasenheide, zum Columbiadamm, an der Moschee vorbei. Über die Straße, aufs ehemalige Tempelhofer Flugfeld. Ich renne Runde um Runde, bis ich fast nicht mehr kann. Ich fühle mich leer. Ich fühle mich gut.

*

Diese kleine Französin ist schuld daran, dass ich beim Berlin-Marathon mitlaufen werde. Auch die Toskana ist schuld, genauso wie das Tessin und erst recht der Libanon. Und der Amerikaner als solcher sowieso. Das nennt man dann wohl Globalisierung, wenn alles mit allem zusammenhängt.

Angefangen hat es mit dem Ende unserer Beziehung. Weil mein Ex, der da noch nicht mein Ex war, auf der

Fete eines Freundes diese Froschfresserin kennengelernt hat. Eine Party, zu der ich nicht mitging, weil ich erkältet war. Aber bitte, soll er doch glücklich werden mit seiner Baguette-Jeanette. Dabei ist diese Französin nicht mal jünger als ich.

Ich hörte Johnny Cash, heulte in mein Bier und in mein Bett. Es wurde gerade Frühling, natürlich. Alle rund herum knutschten. Ich suchte meine Laufsachen hinten unten im Schrank und begann, aus dem Tal der Tränen hinauszurennen. Anfangs war es eher ein forsches Schreiten um große Matschpfützen herum. Nach ein paar Wochen sah ich Land und austreibende Weidenkätzchen und bekam wieder Luft. Der Ehrgeiz löste andere Triebe ab. Zweimal in der Woche radelte ich in der Mittagspause von Kreuzberg in die Hasenheide und lief ein paar Runden. Doch trotz meiner fantastischen Pulsuhr – ich wurde nicht schneller.

Ich gab meiner Mitarbeiterin Franziska eine Woche frei, schickte meine Patienten zu einer Kollegin und hängte an die Tür meiner physiotherapeutschen Praxis ein Schild: Mira Bender macht Urlaub. Laufseminar in der Toskana! Das schien eine gute Idee zu sein. Ein bisschen schwimmen, ein bisschen laufen, sich was erklären lassen von Jungs mit strammen Waden und knackigen Sixpacks darüber. Und abends schlemmen und Rotwein und so weiter. Na von wegen. Schon vor dem Frühstück wurde durch den Pinienwald gejoggt. Lockerer Morgenlauf hieß das und war schneller als alles, was ich je gerannt war. Tagsüber konnte man sich erholen bei Schwimmtraining oder Radtouren, bevor nachmittags Trainingsläufe absolviert wurden. Es gab nur zwei Arten von Teilnehmern: Mindestens-Halbmarathon-Läufer und eine Damen-Walking-Gruppe. Mein einziger Gedanke in dieser Woche war: Bitte nicht in die Walking-Gruppe! Und wenn ich vor Anstrengung hinter jede zweite Pinie kotze. Ich bin doch erst ein bisschen über vierzig Jahre alt. Walken kann ich noch mit achtzig. Abends standen auf den Tischen Karaffen. Mit Wasser. Kein Wein, nirgends.

Und siehe da, es brachte etwas. Ob es an der Abstinenz lag, am vielen Rennen, an Lauftrainer Sven oder an der Kombination aus allem – ich dachte kaum noch an Wie-hieß-er-gleich-noch, und am Abschlusstag lief ich unter Pinien zwei Stunden lang recht flott etwa 18 Kilometer weit. Zum ersten Mal in meinem Leben formte sich in meinem Kopf der Gedanke »Halbmarathon«.

*

Woher kannte ich den Typ nur? Er lief mir schon das dritte Mal über den Weg. Immer in der Hasenheide, immer dann, wenn ich mich morgens zum Laufen aufraffen konnte. Am liebsten lief ich in der Mittagspause, die aber für meine Trainingseinheiten allmählich zu kurz wurde. Um den Müggelsee-Halbmarathon in einer nicht ganz peinlichen Zeit zu schaffen, hatte ich mir von Sportstudentin Sandra aus dem Laufseminar einen derben Trainingsplan zusammenstellen lassen. Dieser Kerl sah ziemlich gut aus, sogar in seiner weiten Jogginghose. So einen Oberkörper konnte er sich nur als Möbelpacker verdient haben. Oder in einer Neuköllner Muckibude. Dunkle Haare, schwarze Augen, kurzer Vollbart, sportlicher Laufstil, soweit ich sehen konnte. Und ich schaute ziemlich genau hin, aus den Augenwinkeln. Jedenfalls war er der perfekte Gegenentwurf zum blonden Pummel-Ex, der zum Erbfeind übergelaufen war. Zur Erbfeindin.

Die nächste Laufeinheit legte ich wieder auf einen Morgen, und ich hielt Ausschau. Diesmal lief er mir nicht über den Weg, sondern neben mir her. Als er mit leicht kratziger Stimme guten Morgen sagte, klingelte es bei mir. »Ist denn Ihre Bandscheibe wieder in Ordnung?« Khalid – seinen Nachnamen hatte ich sofort wieder vergessen – war vor zwei Monaten fast auf allen vieren in meine Praxis gekrochen. Es hatte ihn böse erwischt. Er war grün im Gesicht, es tat offensichtlich weh. *Prolapsus nuclei pulposi,* vierter Lendenwirbel, der Klassiker. Ich hatte ihm Übungen mit dem Sitzball verordnet, bezweifelte aber, dass er sie zu Hause machen würde. Welcher Mann macht schon Übungen mit dem Sitzball? Nun joggte er ganz locker neben mir her. »Ja, vielen Dank«, sagte Khalid, »Sie haben mir sehr geholfen.«

Das freute mich. Ist doch schön, wenn man helfen kann. Ich wollte noch etwas sagen, da begrüßte Khalid einen anderen Typen, winkte mir zu und lief davon. Ich rannte noch eine halbe Stunde lang, dann bog ich ab zu den Kamelen. Dieses Tiergehege war ein Kuriosum. Mitten in Neukölln, einem Bezirk, bei dem jeder nur an Rütlischule und Hartz IV dachte, grasten Yaks und Kamele, schrien Pfauen und meckerten Ziegen. Es kostete keinen Eintritt, und morgens war meist niemand da. Ich begrüßte mein Lieblingskamel mit einer tiefen Verbeugung, dem Beginn meines Dehnungsrituals.

Zu Beginn des Trainings hatte Sandra mir eingeschärft, es sei wichtig, dass ich mich nicht vor Ehrgeiz überanstrengte. Wir mailten viel, sie schrieb: »wenn also die beine mal schwer sind, machst du grad nach gefühl ein bisschen weniger. Solange du nicht faul bist ☺, ist das kein problem.« Für Sonntag stand ein langer Lauf auf dem Plan, »mit niedrigem puls, 75 minuten. am ende kannst du noch 3 mal 30 meter technikübung anhängen. da das ein fettstoffwechsellauf ist, würde ich ihn gleich morgens nüchtern machen.«

Das war hart. Am Samstagabend wollten Anne und Toni im Golgatha feiern. Rund um diesen Kreuzberger Biergarten war ich oft gejoggt, als ich noch keine Läuferin war. Als ich noch nicht einmal wusste, dass es einen Unterschied zwischen Joggerinnen und Läuferinnen gab. So reicht einer Läuferin die Runde um den Biergarten nicht einmal zum Warmlaufen. Der Samstag war ein grandioser Sommertag. Ich fuhr mit einer Freundin an den Schlachtensee, badete ein bisschen und redete mir ein, ich hätte ein Schwimmtraining absolviert. Abends verhockte ich natürlich im Golgatha. Am Sonntag quälte ich mich entsetzlich. Anfangs. Dann lief ich mich frei, schwitzte den langen Abend aus mir heraus und wurde mit jeder Etappe im Wald munterer. Herrlich. Ich genoss das flirrende Grün der Bäume, den federnden Moosboden. In der Nacht schlief ich wie ein Mops und startete froh gelaunt in die Woche.

Die nächsten Tage lief ich wieder in der Mittagspause und wieder in der Hasenheide. Ich mochte diesen Park, auch wenn er der Drogendiscounter Berlins schlechthin ist. An jedem Busch stehen Afrikaner oder Marokkaner und schauen so betont unauffällig, dass die Behauptung, sie würden keine Drogen verkaufen, mir eine Verleumdungsklage einbringen würde. Noch dezenter verhalten sich lediglich die Berliner Kunden, die hinters Gebüsch treten, als wollten sie Primeln suchen. Und mit dem Is-was?-Gesichtsausdruck wieder rauskommen, den meine Nichten aufsetzen, wenn sie ganz sicher etwas ausgefressen haben. Und während ich lief, tat ich so, als würde ich nicht an Khalid denken. So ging das drei Tage.

»Ich dachte schon, Sie laufen nicht mehr«, sagte Khalid. Ich zuckte zusammen, ich hatte ihn nicht gesehen, weil er mich überholte, und nicht gehört, weil ich mit iPod lief. Ich friemelte die Ohrstöpsel raus. »Doch, doch«, sagte ich. »Aber manchmal laufe ich auch woanders oder zu anderen Zeiten. Und Sie? Laufen Sie immer hier?« Ja, er wohne in Neukölln, da biete sich das an. Mächtig männlich lief er neben mir her, ich schielte auf seine Schultern. Ich fragte ihn, worauf er trainiere. Er schaute mich erstaunt an. Na, ob er an einem Wettkampf teilnehme oder ob er Fußball spiele. Meine Güte, das war doch keine schwierige Frage. Khalid sagte: »Nein, nur so. Um fit zu sein. Um rennen zu können.« Während des Redens liefen wir zusammen. Das hasse ich. Ich laufe nicht gerne mit anderen, und dabei zu reden bringt mich aus dem Konzept und außer Atem. So blieb ich stehen und sagte: »Ich bin dann fertig.« Khalid sagte, er wolle sich bei mir bedanken.

»Sie haben sich doch schon bedankt.«

»Nein, ich wollte fragen, ob Sie mit mir Tee trinken gehen. Sie haben mir so geholfen, ich dachte damals, ich könnte nie wieder auch nur normal gehen.«

»Das ist doch mein Job. Es freut mich, dass es geholfen hat, aber dafür schulden Sie mir doch nichts.«

In der Praxis am Schreibtisch freute ich mich immer noch. Dass es ihm gutging, dass er mir dafür dankte, dass er mich so ansah und dass er mit mir Tee trinken wollte. Oder bedeutete das etwas Bestimmtes, wenn ein arabischer Mann eine Frau zum Tee einlud? Wahrscheinlich gab es dafür nicht einmal eine Vorschrift, weil der Fall an sich schon ungeheuerlich war. Natürlich hatte ich seine Karteikarte herausgesucht, er war fünf Jahre jünger als ich und stammte aus dem Libanon.

An den Tagen, an denen ich nicht lief, dachte ich ans Laufen. Ich fühlte mich zusehends fitter, ging anders, hielt mich gerader. Und fand, mein Po war recht knackig geworden. Das kam von den Bergläufen. Als Berg diente mir zwar nur die mickrige Rixdorfer Höhe in der Hasenheide, die ich mehrmals hinauf- und wieder hinunterrannte. Dabei folgte ich brav Sandras Anweisungen: »leg dabei den oberkörper ein bisschen vor, mach kleine schritte und drück dich hinten richtig ab (ist anstrengend im po).«

An den Tagen, an denen ich nicht lief, dachte ich erst recht an Khalid. Das war einerseits erfreulich, weil es jemanden gab, mit dem ich mich beschäftigen konnte, andererseits unbefriedigend.

Ich sah Khalid nun öfter, nahezu regelmäßig. Immer gegen Ende meiner Trainigsrunden lief auch er irgendwo in der Hasenheide. Zufall konnte das nicht sein. Er war immer allein, bis auf einmal, da stellte er mir einen Cousin vor, Bashir, ein Typ mit kurzem Vollbart und Halbglatze. Wir liefen dann eine Weile zusammen, ich gewöhnte mich daran. Er erzählte von seiner Familie, die aus dem Libanon nach Berlin gekommen war. Von seinen Eltern, die in den 1970er-Jahren während des Bürgerkriegs geflohen waren. Und wie nach und nach immer mehr Cousins und Cousinen flüchteten. Es war mir peinlich, wie wenig ich über den Libanon wusste. Ich hatte »Die Fälschung« gesehen, den Schlöndorff-Film. Aber wer in dieser Region warum gegen wen kämpfte, das überforderte mich. Ich fühlte mich ja schon überfordert vom täglichen Zeitungslesen. Wenn ich einen Konflikt irgendwo in der Welt gerade verstanden hatte, brannte es schon wieder anderswo. Pakistan, Indien, Ägypten – früher hatte ich bei diesen Ländern an schöne Frauen mit dunkel geschminkten Augen gedacht, an Henna, Kajal, Taj Mahal, Bollywood und Seidentücher.

Jetzt hingegen überwogen Begriffe wie Terroristencamp, Islamistenhochburg und radikalisierte Sprachschulen. Ich kannte mich nicht mehr aus in der Welt.

Heute war Khalid nicht gekommen. Ich lief noch eine Runde, aber ich sah ihn nirgends. Mir fielen wieder die Frauen auf, Türkinnen oder Araberinnen in bodenlangen Mänteln, obwohl es schon am Morgen sommerlich warm war. Und sie walkten! Das begeisterte mich. Die Frauen verabredeten sich offensichtlich in der Hasenheide zum Sport. Zuerst konnte ich sie nur anhand der Kopftücher unterscheiden, aber allmählich merkte ich mir ihre Gesichter. Ich lächelte sie an, sie lächelten zurück. Alle. Jedesmal. Meine Güte, wenn ich da an meine früheren Joggingrunden im Cantianstadion dachte. Da lief der ganze Prenzlauer Berg, sämtliche Thirty-Somethings, die Irgendwasmitmedien machten. Und alle trugen ihres Nasen so weit oben, sogar beim Laufen. Überstreckte Halswirbelsäule, total ungesund.

Khalid kam heute wohl nicht. Also trabte ich zu meinem Kamel, begrüßte es und legte das linke Bein auf die Lehne einer Bank. Ich spürte, dass mein Laufshirt am Rücken klebte, ich war schweißnass. Beugte mich weit nach vorne, um die Schuhspitze zu greifen. Es ziepte leicht im Po, das sollte so sein. »Sie sind ganz schön gelenkig.« Herrgott noch mal, musste der Typ mich immer so erschrecken. Ich kam aus dem Gleichgewicht und stolperte. Er stand beim Kamel an einen der Pfosten gelehnt, eine große Sporttasche neben sich auf dem Boden. Ich hoffte, er hatte mich nicht schon länger beobachtet. Es war mir unangenehm. Ich dachte an die Verhüllungen der arabischen Frauen und kam mir unbedeckt vor. Und sofort ärgerte ich mich über diesen Gedanken. Das war Berlin und nicht Beirut. Ich konnte hier im Bikini joggen, wenn mir danach war. Warum musste der Kerl so glotzen? Ich dehnte trotzdem nicht weiter.

»Bitte«, sagte Khalid, »gehen Sie mit mir Tee trinken. Einmal nur.« Er wolle länger mit mir reden, nicht immer nur die paar Meter im Park. »Oder wollen Sie mit einem Araber nicht ausgehen?« Das war unfair. Es traf meine Multikulti-Seele. Und außerdem: Ich wollte mit ihm ausgehen.

Er fragte, ob ich am nächsten Tag mittags Zeit hätte. Wir trafen uns im Bosporus, keine Teestube, sondern eine gehobene türkische Dönerbude, in der man richtig essen kann. Wie eine Almhütte hockt das Haus zwischen S-Bahn-Gleisen, verrotteten Brücken und der Yorckstraße. Hier isst auch der Kreuzberger Normalo. Khalid wollte mir wohl den Kulturschock eines rein arabischen Lokals ersparen. Oder er wollte sich in einem rein arabischen Lokal nicht mit mir sehen lassen. Er war höflich, er bestellte für mich Sebzeli Kuzu Güveç, so flüssig, dass ich mich fragte, ob er auch türkisch sprach. Oder vielleicht sogar Türke war? Das Lamm schmeckte mir, er aß einen Döner, und wir tranken, wie versprochen, Tee. Ich erzählte ihm vom Halbmarathon, von meiner Praxis und hütete mich, irgendwas von Männern zu erzählen. Er fragte nicht danach. Es war ein seltsames Treffen, ich war befangen, weil wir nun tatsächlich ein

Date hatten. Khalid zahlte, und wir bekamen auf einem kleinen Teller zwei Würfel, einer zartrosa, einer gelb. »Welchen möchten Sie?«, fragte Khalid. Ich zuckte die Schultern, das Zeug sah klebrig aus. »Mit Rosenwasser«, entschied Khalid und schob mir den rosafarbenen zu. Ich nahm das Ding mit spitzen Fingern, es war weich wie etwas Lebendiges, es schmeckte zart und zuckrig, ich zerdrückte es mit der Zunge. »Lokum«, sagte Khalid, so heiße das Dessert in der Türkei. »Bei uns heißt es ›Vergnügen für den Gaumen‹ – *rahat al-hulqum*«, und das Wort klang rau und schabte am süßen Würfel. Und gerade jetzt, als ich entspannter wurde, musste ich zurück in die Praxis.

An Sandra schrieb ich, ich fahre ins Tessin, zu einer Tagung. Zufällig finde am Wochenende danach ein Mini-Triathlon statt: 500 m schwimmen im Lago Maggiore, 20 km Radfahren, 5 km Laufen. »Soll ich da mitmachen? Zur Vorbereitung? Das wäre seit den Bundesjugendspielen in der Schule mein erster Wettkampf überhaupt …« Sie antwortete sofort: »triathlon im tessin hört sich gut an. mach mit!« – »Echt?!?? Ich dachte, das ist sicher 'ne Schnapsidee. Ich hab von der ganzen Logistik keine Ahnung, von Klamotten und überhaupt. Am Ende verlaufe ich mich vom See zum Fahrrad.« – »du willst ihn ja nicht gewinnen, oder?« – »Natürlich will ich gewinnen!«

Ich hatte einen Riesenspaß im Tessin. Am Abend vorher ging ich in eine Tattoria und aß eine gigantische Portion Nudeln. Das machen Sportler so, hatte ich mir sagen lassen. Dazu trank ich literweise Wasser. Na gut, und ein kleines Glas Rotwein. Nach dem Mini-Tri schrieb ich an Sandra eine SMS: »So genial! Das Ziel stand sogar noch, als ich ankam! Ich wurde in allen Disziplinen kontinuierlich überholt, der Hammer! Aber ich war nicht die Allerletzte! Ich bin so stolz.« Endorphine regneten auf mich herab, ich war glücklich, einfach so.

»Wo warst du?« Khalid sah mich herausfordernd an. Ich grinste in mich hinein, er hat mich vermisst. »Stell dir vor, ich habe einen Wettkampf gemacht, einen Triathlon, also keinen langen, aber immerhin, und es war fantastisch, ich bin nicht Allerletzte geworden.« Khalid sagte nichts. Er schaute nur wieder mit diesen samtenen Augen. Was für ein Blick. Er hatte mich geduzt, fiel mir auf. Und ich ihn.

Als ich später im Behandlungsraum mit einer Bandscheibe beschäftigt war – Franziska und ich reden in diesem Jargon: Heute kommen drei Bandscheiben, eine Achillessehne und fünf Daumen –, dachte ich: Das war eigentlich eine impertinente Frage. Wo warst du? Und in diesem Tonfall. Was will der denn von mir? Will der was von mir?

Diese Fragen tanzten auch durch meinen Kopf, als ich am nächsten Tag den Weg entlanglief, der ein bisschen düster ist und gesäumt von vielen Büschen. Ich rannte im Rhythmus der Musik in meinem Ohr und schaute nicht so genau auf den Weg. Links und rechts standen die Dealer. Anfangs hatte ich ein bisschen Angst vor ihnen, inzwischen war ich an sie gewöhnt. Ich war mir sicher, sie waren aufmerksamer und wussten genau, wer ein potenzieller Kunde war und wer nicht. Den Mann hatte ich nicht kommen sehen. Er kam plötzlich aus einem der Büsche, stellte sich mir in den Weg und griff nach meinem Arm. Genau gesagt meinem Oberarm, nach der Stelle, an der mein iPod in einer Manschette befestigt war. Er hatte wirre braunschmuddlige Haare, und er stank. Ich riss meinen Arm zurück, aber er hatte den iPod bereits in der Hand. Ich wollte ihn aber nicht hergeben! Obwohl ich mir solche Szenarien öfter ausgemalt und mir dabei vorgenommen hatte, um materielle Werte nicht zu kämpfen: Geld, Schmuck, was soll's. Aber nun fühlte ich mich trotz der Überrumpelung stark, sportlich und diesem Junkie auf Beutezug überlegen. So griff ich noch nach dem roten Teil, bis er mich einfach wegschubste und ich hinfiel wie ein kleines Mädchen im Sandkasten. Als ich wieder aufschaute, rannte der Mann davon. Aber nicht mit meinem iPod, sondern aus Angst. Vor mir stand Khalid. Er ging in die Hocke: »Wie geht es dir, bist du okay?« Ich stand auf, mein Knie blutete ein bisschen, und ich zitterte. Khalid reichte mir meinen mp3-Player und sagte: »Komm.« Ich ging wie ein Lamm neben ihm her, er zeigte auf eine Bank, ich setzte mich. Mir war zum Heulen, der Schreck packte mich erst jetzt an der Gurgel. »Bitte warte hier«, sagte Khalid, und mir fiel wieder auf, wie höflich er immer mit mir sprach. Ich wollte ohnehin nicht aufstehen. Nach ein paar Minuten kam Khalid zurück. Er setzte sich nicht neben mich, er hielt mir nicht das Händchen, und er reichte mir auch kein Taschentuch. Aber seine Gegenwart tat mir gut. Immerhin gab er mir eine Wasserflasche und sagte: »Ich bring dich zum Taxi.« Wir gingen nebeneinander her aus dem Park. »Danke«, sagte ich. Khalid drehte sich zu mir, ich fand, er sah schrecklich aus. Zorn stand in seinem Gesicht. »Der Teufel schickt die Drogen, um die Menschen zu verderben.« Ich war irritiert, für mich war das Problem der Dealer und der Junkies eher etwas hausgemacht Menschliches. Khalid winkte ein Taxi heran, und ich fuhr nach Hause.

Außer einer Schürfwunde am Knie war mir nichts passiert, Khalid hatte mich ritterlich gerettet. Der Schmuddeljunkie würde sich wohl so schnell nicht mehr in die Hasenheide trauen, sagte ich mir, und so freute ich mich schon am nächsten Tag wieder aufs Laufen. Khalid stand mit grauem Gesicht am Weg und sah aus, als hätte sich seine Bandscheibe wieder verabschiedet. »Wie geht es deinem Knie?«, fragte er. Ich sagte nur: »Was ist los?«

Wir gingen zu den Kamelen. Hinter einem Busch zog er seine Sporttasche hervor und sagte: »Kann ich dich um einen Gefallen bitten?« – »Um was geht es denn?«, fragte ich. Khalid redete hastig. Er habe ein Problem. Er habe sich von seiner Frau getrennt. Ach, sieh an, der Herr hat eine Gattin? »Sie geht nicht aus dem Haus, trägt immer Sackkleider, ist verschleiert. Sie ist hysterisch und eifersüchtig. Ich hätte mich niemals auf diese Ehe einlassen sollen, meine Familie hat das eingefädelt. Was soll ich mit so einem Bauernmädchen? Ich lebe hier, in Berlin, ich bin ein Großstadtmensch, ein europäischer Mann.«

Ich war sprachlos. Gab es auch Männer, die unter Zwangsehen litten? Der Gedanke war mir nie gekommen.

»Ich brauche jemanden, mit dem ich auch reden kann«, sagte Khalid. »Der die Welt versteht. Verstehst du?« Was meinte er nun damit wieder? Diese dunklen Augen mit den dichten Wimpern am unteren Rand machten mich ganz unzurechnungsfähig. »Kann ich bei dir übernachten?«

Bei mir »übernachten«? Er sagte nichts von Liebe, von Sex, er wollte bloß »übernachten«. Es sei nur für ein paar Tage, er könne sonst nirgends hin. Seine Familie, seine Freunde, die könnten so etwas nicht verstehen.

Ich wehrte ab. Beim besten Willen nicht. Ich kann meine Wohnung nicht mit einem Mann teilen. Nicht so. Nicht mit einem Mann, der bei mir bloß übernachten will. Eine Freundin aus Paris käme zu Besuch, gerade dieser Tage, blöder Zufall. »Nein, tut mir leid.« Es gehe wirklich nicht.

Er senkte den Kopf. Himmel noch mal, der wird doch jetzt nicht anfangen zu heulen? Und was ist denn mit diesem Bashir, mit dem du auch hier laufen warst? Er ist ein Cousin, sagte Khalid. Er druckste herum, ich sagte: »Nein, es geht wirklich nicht, ich habe nur zwei Zimmer, die Freundin aus Paris ...« Da sagte Khalid: »Und wenn ich in deiner Praxis übernachte?« Ich schaute ihn entgeistert an. Er sagte: »Du wirst mich nicht sehen, niemand wird etwas merken. Du könntest mir einen Schlüssel geben, ich komme erst nachts, und morgens bin ich wieder weg. Niemand sieht mich, ich hinterlasse keine Spuren, es wird sein, als wäre ich gar nicht da.« Ich schluckte, mir fiel nichts mehr ein. Und ich fühlte mich ihm gegenüber zu Dank verpflichtet. Khalid sagte: »Ich glaube, es wäre schwierig, wenn ich bei dir in der Wohnung schlafen würde.«

Nun wurde mir mulmig. Er hatte schlafen gesagt. Nicht: übernachten. Wieso sprach er eigentlich so gut deutsch? Er sagte: »Darf ich dich auf einen Tee einladen?« Ich kam nicht mehr zum Nachdenken. »Doch nicht so«, sagte ich. Trotz sommerlicher Morgensonne wurde mir langsam kalt. Ich musste nach Hause, duschen, in die Praxis. »Heute Mittag?«, fragte Khalid. Er schulterte seine Tasche. Ich dachte: Mist, bestimmt ist mir wieder die Wimperntusche verlaufen. Khalid sagte: »Treffen wir uns bei den Kamelen?« Und: »Bringst du den Schlüssel mit?«

*

Von diesem Tag an hatte ich einen Untermieter, der keine Miete bezahlte, dafür aber auch nicht wirklich da wohnte. Am ersten Morgen beeilte ich mich, damit ich vor Franziska in der Praxis war. Es war nichts zu sehen. Er muss im Behandlungszimmer geschlafen haben, dachte ich mir. Aber mir fiel nichts auf. Alle Vorhänge waren so, wie ich sie vorgezogen hatte. Nirgends lag etwas, und nichts war anders als am Abend zuvor. Ich fragte mich, ob er wirklich hier geschlafen hatte. Ich schnupperte in der Luft. Es roch nicht nach Mann. Aber es kribbelte.

Ich setzte mich an den Schreibtisch und wollte mich auf die Arbeit konzentrieren. Da sah ich sie. Sie stand auf dem Fuß des Monitors, dort, wo manche Frauen kleine Plüschtiere oder Muscheln aus dem Urlaub ablegen. Eine kleine, bunt bedruckte Schachtel. »Türkish Delight« stand darauf. Ich schob sie auf, eingeschlagen in dünnes Papier lagen da zwei zarte Würfel. Ich legte mir den roséfarbenen auf die Zunge, und mir wurde ganz schön anders. Klebrig. Nervös.

Am nächsten Morgen sah ich Khalid wieder. Wie immer lief er plötzlich neben mir her, und obwohl ich darauf gewartet hatte, war ich wieder überrascht. »Danke«, sagte ich und lächelte ihn an wie die Morgensonne. Er sah mich mit seinen Kaffeeaugen an und sagte: »Nein, ich danke.« Ich freute mich auf eine Runde Laufen und Flirten, aber Khalid sagte: »Ich muss gleich weg«, winkte mir zu und bog rechts ab, über die große Wiese. Schade. Ein paar Dinge hätte ich ihn gern mal gefragt: Wie es sich denn nun mit dieser Cousine verhielt. Ob er Kinder hatte. Und wie er sich das weiter vorstellte mit uns. Oder mit unserer Zweck-WG.

Ich verabredete mich mit Anne. Sie sagte: »Na, was macht dein Palästinenser?« – »Er kommt aus dem Libanon«, schnappte ich und bereute, ihr von Khalid erzählt zu haben. »Er kann doch trotzdem Palästinenser sein«, sagte Anne. »Du liest wohl nie Zeitung«, setzte sie noch einen drauf. Ich hasse Anne! Warum hatte ich Anne bloß angerufen? Ausgerechnet Anne! Sie hatte schon wieder diesen Dozierton in der Stimme: »Nach Schätzungen der UN leben 200 000 Palästinenser im Libanon. Und Bin Laden ruft die Palästinenser zum Heiligen Krieg auf.« – »Sag mal, spinnst du?«, blaffte ich sie an und hätte ihr am liebsten meinen Tee ins Gesicht geschüttet. »Khalid ist Deutscher.« Ich wusste nicht, was für einen Pass er hatte, aber ich wusste, dass er deutsch oder jedenfalls europäisch lebte und fühlte. Dass er seine zwangsangeheiratete Cousine verlassen hatte, vielleicht wegen einer anderen Frau. Und in diesem Moment hoffte ich, dass ich diese andere Frau sein könnte.

»Ich hab ihn schon ein paar Tage nicht mehr gesehen«, sagte ich zu Anne.

»Aha«, sagte Anne, »und da war dir langweilig, und da kommst du mal wieder raus aus deinem Loch und willst reden, aber nicht zuhören.« Schon in der Tür sagte Anne noch: »Seit wann trinkst du eigentlich Tee?«

Ich blieb ziemlich ratlos sitzen. Es stimmte, die Kellnerin im Barcomi's hatte mich zwar noch erkannt, aber als sie sagen wollte: Cappuccino?, sagte ich: »Einen schwarzen Tee, bitte«, und sie schaute erstaunt. Khalid wohnte nicht nur in meiner Praxis. Er wohnte vor allem in meinem Kopf. Der Typ interessierte mich. Und er reizte mich. Ich grübelte und grübelte, aber ich konnte mich einfach nicht mehr an seinen Körper erinnern, an seinen Rücken. War er behaart? Muskulös? Gebräunt? Das liegt daran, dass ich, wenn einer in meine Praxis kommt, ausschließlich den Teil des Gehirns einschalte, der für Heilung zuständig ist, für passende Übungen und die Stärkung des muskulären Apparates. Wäre ich ein männlicher Physiotherapeut, könnte ich den Hintern von Jennifer Lopez massieren, ohne an etwas anderes zu denken als an den Ischias-Nerv. Aber vielleicht gibt es in männlichen Gehirnen diesen reinen Arbeits-Modus gar nicht.

Ich dachte über Khalid nach. Automechaniker sei er, hatte er laut Karteikarte angegeben, aber seine Hände sahen nicht aus wie die eines Automechanikers. Vielleicht handelte er mit Immobilien, wie halb Neukölln. Oder mit Drogen? Ich rollte den Gedanken im Kopf herum wie eine Zigarette zum Selberdrehen, aber es machte keinen Sinn. Er trank ja nicht mal einen winzigen Schluck Wein, wie er sagte. Logisch, als Muslim, aber er meinte auch, es schmecke ihm nicht. Weiß der Geier, was für Geschäfte er tätigte. Viel Geld schien er damit nicht zu machen, er trug keine fetten Ketten, besaß kein Turbo-Handy und offensichtlich noch nicht einmal einen tiefer gelegten BMW. Was hatte er überhaupt noch, seit er bei seiner Landcousine ausgezogen war? Einen Gebetsteppich, vermutete ich. Und weil man darauf wahrscheinlich nicht schlafen durfte, auch einen Schlafsack. Und seine blaue Sporttasche, das Monsterteil.

Aber wo steckte er? Ich hatte keine Ahnung. Und ich hatte ihn seit einer Woche nicht gesehen. Nur einmal hatte wieder so eine kleine bunte Schachtel auf meinem Schreibtisch gelegen. Ich zahlte den Tee, der mir nicht geschmeckt hatte. Alles hat seine Zeit und vor allem seinen Ort. Im Barcomi's sollte ich besser »Äthiopien Mocca Sidamo« trinken. Es war Mittwoch, ich hatte frei, ich beschloss, endlich mal wieder nachmittags zu laufen, eigentlich meine beste Zeit.

Ich lief jetzt sehr regelmäßig dreimal die Woche eine Stunde und immer am Wochenende einen langen Lauf. Diese Ausdauer-Einheiten liebte ich. Mit ruhigem Puls zwei bis zweieinhalb Stunden traben, durch einen Wald im Umland, ein paar Mal um den Schlachtensee herum oder kreuz und quer durch den Tiergarten.

Also los. Ich trabte locker zur Hasenheide, das waren schon meine ersten zwanzig Minuten, zum Einlaufen. Eine Intervall-Einheit stand heute auf dem Tainingsplan, die mochte ich gar nicht. Nach dem Warmlaufen sollte ich fünfmal 1000 Meter rennen, dann fünfzehn Minuten auslaufen. Die große Tour um die obere Wiese waren etwa 1000 Meter. Ich schaltete meinen iPod ein, die Musikmischung für schnelle Läufe, und gab Gas. Es fühlte sich sofort sehr gut an. Es gab Tage, da schienen die Schuhe mit Blei ausgegossen. Da zwickte die Achillessehne, da knirschte das Knie, stach es in der Hüfte, brummte der Kopf und die Schulter hing schief. Heute war ein Tag, an dem ich lief, als würde ich nie etwas anderes tun. Es fühlte sich gut an.

Ich bog in die große Wiese ein, mein Lieblingsabschnitt. Die Bäume treten zurück, der Himmel öffnet sich. Ich folgte dem Trampelpfad und stellte mir vor, ich liefe durch die Savanne, mit einem Jagdspeer locker in der Hand. Ich war natürlich ein Mann. Mit federnden Gliedern. Na egal. Rechts auf der Wiese kloppten sich Jungs, die heutige Variante von Jagd – ein Fußballspiel. Neuköllner Multikulti. Wenn die T-Shirts stimmten, waren Brasilianer dabei, schwarze athletische Kerle, aber auch Araber und blonde Jungs sowie derbe Berliner rannten dem Ball hinterher. Es sah aus wie La Ola, weil immer alle zusammen von einem Spielfeldrand zum anderen rannten, vom gegnerischen Tor zum eigenen hin und her wogten. Ich spurtete vorbei, wieder hinaus auf den Rundkurs, in weitem Bogen um die Rixdorfer Höhe herum und oberhalb der Kamele zurück auf Los. Erster Intervall geschafft. Ich trabte ein bisschen, dann zweite Runde, dritte Runde, meinen Lieblingssong im Ohr: *Run baby run baby run* von Cheryl Crow. Die fünfte Runde war wie immer die schlimmste. Die Leichtigkeit ist weg, ich renne hechelnd, starre auf den Pulsmesser, stimmt die Zeit noch, steigt die Herzfrequenz nicht zu hoch? Es dauert einige Minuten, bis danach mein Puls wieder so weit runterkommt, dass ich locker austraben kann.

Das Auslaufen mache wahrscheinlich nicht mehr so viel Spaß, hatte mir Sandra geschrieben. Aber es fördere die Regeneration, deshalb solle ich es durchziehen und ein paar Minuten auf einer Wiese barfuß laufen. Ich hatte ihr geantwortet: »Das Barfuß-Laufen trau ich mich nicht, hier in Berlin. Hundekacke, Glasscherben, Kronkorken, das ist mir zu riskant, leider.«

Es war heißer, als ich dachte, und ich bekam, wie manchmal nach langen Läufen, höllische Kopfschmerzen. Anstrengungskopfschmerz, hatte ich in einem Läufer-Blog gelesen. Was half, war sofort nach dem Lauf Cola zu trinken. Hier musste irgendwo ein Kiosk sein. Mein lockeres Auslaufen wurde etwas verbissen, dann sah ich die Stühle unter den Bäumen, das schraddelige Büdchen. Ich trabte hin, kramte aus der rückwärtigen Hosentasche den Fünf-Euro-Schein heraus. Aber der Reißverschluss klemmte, ich verrenkte mich nach hinten und sah noch im Augenwinkel eine Gruppe Männer weggehen, darunter einen Mann mit Jogginghose und großer Sporttasche. Plötzlich kam Bewegung in die Gruppe, die Männer fuchtelten mit den Händen, sprachen laut. Ich erkannte Khalid, neben ihm der andere, Bashir. Und der schrie ihn an. Drohend. Khalid drehte sich um und ging.

Hatte er sich weggedreht, weil er mich gesehen hatte? Oder hatte er mich gar nicht gesehen? Und warum meldete er sich nicht? Ja, warum nicht? – Aber warum hätte er es tun sollen? Wir kannten uns kaum, wir hatten nichts miteinander, wir trafen uns ab und zu zufällig beim Laufen. Und er wohnte in meiner Praxis!

Ich ärgerte mich. Hauptsächlich über mich selbst. In was für eine beknackte Situation hatte ich mich da nur gebracht! Wenn ich ehrlich war, hatte ich mich in den Kerl verkuckt. Das wäre weder etwas Neues noch etwas Schlimmes. Aber er wollte nichts von mir. Jedenfalls ging da nichts voran, gar nichts. Dann, so beschloss ich, sollte er sich auch was anderes suchen zum »Übernachten«.

Ich trank die Cola, trabte nach Hause, duschte, ging zur Praxis. Franziska war nicht da, es war ja unser freier Nachmittag, ich ging ins Behandlungszimmer – und da lag ein Schlafsack. Das war zu viel. Ausgerechnet heute traute er sich, es sich hier gemütlich zu machen. Offensichtlich hatte er einen ausgefeilten Stundenplan entlang unserer Öffnungszeiten. Ich war sauer, ging zur Anmeldung und schrieb mit großem Schwung auf einen Zettel: Hallo, Khalid, die Praxis wird renoviert, es kommen Handwerker, kannst du dir ab nächste Woche eine neue Beibe suchen? Grüße, Mira.

Als die Türe aufging, warf ich vor Schreck den Kugelschreiber hinter mich. Khalid. »Was machst du denn hier?« Wer hatte es zuerst gesagt? »Ich habe hier eine Praxis«, schnauzte ich ihn an, aber ich freute mich, ihn zu sehen. Er kam auf mich zu, ich stand noch hinter dem Tresen. Dieser Mann machte mich unglaublich nervös.

Da sah ich den zweiten Mann, hinter Khalid im Treppenhaus. Khalid sagte: »Das ist Bashir, ihr kennt euch ja schon, mein Cousin.« Der Cousin nickte mir zu. Das verstand ich nicht. Eben im Park hatten sie sich angeschrien, und nun kamen sie zusammen hierher. Khalid sagte etwas auf Arabisch zu ihm, Bashir stutzte, zögerte, dann grüßte er knapp und ging.

»Was fällt dir ein, andere Leute hier reinzubringen? Was geht hier vor?« Khalid sagte: »Entschuldige bitte, ich wollte nur meine Tasche abstellen, dann gehe ich wieder, Tee trinken. Möchtest du mitgehen?«

»Du kannst hier nicht deine Tasche abstellen! Du hast gesagt, ich würde nichts von dir sehen. Wo warst du überhaupt?« Ich hatte ihn nicht so anschreien wollen, Männerehre und so. Ich hielt den Zettel hoch, sagte: »Du kannst hier nicht mehr lange bleiben.« – »Kein Problem«, sagte Khalid, »am Freitag verschwinde ich. – Ist es nett mit der Französin?«, fragte er noch. Ich fuhr fast aus der Haut. Was wusste er denn von Baguette-Jeanette? »Französin?«, fragte ich. – »Deine Freundin aus Paris«, sagt Khalid. – »Ach – die Französin.« Himmel, wenn man sich schon Notlügen ausdachte, sollte man sie sich auch merken.

»Nein, also doch, ja, es ist sehr nett. Aber sie ist keine Französin, sie ist eine Schulfreundin, die jetzt in Paris lebt.« – »Möchtest du nun mitkommen ins Teehaus?«, fragte Khalid. Ich winkte ab. Er drehte sich um und ging zu Tür. Ich stand belämmert hinter dem Tresen. Und dann dreht er sich um und kam zurück. Ging um den Tresen herum und stand vor mir. Er holte etwas aus seiner Jackentasche. Klar, eine kleine bunte Schachtel. Er legte sie sich auf die Handfläche. Er schob die Schachtel auf, nahm vorsichtig die rosafarbene Gaumenfreude heraus und schaute mich an. Mir wurde klebrig. Khalid hob die rosa Verführung vor mein Gesicht, ich öffnete den Mund, und Khalid schob sie mir auf die Zunge. Ich schloss die Augen. Und mehr gibt es nicht zu erzählen, von Khalid und mir.

Ich ging nach Hause, das Intervalltraining hatte mich angestrengt. Zum Glück war der Kopfschmerz ausgeblieben. Ich sah mir den Trainingsplan für die nächste Woche an. Puh. Ab Dienstag hartes Programm. »Sprints so richtig volle Kanne«, hatte Sandra mir aufgetragen.

Ich war in angeschlagener Stimmung. Khalid hatte meinen Kopf komplett vernebelt, und nicht nur den Kopf. Ich wollte endlich mit dem Typ ins Bett, in die Büsche, wohin auch immer. Mir dämmerte, dass er nicht der Mann meiner Zukunft sein würde, aber ich wollte ihn verdammt noch mal für die Gegenwart haben. Und wenn nicht, dann wollte ich ihn loswerden, zumindest hoffte ich, dass ich das wollte.

Ich träume von Khalid. Wir laufen zusammen, rennen. Erst in der Hasenheide, dann ist es ein Wettkampf. Vielleicht der Halbmarathon am Müggelsee. Aber es hat etwas Aggressives. Etwas aggressiv Erotisches. Jagt er mich oder jage ich ihn? Wir haben uns, fällt mir auf, als ich nassgeschwitzt aufwache, überhaupt nie angefasst. Nicht einmal per Händedruck begrüßt. Im Traum wälzen wir uns schließlich auf der Erde, in der Hasenheide oder im Wald nahe beim Müggelsee. Am Morgen bin ich völlig geschreddert. Der Traum war intensiv, genau das macht mir zu schaffen. Der Kerl soll endlich verschwinden aus meinem Kopf. Oder mal richtig einziehen.

Den Donnerstag verbringe ich ohne Pause in meiner Praxis. So viele springende Daumen von computergeschädigten Autorinnen, verrutschte Bandscheiben von Getränkelieferanten und Achillesprobleme bei Läufern kommen sonst in einer Woche nicht vorbei. Vielleicht habe ich auch vieles nicht mehr richtig wahrgenommen.

Das wird sich wieder ändern. Sandra schreibt mir am Abend, ich solle heute möglichst keinen Rotwein trinken. Wegen des Fettstoffwechsel-Laufs am nächsten Tag. »falls du ihn als morgenlauf machst, dann wäre ein ei zum frühstück ganz fantastisch.« ☺

Freitag. Am Freitag verschwinde er, hatte Khalid gesagt. Ich hoffe, er wirft mir den Praxis-Schlüssel dann in den Briefkasten. Verdammt, ich muss wahrscheinlich das Schloss auswechseln. Womöglich hat schon halb Neukölln einen Schlüssel für meine Praxis. Wieso habe ich mich nur darauf eingelassen?

Ich trabe los, Richtung Hasenheide. Heute wird ein wunderschöner Sommertag. Ich freue mich sogar auf den morgendlichen Lauf. Athletisch biege ich beim Friedhof in die Hasenheide ein.

Heute stehen auch Männer ohne Migrationshintergrund vor den Büschen. Jetzt dealen schon Berliner in der Hasenheide. Wenn das mal keinen Ärger gibt mit den Clans. Locker laufe ich den Schotterweg entlang. Run baby run baby run. Dann sehe ich Bashir. Er kommt direkt auf mich zu, schaut mich an, ich nicke ihm zu. In dem Moment bricht ein Sturm los. Die Männer ohne Migrationshintergrund spurten los, Bashir beginnt zu rennen, den Weg hinunter zu den Kamelen. Die Polizisten hinter ihm her.

Ich verstehe. Bashir jedenfalls handelt nicht mit Drogen. Aber auch nicht mit Immobilien. Einer der Männer kommt auf mich zu, ich will ausweichen und falle hin. Er reißt mich am Arm, zieht mich nach oben, schreit mich an: »Er plant einen Anschlag, heute, in der U-Bahn! Wo ist die Tasche?« Bashir, oder wie auch immer er heißen mag, der wahrscheinlich eine verdächtige Tasche in meiner Praxis untergestellt hat, ist ein radikaler Islamist. Das ist die beschissene Wahrheit, so einfach, dass jeder Depp sie kapiert. Aber was hat Khalid damit zu tun? Ich glotze den Polizisten an, ich rufe: »Bei den Kamelen.« Er rennt los, da kapiere ich noch etwas: »Nein, nicht bei den Kamelen!« Beim Kiosk! Dort würde jemand stehen, mit der Tasche. Ich weiß es plötzlich. »Da hinauf und dann rechts!« Der Mann in Zivil stutzt kurz, dann kehrt er um, rennt durch die Büsche, einige andere ihm hinterher.

Einer kommt auf mich zu. Ein Dicker. »Frau Bender, würden Sie bitte mitkommen? Wir möchten Sie einiges fragen.« Ich nicke. Dann höre ich noch, wie er »Hey?!« ruft. Ich renne los, ich renne und renne. Ich will weg, nur jetzt nichts reden. Meine Freitagsrunde wird ein sehr langer Lauf. Raus aus der Hasenheide, zum Columbiadamm, an der Moschee vorbei, überall Polizei. Eine Joggerin beachten sie nicht. Über die Straße, aufs ehemalige Tempelhofer Flugfeld. Heiß ist es, ich werde Kopfschmerzen bekommen. Ich renne Runde um Runde, bis ich fast nicht mehr kann. Ich fühle mich leer. Und ich fühle mich gut. Ich weiß nicht, was nun noch alles kommt. Polizei, Fragen, warum eigentlich ich? Warum hat Khalid mich kontaktiert? War das alles Teil eines Plans, die Geschichte mit der angeheirateten Landcousine reine Erfindung? Steckt Khalid in der Sache mit drin, ist er gar der Drahtzieher, oder wollte er aussteigen, ging es darum bei dem Streit? Ich weiß nicht, was ich glauben will und soll. Ich biege auf die ehemalige Landebahn ein, eine perfekte schnurgerade Spurtstrecke. Ich renne schneller. Und wahrscheinlich sieht meine Praxis aus wie Sau, weil sie da diese Sporttasche gesucht haben. Ich weiß jetzt eins: Ein Halbmarathon kann mich nicht mehr schocken. Run baby run. Im Frühjahr werde ich mich für den Berlin-Marathon anmelden.

CLAUDIA TOMAN

Ein Sommerabendtraum

Warum heiraten eigentlich alle im Sommer? Was bleibt von der zarten, geblümten Seidenromantik, wenn man in beinahe afrikanischer Hitze darum kämpft, in einer viel zu engen Korsage Luft zu bekommen? Der Schweiß, der aus jeder Pore tropft, vernichtet kunstfertige Frisuren ebenso wie hübsche Gesichtsbemalung und sorgt im schlimmsten Fall dafür, dass man einander nicht mehr riechen kann. Und genau da, bei der olfaktorischsten aller Fragen, fängt mein Problem an.

Ich hyperventiliere und zerre am Verschluss des Kleides. Meines Hochzeitskleides, das ich im Winter auf dem Höhepunkt meiner erfolgreichen Glyx-Diät gekauft habe und in das ich zu diesem Zeitpunkt auch mit Müh und Not hineingepasst habe. Das war, bevor der Vorbereitungsstress losging, der eine normale Ernährung verhindert hat. Das war auch vor den zahlreichen Feierlichkeiten, denn aus einem unerklärlichen Grund haben fast alle in meiner Familie zwischen April und Juni Geburtstag. Die Bäckerei unseres Vertrauens gibt uns schon seit Jahren einen Torten-Großeinkaufsrabatt, und die Firma Rennie verdankt uns das berühmte Wiener Frühsommerhoch.

Den Todesstoß erhielt mein Hochzeits-Outfit schließlich, als meine Freundinnen am Polterabend ein Cocktailwettmixen veranstalteten, das man nur überleben konnte, wenn man sich dabei mehrere Kilogramm Salz und Fett in Form von Kartoffelchips zuführte.

Es hilft nichts. Es ist der Abend des achtzehnten Juli, keine zwanzig Stunden trennen mich noch von meiner Trauung, und mein letzter Versuch, das Hochzeitskleid probeweise anzuziehen, ist offiziell gescheitert. Die Luft in meiner Neubauwohnung steht. Es hat bestimmt dreißig Grad, daran ändert auch der unermüdliche Fleiß meines USB-Ventilators nichts. Dieses dekorative, aber nutzlose Teil hat mir meine beste Freundin und Trauzeugin Minna zur Beförderung geschenkt. »Meiner hitzigen Leni. Für einen kühlen Kopf im Blätterdschungel«, stand in ihrer schiefen Schrift auf dem Kärtchen. Damals fand ich das witzig. Schließlich arbeite ich als Redakteurin für die zweitpopulärste österreichische Tageszeitung praktisch rund um die Uhr am Computer. Tim lacht jedes Mal, wenn die Rotorblätter des Miniaturventilators sich größte Mühe geben, die Röte aus meinem Gesicht zu fegen.

Ich werde nämlich immer rot. Ich werde rot, wenn ich mich ärgere, wenn ich mich freue, wenn ich mich schäme, beim Sex, in der überfüllten U-Bahn, auf dem Crosstrainer und eben auch, wenn ich mich konzentriere.

»Tomatenkopp«, sagt Tim dann immer und weiß ganz genau, wie ich es hasse, wenn er seine norddeutsche Herkunft raushängen lässt.

»Das heißt bei uns Paradeiserschädel, merk dir das, du Affe«, pflege ich ihm zu antworten. Dann legt er lächelnd die Hand an meine Stirn, als würde er Fieber messen, und schüttelt sie anschließend jaulend, als hätte er sich verbrannt.

Tim, denke ich, während ich mit einem Ruck das Kleid nach unten ziehe, Tim, dieser nervende, lächerliche, unerträgliche Kindskopf. Tim mit dem ewigen Babyface und der frisurresistenten Strubbelmähne. Tim, der treffsicher jedes verfügbare Glas umstößt, besonders wenn es eine Substanz enthält, die Flecken macht, die nie mehr rausgehen. Tim, der von jedem Besuch bei Mutti eine Reisetasche voller Tupperware mitbringt, gefüllt mit den schlimmstmöglichen Fischspeisen, damit der arme Junge in Ösiland nicht verhungert. Tim, der Socken drei Tage trägt, wenn man ihn nicht mit gezücktem Küchenmesser daran hindert. Tim, den man zu romantischen Liebesfilmen nicht ins Kino mitnehmen kann, weil er von Anfang bis Ende lauthals lacht und blöde Kommentare loslässt. Tim, der am liebsten fettige Hühnchenflügel mit den Fingern direkt aus der Pfanne isst. Tim, den ich morgen Nachmittag heiraten werde.

Mein Spiegelbild in weißer, einschneidender Satinunterwäsche gräbt sich die Fingernägel in die Oberschenkel, bis sie rote Halbmonde hinterlassen. Nein, das ist kein Albtraum. Das ist eine Scheißkatastrophe!

»Du hast WAS?« Minnas Stimme betont die letzte Silbe, als wäre sie ein Gummihammer, mit dem sie mir auf den Kopf schlagen möchte. Mein Anruf unterbricht sie ungünstigerweise mitten in der letzten heiklen Zählung der Tischkärtchen, die Tims grafisch hochbegabter Bruder Thomas, den alle sinnigerweise Tam nennen (Tim und Tam, ein verlässlicher Gag bei Familienfeiern), in liebevoller Handarbeit entworfen hat. Tam ist homosexuell, ansonsten aber Tims hübscheres, geschmackssichereres Ebenbild. Ich höre ihn im Hintergrund kichern. Auch das noch! Minna hat auf Lautsprecher geschaltet. Ich huste die Panik aus meiner Stimme und wiederhole die Worte laut und deutlich.

»Ich habe meine Liebe verloren.«

»Du spinnst! Man verliert sein Handy, die Schlüssel, das Kompaktpuderdöschen, und von mir aus die Orientierung in einem italienischen Kreisverkehr, aber man verliert doch nicht einfach so seine Liebe!«

»Sag das nicht«, mischt sich Tam ein. »Es gibt Berichte von Liebenden, die ihre Liebe nach Jahrzehnten der Ehe und noch nach der Silberhochzeit verloren haben. Einfach so. Und manche verlieren sie schlagartig, bevor die Sonne aufgeht. Das ist nicht so abwegig, Hermine.«

Minna schnauft empört. Sie hasst ihren Taufnamen. Besonders seit es die Harry-Potter-Bücher gibt.

»Seid ihr beide eigentlich völlig verblödet? Leni, du heiratest morgen. Vertrau mir, das ist eine ganz normale Panikreaktion. Das legt sich wieder. Nimm ein Aspirin, mach dir eine Tasse Kamillentee und geh früh schlafen. Wenn du aufwachst, wird es dir deutlich besser gehen.«

Aspirin und Kamillentee sind Minnas Allheilmittel. Ich kenne meine Freundin schon seit der achten Klasse, und egal, woran ich litt, Erkältung, Magenverstimmung, Prüfungsangst oder Liebeskummer, immer gab sie mir den gleichen dämlichen Ratschlag in exakt dem Tonfall, den ihre Mutter in solchen Situationen parat hat.

»Bist du noch dran? Hör auf zu grübeln und geh ins Bett! Wir kümmern uns um alles, nicht wahr, Tam?«

Sie spricht es Tem aus, pseudoenglisch. Ich glaube, Minna steht auf Tam und hegt die heimliche Hoffnung, dass sie die Frau sein wird, die ihn mit aller Gewalt ans diesseitige Ufer befördert. Darum nimmt sie die Trauzeugenangelegenheit auch todernst und hat für jedes Detail penibel Excel-Dateien angelegt. Tam hat allerdings längst ein Auge auf den Sänger der Band geworfen, die bei der Tafel aufspielen wird. Aber das sage ich Minna nicht. Ich überlege mir gerade eine Formulierung für die Notlüge, die mich das Gespräch möglichst rasch beenden lässt, als ich im Hintergrund ein lautes Kreischen höre.

»Was ist los? Minna?«

»Tam. Es ist Tam. Er ist gerade draufgekommen …«

… dass der Sänger der »Swinging Rumours« hetero ist?

… dass Germany's Next Topmodel abgesetzt wird?

»… dass wir vergessen haben, die Ringe abzuholen.«

»Die Ringe?«

Ich sehe in Gedanken das Turngerät vor mir, das ich immer besonders gehasst habe, weil ich nie genug Kraft in den Armen hatte, um mich daran hochzuziehen. Ich hing immer nur wie eine Puppe hilflos in der Luft. Zwei abgewetzte Holzdinger an nicht sehr vertrauenswürdigen Seilen im nach Schweiß und Hormonen stinkenden Turnsaal der Schule.

»Ja, du Schaf, die Eheringe. Wir sollten sie heute Nachmittag im Geschäft des Goldschmieds abholen, aber jetzt ist es fast halb sieben. Der schließt um sieben. Verdammt! Das schaffen wir nie.«

Ich atme durch den Mund, um die Erinnerung an Schweißgeruch zu verscheuchen.

»Dann holt ihr sie eben morgen früh!«

»Geht nicht. Morgen ist Samstag, da ist geschlossen.«

Ich suche nach einem Gefühl von Panik in meinem Inneren, aber dummerweise bin ich bloß erleichtert.

»Du meinst, wir müssen die Hochzeit verschieben?«

»Unsinn!«, zischt Minna. »Hör zu, Leni, du wohnst am nächsten. Wenn du dich beeilst, kannst du vor sieben dort sein. DU musst die Ringe holen!«

Obwohl ich nur in Unterwäsche dastehe, schnürt mir eine unsichtbare Korsage die Luft ab.

»Ich?«

»Los, los. Nicht quatschen, auf den Weg machen! Du hast exakt …«, Pause, »vierunddreißig Minuten.«

»Und was ist mit Aspirin und Kamillentee?«

»Später.« Minna klingt wie ein Wasserkocher, kurz bevor die gewünschte Temperatur erreicht ist. »Jetzt holst du bitte die Ringe für DEINE VERDAMMTE HOCHZEIT ab. Vier Stationen mit der U-Bahn, das wirst du doch wohl hinkriegen. Juwelier Kuppitschek in der Bäckerstraße. Dreiunddreißigeinhalb. Ich muss jetzt Schluss machen, Tam bringt die Tischkarten völlig durcheinander. Tam, gib mir Tante Käthe, sonst …«

Tuut, tuut, tuut. Sie hat mich weggedrückt. Hundertzwanzig kostbare Sekunden vergehen, in denen ich das dunkle Display anstarre. Mir bleiben einunddreißigeinhalb Minuten, um meine Liebe wiederzufinden und ein Paar goldene Ringe zu erwerben. Ich finde, Harry Potter hatte die bedeutend leichtere Aufgabe!

»Ihren Fahrschein, bitte!«

Der Mann mit dem säuberlich getrimmten Schnauzbart tippt mir zum zweiten Mal auf die Schulter. Die Tatsache, dass ich in der ärgsten Sommerhitze mit Ugg-Boots und Wintermantel bekleidet von einem Fuß auf den anderen hüpfe, weil ich ganz dringend für kleine Bräute muss und in der Eile das erstbeste Kleidungsstück aus dem Schrank gefischt habe, sorgt vermutlich dafür, dass der Kontrolleur seine gesamte Aufmerksamkeit auf mich richtet. All die anderen verbrecherischen Schwarzfahrer sehe ich aus dem Augenwinkel erleichtert aufatmen. Das Opfer ist gefunden. Das Opfer bin ich.

»Herr, äh …«, ich studiere den Namen auf seinem Ausweis, »Zettel, sehen Sie, das ist ein Notfall. Ich heirate morgen, und mir sind die Liebe sowie die Ringe abhandengekommen. Wenn ich nicht bis neunzehn Uhr in der Bäckerstraße bin, wird das katastrophale Auswirkungen auf mein restliches Leben haben, die vielleicht noch schlimmer sind als die katastrophalen Auswirkungen, wenn ich es schaffe, pünktlich zu sein. Können Sie das verstehen?«

Herr Zettel schüttelt bedauernd den Kopf, zückt einen Erlagschein und einen Kugelschreiber, mit dem er vor meinem Gesicht herumwedelt.

»Das ist bestimmt eine der originellsten Ausreden, die ich je gehört habe, Fräulein, aber auch Hochzeit schützt vor Strafe nicht, wie wir von den Wiener Linien so sagen. Darf ich Sie um Ihren Ausweis bitten?«

Die U-Bahn fährt langsam in die Station Schwedenplatz ein. Das Quietschen der Räder bohrt sich in mein Trommelfell. Ich muss meine Antwort fast schreien, und selbst so deutet Herr Zettel auf sein Ohr und zuckt mit den Schultern. Es ist achtzehn Uhr siebenundvierzig, wie mir die Uhr am Bahnsteig verrät. Dreizehn Minuten. Wenn ich bloß nicht so verdammt abergläubisch wäre!

»ICH HABE KEINEN AUSWEIS DABEI!«

Wie um meinen Standpunkt zu unterstreichen, reiße ich meinen Wintermantel auf. Unter den Schreckensrufen der anderen Fahrgäste und Herrn Zettels ungläubigem Gesicht, deute ich auf meine weiße Spitzenunterwäsche und das weiße Strumpfband, das meinen Oberschenkel in zwei ungleiche Würste unterteilt, als läge darin die Erklärung für meine Notlage. Eine Mutter zerrt ihr Kleinkind an der Hand von mir weg und ruft lauthals: »Exhibitionismus! Polizei!« Mehrere Männer deuten pfeifend und grölend auf mich, einer grunzt und macht unanständige Hüftbewegungen dabei. Herr Zettel packt mich am Ärmel und zieht mich durch die sich öffnenden U-Bahntüren auf den Bahnsteig hinaus.

»Was fällt Ihnen ein? Sind Sie betrunken?«

Energisch knöpft er meinen Mantel zu, holt sein Handy aus der Brusttasche und wählt, ohne mich loszulassen, eine Nummer.

»Hallo? Sicherheitsdienst? Bahnsteig zwei, Fahrtrichtung Heiligenstadt, ich habe hier eine Exhibitionistin ohne Fahrschein und Ausweis. Ja! ... Ja! ... Vielen Dank, Peter. Korrekt, Donnerstag Darts in der ›Titania-Bar‹ wie besprochen. Die ganze Truppe. Servus, servus!«

Er klappt sein Handy zu.

»Und Sie hören zu, Fräulein! Das wird ein Nachspiel haben. Öffentliche Entblößung vor Kleinkindern.

Schwarzfahren. Widerstand gegen einen Bediensteten der Wiener Linien. Vermutlich Alkoholismus oder Drogenmissbrauch. Das gibt eine Anzeige. Mit Saft, wie wir von den Wiener Linien so sagen.«

Ich habe die Uhr nicht aus den Augen gelassen. Zehn Minuten, das könnte haarscharf reichen, um vom Schwedenplatz zur Bäckerstraße zu kommen. Wenn ich bloß nicht so dringend aufs Klo müsste! Ich mache ein paar Würgegeräusche und stöhne: »Ich glaube, ich muss kotzen!«

Der Trick funktioniert. Herr Zettel lässt meinen Ärmel los und tritt einen Schritt zurück. Sofort nutze ich die wiedergewonnene Freiheit und stolpere Richtung Rolltreppe. Der Kontrolleur ist mir dicht auf den Fersen, ich höre sein Keuchen hinter mir und spüre bereits seine Finger am Genick. Gleich hat er mich.

Lautes Rufen hinter mir und ein heftiges Krachen bringen mich dazu, im Laufen über die Schulter nach hinten zu blicken. Herr Zettel liegt ausgestreckt auf dem Boden und rudert mit allen vieren wie Bambi auf dem zugefrorenen Teich. So ein Esel! Der kleine Junge an der Hand der hysterischen Mutter hat ihm ein Bein gestellt und winkt mir jetzt fröhlich zu.

Während ich mit der Rolltreppe nach oben fahre, stürmt der Sicherheitsbeamte namens Peter die Treppe hinunter und eilt seinem Kollegen zuhilfe. Wird wohl nichts mit Dartspielen am Donnerstag, denke ich zufrieden. Dann nehme ich einen tiefen Zug von der stickigen Wiener Cityluft und kämpfe mich durch die Drängelei vor dem Eissalon Schwedenplatz, um die Toilette zu suchen.

»Das Geschäft hat geschlossen!«

Ein blasses männliches Gesicht mit babyglatter Haut befindet sich nur wenige Zentimeter von meinem eigenen entfernt. Ich benötige keine besonderen Fähigkeiten im Lippenlesen, um die Unwiderruflichkeit der Worte, die er mit seinem Mund formt, zu kapieren. So ungerecht ist also das Schicksal! Ich habe nur eine mickrige halbe Minute gezögert, ehe ich die Hand nach der Türklinke ausstreckte, dreißig Sekunden, die in keinem Verhältnis zu der Ewigkeit stehen, für die ich morgen Nachmittag ein Gelöbnis ablegen soll. Und bevor ich zu einer Entscheidung kam, hörte ich das Klicken des Schlüssels im Schloss sowie das unverkennbare Geräusch eines Rollbalkens.

Durch die untere Hälfte der Tür werfe ich dem Verkäufer einen flehentlichen Blick zu. Er hockt mir gegenüber und schüttelt den Kopf. Seine ungewöhnlich hellgrauen Augen, die von dichten, langen Wimpern umrahmt sind, betrachten mich aufmerksam. Ich trommle mit den Fäusten gegen das Glas. Das hat zumindest den Effekt, dass der Angestellte rasch den Schlüssel dreht und die Tür einen Spalt weit öffnet. Robin Gutfreund, lese ich auf dem Namensschild an seiner Brust.

»Es tut mir leid!«, formen seine Lippen, ohne einen Laut zu produzieren. Er deutet auf seinen Mund und legt anschließend den Zeigefinger darauf. Ich verstehe. Er ist stumm. Er nickt, als hätte ich eben laut gedacht und tippt mit dem Finger mehrmals hintereinander auf seine Armbanduhr. Abschließend zuckt er bedauernd mit den Schultern und will den Türspalt wieder schließen. Schnell quetsche ich einen Ugg-Boot-Fuß dazwischen und beiße mir vor Schmerz auf die Zunge, als die Glastür meine Zehen einquetscht.

»Das ist alles nicht richtig«, sage ich. »Wenn man heiratet, sollten die Dinge ein Happy End haben. Keine Brautkleider, die nicht passen, keine Schweißflecken, kein Mief und keine vergessenen Ringe. Ist es ein Wunder, dass einem bei diesem Chaos die Liebe verloren geht? Vielleicht hatte sie einfach die Schnauze voll und ist in den dunklen Wald getürmt.«

Robin Gutfreund legt den Kopf schief und deutet auf seine Nasenspitze.

»Was soll das heißen? Dass ich unter den Achseln stinke?«

Er grinst und schüttelt den Kopf.

»Immer der Nase nach?«

Wiederum schüttelt er den Kopf.

»Man sieht es mir an der Nasenspitze an, dass ich völlig im Arsch bin?«

Wir lachen beide. Er lautlos und ich hysterisch.

»Ich gebe auf. Darf ich jetzt meine Ringe haben? Bitte, Herr Gutfreund! Die Trauzeugen haben es vermasselt, darum musste die Braut selbst durch die Stadt rennen. Das sollte doch Ihr Mitleid wecken.«

Er zuckt mit den Schultern und malt ein »X« in die Luft.

»Das darf doch nicht wahr sein. Sie sind nicht mehr da? Wegen dreißig Sekunden und einer Klopause?«

Er bedeutet mir zu warten und verschwindet im Geschäft.

Ich stütze die Arme auf die Knie und vergrabe mein Gesicht in den Händen. Bestimmt ist es gerade irgendetwas zwischen purpurfarben und neonpink. Wenn Tim mich jetzt sehen könnte, würde er nur verständnislos den Kopf schütteln. »Dann heiraten wir eben mit Plastikringen aus dem Kaugummiautomaten. Mensch, Leni, das ist doch keine Tragödie«, würde er sagen. Für Tim hängt das Schicksal nie am richtigen Timing.

Ich dagegen lebe permanent nach der Regel »Wenn – dann!« Wenn ich auf der Straße eine Münze finde, dann bringt das Glück, insbesondere im Fall einer speziell datierten Münze oder einer Münze aus einem Land mit Anfangsbuchstaben S.

Wenn ich einer schwarzen Katze begegne, dann bedeutet das dreizehn Tage Unglück, aber nur wenn sie von links kommt, keine weiße Schwanzspitze hat und nicht lauthals miaut. Sonst ist es nämlich Neko, der dicke Kater meiner Kollegin Dotti, und es gibt keinen Grund zur Sorge.

Wenn ich das Flugzeug verpasse, dann wird es bestimmt abstürzen, und ich bin die einzige Überlebende dank dieses gnädigen Fingerzeigs Gottes, der mich wohl ausersehen hat, eine wichtige Funktion auf dieser Erde zu erfüllen.

Mein Weltbild besteht aus sinnvollen Zusammenhängen. Nichts geschieht ohne Grund. Ich bepflanze meine Wege mit guten und schlechten Zeichen. So bin ich.

»Leni, du hast einen Knall«, sagte Tim, als ich fast einen Heulkrampf bekam, weil er zu unserem ersten richtigen Date einen schwarzen Pullover trug.

»Schwarz ist die Farbe von Tod und Abschied. Das bringt Unglück«, gab ich, um Fassung ringend, zurück.

Ja, auch wenn es verrückt klingt, ich wechsle schon mal das Hotelzimmer oder den Sitzplatz im Kino, wenn es die Nummer dreizehn ist. Um kein Geld der Welt würde ich einen Artikel für Seite dreizehn verfassen. Ich gehe auf keinen Fall unter Leitern durch, vergesse nie auf Holz zu klopfen, wenn es die Situation erfordert, und gerade jetzt bin ich restlos davon überzeugt, dass der Verlust der Eheringe am Tag vor der Hochzeit in Kombination mit dem Verlust der Liebe beim Anprobieren des Brautkleides der denkbar schlechteste Omen-Mix für diese Ehe ist. Deshalb …

Es quietscht. Ich hebe den Kopf. Robin Gutfreund, inzwischen mit einer Schirmmütze auf dem Kopf, dafür ohne Namensschild, hat das Geschäft abgeschlossen und den Rollbalken ganz heruntergelassen. Der Juwelierladen ist endgültig zu. Das Rattern, als der Balken auf den Asphalt trifft, klingt wie der Stein, der mir vom Herzen fällt. Das Schicksal hat entschieden. Das Schicksal hat graue Augen, lange Wimpern, glatte Haut und einen Schlüssel, der Zukunftstüren schließt.

Verblüfft runzle ich die Stirn. Denn das stumme Schicksal hält eine Karte zwischen Daumen und Zeigefinger. Ich nehme sie. Es ist die Visitenkarte des Café Prückel, das sich nicht weit von der Bäckerstraße entfernt an der Ringstraße befindet.

»Das ist sehr nett von Ihnen, aber in meinem Zustand ist mir nicht nach einem Kaffeehausbesuch.«

Robin Gutfreund schüttelt den Kopf und deutet auf den Schriftzug über der Ladentür. »A. Kuppitschek, Juwelier«, steht da, und endlich begreife ich.

»Der Juwelier Kuppitschek sitzt im Café Prückel und hat die Ringe bei sich?«

Er hebt den Daumen, zögert und deutet schließlich auf meine linke Brust.

»Stimmt. Das wäre schön, wenn die Liebe sich auch so einfach wiederfinden ließe.«

Er nickt, lächelt und tippt schließlich mit dem Zeigefinger vorsichtig auf meine Nasenspitze.

»Liebe geht durch die Nase?«, rate ich, doch er schüttelt neuerlich den Kopf, winkt mir zum Abschied zu und verschwindet Richtung Stephansplatz.

»Drei Könige, nicht schlecht für den zweiten Versuch. Aber denken Sie an Ihren Einsatz, mein Herr. Der letzte Wurf entscheidet. Aus dem Becher, aus dem Sinn. Schütteln Sie mit Bedacht, in Ihrer Hand ruht viel mehr als nur ein Haufen Gold. Spielen Sie, spielen Sie gut!«

Die Luft in dem alten Jugendstilkaffeehaus bewegt sich keinen Millimeter, auch nicht, als der junge blonde Mann den Lederbecher kräftig durch die Luft wirbelt und dessen Inhalt, zwei goldene Würfel, auf die Tischplatte kippt. Mit angehaltenem Atem beobachte ich, wie er den Becher vorsichtig hebt. Ein Zehner und ein Bube. Der junge Mann schlägt wütend mit der Faust auf den Tisch, der ins Wanken gerät, anschließend springt er auf und stürmt mit gesenktem Kopf aus dem Lokal. Der andere Mann lacht leise, sammelt die Würfel mit langen, ringbesetzten Fingern ein und rollt sie spielerisch in der Handfläche.

In diesem Moment muss ich husten. Nicht nur, dass die Sommerhitze das Prückel mit seinen hohen Glasfenstern in ein Treibhaus verwandelt hat, hängt auch noch dichter Zigarettenrauch in der mit ohnehin nur wenig Sauerstoff angereicherten Luft. Erschrocken halte ich mir die Hand vor den Mund, doch der Mann hat mich bereits bemerkt. Er hebt den Kopf und blickt mich aus tiefschwarzen Augen an, die durch die Gläser einer dicken, dunkel umrandeten Brille wie Kohlestücke wirken. Er ist selbst sitzend fast so groß wie ich im Stehen. Schwarzes lockiges Haar fällt strähnig auf seine Schultern. Ein arger Kontrast zu dem schicken reinweißen Anzug, den er trägt, bestimmt eine Maßanfertigung.

»Juwelier Kuppitschek?«, frage ich leise, räuspere mich und ergänze etwas lauter: »Robin Gutfreund hat mich hierhergeschickt, und der Kellner meinte, das sei Ihr Tisch.«

»An den ungeraden Tagen.« Er mustert mich. »Wer mich sucht, kann mich gelegentlich hier finden. An geraden Tagen ziehe ich das ›Diglas‹ vor, und an jedem ersten Sonntag im Monat befindet sich mein Platz in den hintersten Räumlichkeiten des ›Sacher‹. Ich habe eine Schwäche für die Wiener Kaffeehauskultur, müssen Sie wissen. Womit kann ich dienen?«

Er deutet auf den nun freien Stuhl ihm gegenüber. Ich setze mich.

»Wir haben es nicht geschafft, die Eheringe vor Ladenschluss abzuholen, bitte entschuldigen Sie die Umstände. Ich bräuchte sie dringend. Wir heiraten nämlich morgen, mein Verlobter und ich. Er hat sie«, fahre ich fort, als Kuppitschek nicht reagiert, »im Mai bei Ihnen bestellt, Spezialanfertigung auf den Namen …«

»Ich verkaufe ausschließlich Spezialanfertigungen. Die Sonderwünsche meiner Kunden kann ich stets erfüllen. Der Preis jedoch orientiert sich an der Nachfrage.«

Seine langen Finger ballen sich zur Faust, in der die fünf goldenen Würfel komplett verschwinden. Ein sehr geschäftsmäßiges Lächeln umspielt seine vollen Lippen. Na toll! Das war ja klar, dass der Juwelier unser Missgeschick nützt, um den Preis anzuheben. Verzugszinsen wird er das nennen. Siedend heiß fällt mir ein, dass ich nicht einmal Geld eingesteckt habe, so hastig bin ich aus der Wohnung gestürzt. Auch das Handy liegt im Wohnzimmer, ich kann also nicht einmal Tim oder Minna anrufen, um mich nach den mit Kuppitschek getroffenen Abmachungen zu erkundigen.

Ich versuche es mit weiblichem Charme. »Sehen Sie, Herr Kuppitschek, mir ist klar, dass so ein Service außerhalb der Geschäftszeiten Gebühren kostet. Ich habe nur leider keine Geldbörse eingesteckt. Schicken Sie uns doch einfach die Rechnung zu, ich bin mir sicher, dass wir eine Lösung …«

»Nur keine Aufregung«, sagt Kuppitschek freundlich und legt seine ring- und würfellose linke Hand auf meine rechte. »Ich spiele nie um Geld.«

»Wieso spielen?«

Der Juwelier lacht und reicht mir den Lederbecher. Ich halte ihn noch unschlüssig in der Hand, als er bereits die fünf Würfel einzeln hineinwirft. Sie machen ein feines »Pling«-Geräusch, als sie aneinanderstoßen.

»Es ist ganz einfach«, sagt er so leise, dass nur ich ihn hören kann, »jeder von uns hat drei Würfe. Wessen Ergebnis den höheren Wert hat, der gewinnt. Fünf Gleiche ist die höchste Summe, vier Gleiche darunter, es folgt das Full House, das aus drei Gleichen und zwei Gleichen besteht. Die Große Straße und die Kleine Straße schlagen drei Gleiche, zwei Paare, ein Paar und keine Kombination verliert. So weit alles klar?«

Ich nicke. Tim ist ein fanatischer Online-Pokerspieler und hat mir schon vor einiger Zeit die Poker-Kombinationen erklärt. Was ich aber ganz und gar nicht verstehe, ist der Sinn dieses Spiels.

»Herr Kuppitschek, ich würde wirklich gerne mit Ihnen Würfelpoker spielen, aber ich habe heute keine Zeit. Geben Sie mir einfach die Ringe, schicken Sie uns die Rechnung, wir überweisen gleich am Montag … Au!«

So schnell, dass meine Augen der Bewegung nicht folgen konnten, hat der Mann meine Hand, die immer noch den Becher hält, mit seinen beiden umfasst, sich von der roten Samtbank erhoben und über den kleinen Kaffeehaustisch zu mir gebeugt. Er ist mindestens zwei Köpfe größer als ich.

»Die Regeln bestimme ich. Der Preis sind die Ringe, und der Einsatz«, er presst meine Hand mit Gewalt an seine Lippen, »ist die Liebe.«

Seine Fingernägel bohren sich wie Pfeilspitzen in meine Haut, die Stelle, wo sein Mund mich berührt hat, fühlt sich wie verbrannt an. Ich frage mich, wie zum Teufel ich in diese klischeehafte Szene aus einem mittelmäßigen Baz-Luhrmann-Epos geraten konnte. Passiert das alles wirklich mir oder bin ich zu Nicole Kidman mutiert und das Café Prückel zu einem sehr realistischen Filmset? Und wer, zum Geier, ist ER?

»Zu melodramatisch?«, fragt mein Gegenüber wie auf Stichwort und lässt endlich meine Hand los. »Das passiert mir immer wieder. Seit der Filmschwemme aus Hollywood hat sich mein Auftritt gewandelt. Früher, in der Antike, mit Pfeil und Bogen, da konnte ich in einwandfreien Hexametern sprechen. Süßes, naturbelassenes Vogelgezwitscher untermalte als Soundtrack jeden meiner Auftritte.« Er seufzt. »Aber im einundzwanzigsten Jahrhundert ist die Erwartungshaltung eine ganz andere.«

»Wer sind Sie eigentlich?«

Er lässt sich mit einem zufriedenen Lächeln wieder auf der Samtbank nieder, nimmt einen Schluck aus einer winzigen Mokkatasse und richtet dann seinen Kohleblick erneut auf mich.

»Entschuldigen Sie, ich vergaß, mich vorzustellen. Kuppitschek nennt man mich in Wien. Bei den alten Römern taufte man mich Amor, mein griechisches Pseudonym Eros hat mir aber immer schon besser gefallen. Es klingt verwegener. Das lateinische Cupido bedeutet so viel wie Begierde, doch im Grunde bin ich einfach nur oberster Beauftragter in geheimer Mission für die Liebe.«

Ich reibe mir die Schläfe. Ein Aspirin wäre jetzt wirklich toll. Von mir aus auch Kamillentee.

»Herr Kuppitschek …«

»Sie dürfen mich amore nennen, bella ragazza!«

»Herr Kuppitschek«, sage ich lauter, »es freut mich wirklich, dass Sie sich auf meine Kosten amüsieren, aber ich habe keine Zeit für solche Späße.«

»Sie halten mich für einen Komödianten? Gut, testen Sie mich! Was wollen Sie von mir wissen? Wo Sie Ihren Liebsten zum ersten Mal gesehen haben? Bahnhof Landstraße Mai 2009. Ein lauer Abend. Wie viele Sekunden der erste Kuss gedauert hat? Fünfunddreißigeinhalb. Dass Sie davor Ihren Kaugummi schlucken mussten, weil Sie nicht wussten, wohin damit? Was dann geschah? O bitte, fragen Sie mich, ich kenne alle Antworten.« Er grinst. »Oder wüssten Sie lieber, wie Sie das zurückbekommen, was Ihnen heute um Punkt achtzehn Uhr zweiundzwanzig verloren gegangen ist?«

Auf einmal wird mir der Sauerstoffmangel im Kaffeehaus bewusst. Mein Wintermantel fühlt sich an wie ein schweres Bärenfell, das mich erdrückt. Die Hitze und der Zigarettenrauch sorgen dafür, dass ich kaum noch Luft bekomme. Ohne nachzudenken, greife ich nach dem Wasserglas, das neben Kuppitscheks Mokkatasse steht und trinke es in einem Zug aus. Ich muss husten.

»Was … was wollen Sie von mir?«

»Nur ein Spiel, mehr nicht«, sagt er, ohne zu lächeln. »Dieses Spiel ist mein Leben. Ich verschenke nichts, meine Schöne, ich verteile Gewinne, so einfach ist das. Würfeln Sie! Schlagen Sie mich, dann wird alles so sein wie vor diesem Abend. Ich werde Ihnen die Ringe aushändigen, die Ihre Liebe besiegeln. Verlieren Sie aber, und sei es nur um einen Punkt, bleibt Ihnen der Verlust, und die Hochzeit«, er schnippt mit den Fingern, »ist geplatzt.«

Wie zur Bestätigung lässt genau in diesem Moment ein Kellner ein Tablett mit Gläsern fallen, und eine Dame kreischt laut. Das riecht tatsächlich sehr nach Hollywood-

Drehbuch. Kuppitschek nimmt mir den Becher aus der Hand, schüttelt ihn ein wenig und stürzt ihn dann auf die Tischplatte. Er hebt ihn vorsichtig an. Ich hole tief Luft. Die goldenen Würfel zeigen drei Asse und zwei Könige.

»Full House!«, sagt Kuppitschek vergnügt. »Das schlagen nur noch vier Gleiche und fünf Gleiche. Zwei Würfe sollten genügen.«

Siegessicher wirft er die zwei Könige in den Becher zurück, schüttelt ihn und lässt die Würfel diesmal schwungvoll heraus rollen. Ein As und ein Bube.

Mir klopft das Herz bis zum Mantelkragen. Natürlich glaube ich kein Wort von dem Schwachsinn, den der Typ verzapft. Von wegen Amor. Aber woher weiß er Zeitpunkt und Gegenstand meines Verlustes? Hat er mit Minna oder Tam telefoniert? Doch denen habe ich nie von dem Kuss-Fiasko erzählt, als ich fast an einem Kaugummi erstickt wäre. Das weiß nur Tim, der mich durch korrekte Anwendung des Heimlich-Griffes gerettet hat. Und der musste mir beim Leben seiner geliebten Mutti schwören, es niemals auszuplaudern. Woher weiß dieser Kuppitschek so viel über mich, und was passiert, wenn ich dieses Spiel verliere?

»Vier Asse.« Er blickt mich an, während er den Buben zwischen Daumen und Zeigefinger nimmt und fast zärtlich in den Becher fallen lässt. »Das sieht nicht gut aus für Sie.«

Er kippt den Becher ein drittes Mal, lässt sich Zeit damit, den letzten Wurf zu enthüllen, und hebt das Gefäß nur ganz langsam hoch. Trotz der Sommerhitze hier drinnen streicht mir ein eisiger Luftzug über die nackte Haut unter dem Mantel. Als der Schatten des Bechers das Ergebnis des Würfels Preis gibt, atme ich heftig aus. Die feinen gravierten Linien formen einen Frauenkopf, dem das Haar sanft auf die Schulter fällt. Es ist eine Dame.

»Erstaunlich«, sagt Kuppitschek, »wie mir heute Abend eine Dame den sicheren Sieg raubt. Doch gewinnen werde ich trotzdem. Nur fünf Gleiche können mich schlagen. Bitte, Ihr erster Wurf.«

Mit einer eleganten Bewegung hat er die Würfel wieder in den Becher gestreift, den er mir nun lächelnd reicht. Mein Wurf. Ich sehe mir mein Gegenüber genau an. Ist mir vorhin nicht aufgefallen, dass seine Zähne eigentlich viel zu weiß sind? Nicht mal Perlweiß schafft das. Auch sein Haar ist zu schwarz. Es gibt selbst in der Schwärze Abstufungen, und ein so pechfarbenes Dunkel ist mir noch nie untergekommen. Dafür leuchten seine Lippen hellrot ebenso wie seine Wangen. Es fällt mir plötzlich nicht mehr schwer, ihn mir als Putte mit Pfeil und Bogen vorzustellen oder als jungen Gott, der schlafende Jungfrauen verführt. Alles an ihm ist farbiger, kräftiger und intensiver als seine Umgebung. Ich ertappe mich dabei, wie ich mir vorstelle, von seinen großen, sehnigen Händen berührt zu werden. Wie anders sich das anfühlen würde als Tims muskelfreie Intellektuellenarme oder sein weicher werdender Bauchansatz. Selbst die Kohleaugen erscheinen mir plötzlich unwiderstehlich, auch wenn ich sonst eine Vorliebe für blonde, blauäugige Männer habe. Knallrot pulsiert die Hitze in meinen Wangen.

Schnell richte ich meinen Blick auf den Lederbecher, der mir viel schwerer vorkommt, als er aussieht. War er vorhin leichter? Ich weiß es nicht. Es ist fast so, als wäre er zum Spiel bereit und neigte sich von selbst, bis die fünf Würfel auf den Kaffeehaustisch purzeln. Ungläubig betrachte ich das Ergebnis des Wurfes. Zehn, Bube, Dame, König und As. Eine Große Straße. Unter normalen Umständen ein gelungenes Resultat. Doch der schlechteste Anfang für fünf Gleiche, den man sich nur denken kann. Vor allem, wenn es um nichts Geringeres geht als meine künftige Ehe.

Kuppitschek kratzt sich am Kinn.

»Wie schade um solche Würfe, wenn sie dermaßen verschwendet sind. So ähnlich ist es mit meinen Pfeilen. Oft sind die Voraussetzungen da, und alles passt zusammen wie bei dieser perfekte Straße. Aber ist es nicht das, was man gerade brauchen kann, dann hält die Liebe auch nicht, egal, wie gut ich gezielt habe. Die Frage ist, meine Schöne, worauf setzen Sie Ihr Glück nun?«

Ich zögere nicht lange. Entschlossen sammle ich Dame, König, As und Zehn ein und werfe sie zurück in den Becher. Der Bube bleibt liegen.

»Originelle Entscheidung«, sagt Kuppitschek und schenkt mir ein blitzendes Lachen, »aber fast immer die falsche. Wer siegessicher ist, wählt Könige und Asse.«

»Nicht, wenn man auf sein Herz vertraut«, antworte ich, schüttle den Lederbecher, wehre mich diesmal gegen sein Gewicht und kippe ihn erst, als er nicht mehr nach unten zieht. Zwei Buben, ein König und ein As. Gut, aber nicht gut genug. Ich greife nach König und As, doch Kuppitschek ist schneller. Unsere Hände berühren sich, als er die Würfel in meine Handfläche legt und meine Finger mit den seinen darum schließt. Eine Art von Benommenheit sorgt dafür, dass ich die Hand nicht zurückziehe, sondern stattdessen die feinen, langen Fingerglieder und die glänzenden Ringe daran bewundere. Dutzende von Empfindungen fließen gleichzeitig durch meinen Körper. Es ist heiß, so heiß. Am liebsten möchte ich mir den Wintermantel ausziehen und auf die Straße laufen, den leichten Abendwind auf meiner nackten Haut spüren und, und …

Ich mache mich von Kuppitscheks Berührung los, werfe hastig die letzten beiden Würfel in den Becher und schüttle ihn stärker als nötig. Die Szenerie ist so unwirklich. Das bin gar nicht ich hier an diesem Tisch im Café Prückel. Nicht ich spiele mit Amor persönlich um meine Liebe, sondern nur ein Phantom, das Helena Treu, von ihren Freunden Leni genannt, aufs Haar gleicht. Das hier ist die Hollywoodversion eines alten, antiken Mythos, und folglich spielt es keine Rolle, wie ich würfle. Das Schicksal hat längst entschieden, das Drehbuch ist verfasst, die Rollen sind vergeben. Ich muss nur loslassen, und die Dinge werden unweigerlich ihren Lauf nehmen. Nichts geschieht ohne Grund. Sobald diese Gewissheit mich erfüllt, spüre ich eine grenzenlose Zuversicht. Ich knalle den Becher auf den Tisch und ziehe ihn sofort hoch, um die Bilder auf den Würfeln freizulegen. Sie sind identisch. Zwei Köpfe, Zwillinge vielleicht. Kein Zweifel, das Schicksal hat für mich entschieden. Fünf Buben liegen auf dem Tisch.

Ich reiße im Sieg die Arme hoch. Der Becher fliegt mir aus der Hand und landet in der Suppenschale eines eleganten älteren Herren, den die heißen Bouillonspritzer im Gesicht dazu veranlassen, aufzuspringen, wobei er dem

Pudel seiner Begleiterin auf die Pfote tritt. Das Tier jault auf und flüchtet quer durchs Lokal, was ein Riesenspektakel zur Folge hat. Doch nichts davon interessiert mich. Ich sehe nur die kleine Schachtel, die Kuppitschek aus seinem Jackett gezaubert hat, eine schlichte weiße, eckige Dose mit einem roten Herz in der Mitte. Er hält sie mir lächelnd hin.

»Wenige haben mich besiegt. Ich gratuliere, die Ringe gehören Ihnen.«

Vorsichtig nehme ich die Schachtel, öffne sie, betrachte die wunderschön gearbeiteten goldenen Ringe, ein großer und ein kleiner, und forsche gleichzeitig in meinem Herz nach der kolossalen Veränderung. Nach dem Paukenschlag. Oder wenigstens dem Xylophon oder der Triangel.

»Und meine Liebe? Ich habe das Gefühl, dass sie immer noch verloren ist.«

»Keineswegs. Aber sie befindet sich nicht in diesem Raum oder in dieser Schachtel.«

»Wo dann?«

»Mit der Liebe ist es wie mit dem meisten verlorenen Dingen. Man sucht sie am besten da, wo man sie zuletzt hatte.«

»Aber ich weiß nicht, wo ich sie ...«

Dann begreife ich. Es gibt noch einen Ort, wo ich an diesem verrückten Abend hinmuss, und zum Glück ist er nicht weit. Ich verstaue die Ringe in der Manteltasche und strecke die Hand zum Abschied aus.

»Ich danke Ihnen, Herr Kuppitschek, Amor, oder wie immer Sie heißen. Ich glaube, ich finde den Weg allein. Aber vielleicht haben Sie hier und da ein Auge auf uns.«

»Leben Sie wohl.«

Er lächelt, nimmt meine Hand, führt sie zu seinen Lippen und deutet einen Handkuss an. Mein Gesicht glüht wieder einmal, während ich das Café Prückel im Laufschritt verlasse, doch diesmal ist es kein unangenehmes Gefühl. Wenn einen nicht einmal die Liebe höchstpersönlich ein wenig im Herzen kitzelt, was dann?

Kairo 2380 km. Ich streiche mit den Fingern über die gravierten Buchstaben und muss lächeln. Das orangefarbene Licht des Sonnenuntergangs lässt den Wiener Stadtpark postkartentauglich leuchten. Die letzten Sonnenstrahlen werden vom Wasser des dunklen Teiches reflektiert, an dessen Ufer das Wetterhäuschen steht. Es ist ein beliebter Treffpunkt von Touristen und Pärchen, die sich im Park zu einem Spaziergang verabreden, eine mehrere Meter hohe Steinsäule, an der Barometer angebracht sind, gekrönt von einem grünen Spitzdach, auf dem eine Wetterfahne die Windrichtung anzeigt. Die Uhren an allen vier Seiten sind längst stehen geblieben. Umgeben ist das Wetterhäuschen von einer Steinbalustrade, an der ich lehne und das abendlich ruhige Treiben im Stadtpark beobachte. In die Balustrade sind die Entfernungen zu diversen berühmten Städten eingraviert. Das ist der Platz. Doch wo ist die Liebe?

Zum Wetterhäuschen sind wir damals spaziert, als ich Tim vom Bahnhof Landstraße abgeholt habe. Er kam zum Doktoratsstudium, und sein Mitbewohner hatte ihn im letzten Moment versetzt, um nach Schweden zu trampen. Da dieser Mitbewohner ausgerechnet Minnas nerviger Bruder war, hat sie mich gebeten, den Deutschen in Empfang zu nehmen, der ja fremd in der Stadt und ganz allein war. Ich habe meine Aufgabe sehr gut erfüllt, zumindest lagen wir uns eine Stunde später hier beim Wetterhäuschen im wahrsten Sinn des Wortes in den Armen. Der erste Kuss ging nämlich dramatisch schief, weil ich fast an dem hastig hinuntergeschluckten Kaugummi erstickt wäre. Doch nachdem Tim mich gekonnt gerettet hatte und ich über der Balustrade hing, um wieder zu Atem zu kommen, sagte er:

»Wohin soll der Flug gehen, Madame? Nach Kairo? Das sind schlappe 2350 Kilometer. Oder lieber nach Kapstadt? 9133 Kilometer, und wir sind dort. Paris, die Stadt der Liebe. Lass uns nach Paris fliegen. Siehst du dieses stolze Luftschiff hinter uns? Ein Heißluftballon mit Spitzdach, wer hat das schon. Wohin willst du?«

Mein Herz schlägt schneller, als ich die Stimme höre. Ist das wirklich möglich? Ich drehe mich um. Da steht Tim in seinem Hochzeitsanzug, der über dem Bauch zu sehr spannt, als dass er sich schließen ließe.

»Nach Syrakus«, antworte ich, wie damals. »Ich will von der untersten Spitze Italiens Richtung Afrika schauen.«

»1242 Kilometer, das sollte zu schaffen sein«, sagt Tim leise und tritt neben mich an die Balustrade. Gemeinsam beobachten wir ein Pärchen, das den Teich entlangspaziert und sich dabei an den Händen hält. Das Mädchen nestelt nervös am Rock, und der Junge sieht sie unsicher von der Seite an.

»Was machst du hier?«, frage ich.

»Ich habe etwas gesucht«, antwortet er.

»Was?«

»Dich. Und du?«

»Ich habe auch etwas gesucht.«

»Hast du es gefunden?«

Das ist die alles entscheidende Frage. Bin ich nicht die Frau, die nicht an Zufälle glaubt? Die nach Zeichen sucht und nach simplen Bauernregeln Glück von Unglück trennt?

»Woher hast du gewusst, dass du mich hier findest?«, will ich von ihm wissen.

»Das war ganz seltsam, Leni. So ein Gefühl. Irgendwann zwischen sechs und halb sieben. Ich hatte dich verloren, verstehst du? Ich stand in meinem Hochzeitsanzug vor dem Spiegel und bekam den vorletzten Knopf nicht zu, und plötzlich, von einer Sekunde auf die nächste, warst du nicht mehr in mir drinnen.

Ich bin sofort zu deiner Wohnung gefahren, aber da lag nur dein Kleid völlig aufgelöst auf dem Boden. Wie ein weißer Scheiterhaufen aus Tüll und Spitze. Und da kam mir alles so verrückt vor. Die Vorstellung, dass wir morgen heiraten. Dass wir auf Hochzeitsreise fahren, und dass ich dann bei dir einziehe. Es war alles wie ein verworrener Traum. Ich stand an deinem offenen Fenster und habe trotzdem geglaubt, ich ersticke. Und dann, vor einer halben Stunde oder so, ist mir eingefallen, dass ich hierherkommen muss. Als hätten wir uns verabredet. Das war echt schräg.«

Ich habe ihm schweigend zugehört. Inzwischen ist die Sonne endgültig untergegangen, die drückende Hitze des Sommertages ist einem feinen Lüftchen gewichen, und die Schatten zwischen den Bäumen bereiten sich auf die Nacht vor.

»Was hast du, Leni?«

»Ich hatte auch einen seltsamen Traum. Und ich weiß nicht, ob er schon vorbei ist.«

Ich stecke die Hand in meine Manteltasche und reiche Tim die weiße Schachtel mit dem roten Herz. Er nimmt sie vorsichtig, als könnte sie sich jederzeit in Luft auflösen, hebt den Deckel ein kleines Stückchen und grinst dann breit.

»Sag bloß, Tam, diese Pfeife, hat vergessen, die Ringe abzuholen?«

Ich nicke stumm. Beide betrachten wir das glänzende Gold zwischen uns. Ein Geruch, der mich an das rauchige Café Prückel und an frischen, dampfenden Mokka erinnert, hängt in der Luft.

»Tim?«

»Hm?«

»Erinnerst du dich noch, was du gesagt hast? Nachdem wir uns unser Flugziel ausgesucht haben?«

»Ich habe Schiller zitiert. Die Bürgschaft. Die mussten wir in der zehnten Klasse vorwärts und rückwärts pauken.«

»Kannst du das noch einmal sagen?«

Tim nimmt mein Gesicht in beide Hände und zieht es nahe an seines.

»Die Angst beflügelt den eilenden Fuß, ihn jagen der Sorge Qualen, da schimmern in Abendrots Strahlen von ferne die Zinnen von Syrakus.«

Ein Eck meines Herzens wird ganz weich, als hätte jemand eine brennende Kerze dagegengehalten. Angst,

Sorge und jetzt das Abendrot. Ich lache, während meine Augen sich mit ungewohnter Feuchtigkeit füllen.

»Und dann?«, flüstere ich.

Tim küsst mich liebevoll auf die Nasenspitze.

»Liebe küsst ohne Lebensgefahr«, sagt er und lächelt.

Das ist der Moment. Etwas rastet ein, wirft den Brenner an und hebt ab. Der Stadtpark bleibt unter uns zurück, als das Wetterhäuschen an Höhe gewinnt. Unser Luftschiff trägt uns davon. Ich sehe über die Balustrade nach unten.

Auf dem Steg über den Wienfluss gehen zwei Männer, der eine groß, mit weißem Anzug und langer dunkler Mähne, der andere klein und schlank. Sie werfen lange Schatten hinter sich. Ich winke. Kuppitschek bleibt stehen und reibt sich die Hände, wie nach getaner Arbeit. Robin Gutfreund aber deutet mit dem Zeigefinger auf seine Nasenspitze. Da zieht es unser Wetterhäuschen mit Schwung Richtung Süden, die Menschen, die Pärchen, die Häuser Wiens und auch das seltsame Paar auf der Brücke werden winzig klein und sind kaum noch zu sehen.

»Liebe küsst ohne Lebensgefahr«, rufe ich lachend nach unten. Vielleicht bilde ich es mir nur ein, aber es sieht so aus, als ob Robin Gutfreund in die Hände klatscht.

»Leni Treu, willst du mich morgen heiraten?«, fragt Tim, dessen Gesicht im Rot des Sommerabends leuchtet.

»Ja, ich will«, antworte ich.

STEFFI VON WOLFF

Wenn der August kommt

Ich wohne in einer wirklich schönen Altbauwohnung, die ich sehr liebe und nur über meine Leiche hergeben würde. Aber wie das mit Altbauwohnungen so ist – es gäbe immer etwas zu tun. Weil sie eben alt sind. Da lösen sich Kacheln ab, Dielen knarren, Wasserhähne tropfen, Leitungen liegen über Putz, obwohl sie das gar nicht sollen, und Heizungen gehen kaputt. Kurz, man müsste einmal gründlich renovieren.

Aber wie das eben so ist, schiebt man solche Dinge ständig vor sich her und denkt: »Nächsten Monat/in zwei Monaten/in drei Monaten/in einem halben Jahr/irgendwann werde ich mich darum kümmern.« Und dann vergisst man es wieder.

Ich weiß nicht, ob es die Hormone waren, die mich dazu brachten, dass ich mich eines schönen Mai-Abends auf den Balkon setzte und eine Liste schrieb mit all den Dingen, die es zu erledigen galt.

Es wurde eine lange Liste, und mir war wieder mal klar, dass ich für spontanes Handeln nicht geschaffen bin. Bei mir dauert alles ein bisschen länger. Und der schöne Satz »Wenn man erst mal angefangen hat, macht es total viel Spaß« fruchtet bei mir auch nicht so richtig. Bei mir fruchten eher so Sätze wie: »Heute Abend lege ich mich ganz früh ins Bett und lese stundenlang« oder »Wie gut, dass Tiefkühlpizza und Schokoladenpudding im Haus sind«. Ja, ich bin ein bequemer und recht einfach gestrickter Mensch.

Die Liste wurde immer länger. Am Ende waren zwei DIN-A4-Blätter komplett vollgeschrieben, und ich wusste nicht mehr, was am wichtigsten und am unwichtigsten war.

Dann fiel mir die Lösung ein. Ich rief eine meiner Freundinnen an, und zwar Gaby. Gaby ist etwas ganz Besonderes. Sie erledigt nämlich alles sofort und ohne Murren und schreibt auch Listen, aber solche, auf denen steht: DVDs abstauben, Putzmittelflaschen reinigen, Fenstergriffe polieren, die Druckknöpfe vom Herd sauber machen. Sachen, auf die ich im Traum nicht kommen würde. Aber Gaby schon. Sie hat es im Griff, alles.

»Es ist ganz einfach«, sagte Gaby fröhlich und voller Tatendrang. »Alles, was du ein Jahr nicht mehr in die Hand genommen hast, schmeißt du weg.«

»Darum geht es doch gar nicht.«

»Doch, darum geht es auch«, erwiderte sie. »Bei dir muss erst mal gründlich aufgeräumt werden, bevor es an so Dinge wie das Renovieren geht. Wenn du magst, komme ich am Wochenende vorbei und helfe dir.«

Das fand ich gut, auch wenn ich die Vorstellung, Sachen wegzuwerfen, nicht so toll fand. Aber immerhin hatte ich ja einen Mund zum Reden – und würde mich rechtzeitig zu wehren wissen.

»Tut mir leid, dass es ein bisschen später geworden ist«, entschuldigte sich Gaby am Samstag, obwohl sie pünktlich war. »Aber ich musste unbedingt den Esszimmertisch von unten mal mit Möbelpolitur bearbeiten, daran denke ich sonst nie.«

»Von unten?«

»Ja, ich drehe ihn um und poliere die Unterseite, damit das Holz auch da gepflegt ist.«

»Ach so.« Ich besaß noch nicht mal Möbelpolitur.

»Zeig mir mal die Liste.«

Gaby setzte ihre Lesebrille auf und studierte mein Gekritzel ausführlich.

»Oha«, meinte sie dann und ging in mein Schlafzimmer, um sich umzuziehen. Kurze Zeit später war sie zurück und trug einen Blaumann und Arbeitshandschuhe.

Ich bekam Angst. Schreckliche Angst.

Eigentlich hatte ich doch nur ihren Rat gewollt und keine entkernte Wohnung.

*

Am Sonntagnachmittag war die Hälfte der Liste abgearbeitet und ich ziemlich fertig mit den Nerven.

Ich besaß jetzt nicht mehr 246 Zeitschriften, sondern nur noch drei, und zwar aktuelle. Ich hatte eine entkalkte Kaffeemaschine, mein Kleiderschrank war ausgemistet worden, und auch verschiedene Bettwäsche-Garnituren waren in den Altkleidercontainer gewandert, weil sie schon über zwanzig Jahre alt war. Meine Abstellkammer konnte man jetzt wieder betreten, und ich war nun nicht mehr stolze Besitzerin mehrere Gläser Gewürzgurken, die im September 1991 abgelaufen waren. Ein angebrochenes Glas mit Instant-Kaffee sowie ein nie benutztes Schokoladenfondue-Set hatten mich verlassen.

Aber ich hatte tatsächlich noch zwei originalverpackte *Raider* gefunden und war richtig nostalgisch geworden, weil ich den Namen *Twix* noch nie mochte. Ich hätte die Raider gern gegessen, auch weil ich mich wieder so jung fühlen wollte wie damals, aber Gaby meinte, dann könnte ich mich gleich ins Krankenhaus einweisen lassen, denn auch Raider gebe es seit 1991 nicht mehr. Ich hatte also neunzehn Jahre alte Schokoriegel aufbewahrt und noch nicht mal etwas von ihrer Pubertät mitbekommen.

»Die behalte ich«, sagte ich und musste fast weinen, weil ich daran denken musste, was diese Raider-Riegel schon alles gesehen haben mussten in ihrem Leben. Neunzehn Jahre waren sie bei mir gewesen, da trennt man sich doch nicht so einfach.

Aber Gaby war erbarmungslos. Die Riegel verschwanden genauso im Müll wie ungefähr dreiviertel meiner gesamten Habe. Ich fühlte mich nackt.

»Jetzt kann es losgehen«, sagte Gaby euphorisch.

»Was denn?« Ich bekam schon wieder Angst. War denn nicht alles erledigt?

»Na, mit der Renovierung. Wir können in jedem Raum alles wunderbar in die Mitte schieben, damit Weißbinder und Elektriker Platz haben.«

»Äh.«

»Es wäre doch blöd zu warten, wo doch jetzt gerade alles so schön leer ist.«

»Ich finde aber, dass der Winter eine nettere Zeit zum Renovieren ist. Ich wollte in diesem Sommer auch noch wegfahren.«

»So ewig brauchen die Handwerker ja auch nicht. Ich kenne eine Firma, die machen alles. Firma August. Ich kümmere mich darum.«

Ich traute mich nicht, Nein zu sagen und dachte nur: »Lustig, die Firma August kommt im August zu mir.«

Na gut. Andere Leute fahren im August in die Ferien, ich würde mich mit der Firma August herumschlagen müssen. Aber dann wäre es wenigstens erledigt.

Am nächsten Tag rief Gaby mich an und berichtete, dass die Leute von der Firma August am nächsten Montag, den 2. August, um sieben Uhr morgens auf der Matte stehen würden. Drei der Männer hätten gern Kaffee, einer Tee, weil Kaffee ihm auf den Magen schlagen würde, aber alle wollten Zwiebelmettbrötchen und hart gekochte Eier. Folgsam notierte ich alles auf einem Zettel.

Am 2. August stand ich um halb sechs auf, damit alles fertig wäre, wenn die Handwerker kämen. Ich besorgte haufenweise frische Brötchen, bestrich sie mit Butter und Mett, kochte Kaffee und Tee und hatte sogar an die BILD und die MORGENPOST gedacht, was ich sehr clever von mir fand. Bestimmt hatten Handwerker mit Tageszeitungen bessere Laune.

Ab sieben Uhr befand ich mich in Habtachtstellung. Es war wirklich alles vorbereitet, die Brötchen nett auf einem Tablett angerichtet, der Kaffee in Thermoskannen auf dem Tisch genauso wie der Tee. Milch und Zucker standen ebenfalls da. Und die Zeitungen, die ich fächerförmig angerichtet hatte, weil ich das netter und eher so hotelmäßig fand.

Die Möbel waren in die Mitte der Zimmer gerückt und abgedeckt worden, ganz zum Schluss sollten ja die Böden abgeschliffen werden, dann musste man improvisieren. Aber Gaby hatte gemeint, die August-Männer würden das schon hinkriegen, die machten so was ja nicht zum ersten Mal.

Ich hatte jetzt auch richtig Lust darauf, dass es losging. Wie heißt es so schön: Erst mal angefangen, dann macht es Spaß.

Um Viertel nach sieben schaute ich aus dem Fenster, sah aber keinen Wagen, der so aussah, als würde er zur Firma August gehören. Ich sah auch keine Handwerker in Latzhosen. Um halb acht dann klingelte es, und ich frohlockte.

Es war aber nur meine Nachbarin, Frau Michaelis, die mich bat, während ihres Kuraufenthalts in Bad Bergzabern die Blumen zu gießen, was aufgrund der Tatsache, dass sie eine riesengroße Terrasse mit einer Million Kübelpflanzen ihr Eigen nannte, fast schon an der Grenze zur Unverschämtheit lag. Trotzdem nickte ich und nahm den Schlüssel in Empfang, wünschte ihr gute Erholung und wartete weiter.

Gegen zehn vor acht wurde ich sauer und rief bei der Firma August an, wo ich aber nur den Anrufbeantworter erwischte. Ich hinterließ meine Nummer und wurde wütend. Um zehn nach acht war ich noch wütender und aß eines der Mettbrötchen, woraufhin mir Mettreste in die Zahnzwischenräume rutschten und dort festsaßen wie

Beton, was mich noch wütender machte, weil ich keine Zahnstocher im Haus hatte.

Dann rief ich bei Gaby an.

»Sie sind nicht da.«

»Die Männer?«

»Sicher. Wer denn sonst?«

»Reg dich nicht auf«, sagte Gaby munter. »Handwerker kommen doch immer zu spät.«

»Sie könnten aber anrufen.«

»Handwerker rufen nie an, wenn sie zu spät kommen.« Gaby hatte ihre eigene Logik. »Die werden schon gleich auftauchen. Trink einfach einen Kaffee. Bald geht's los.«

Um neun waren die Handwerker immer noch nicht da. Um halb zehn hatte ich immer noch niemanden in der Firma erreicht. Handynummern von den Arbeitern hatte ich natürlich nicht.

Um zehn Uhr klingelte es.

Ich war auf Krawall gebürstet und dazu bereit, die Handwerker zu verprügeln.

»Moin.« Vor mir standen zwei Männer im Blaumann. Endlich. Die anderen kamen wohl noch. Ich war so froh, dass ich sie hätte küssen können.

»Kommen Sie rein«, rief ich plötzlich ganz gut gelaunt. »Kein Problem, dass Sie zu spät sind, die Brötchen sind schon fertig!«

Die Männer sahen sich an, grinsten und betraten mit ihren verdreckten Schuhen meine Wohnung. Aber das war egal, die Böden mussten ja ohnehin renoviert werden.

Die beiden Männer aßen jeder zwei Mettbrötchen und tranken zwei Tassen Kaffee mit Milch und Zucker, dann stand der eine auf und sagte: »Dann geht's mal los.«

»Am besten, Sie fangen im Wohnzimmer an«, sagte ich freundlich. »Kommen Sie doch bitte mit.«

»Ne, ne«, meinte Handwerker Nummer zwei. »Wir müssen zu Frau Kottmann. Können Sie uns sagen, in welchem Stock die wohnt?«

»Zu Frau Kottmann?«

»Ja, da wird das Bad neu gemacht.« Handwerker eins.

»Danke für die Brötchen und den Kaffee.« Handwerker zwei. »Können wir die Zeitung mitnehmen? Ich bin noch nicht ganz durch. Könnte ich nachher beim Mittagmachen lesen.«

»Äh.« Mehr brachte ich nicht heraus. Nur noch: »Frau Kottmann wohnt im dritten Stock. Die rechte Wohnung.«

»Danke.« Die Männer tippten sich an ihre Kappen und verließen mich.

Ich war allein. So schrecklich allein. Und der Tag war noch jung. Es war gerade mal elf Uhr.

*

»Nein, ich habe mich nicht im Datum vertan.« Gaby war angesäuert. »Ich habe mir alles ganz genau aufgeschrieben. Ich bin doch nicht blöd.«

»Kein Mensch behauptet das. Aber komisch ist es schon.«

»Das ist immer so.«

»Na gut.« In diesem Moment klingelte es.

»Siehst du«, sagte Gaby vorwurfsvoll. »Das werden sie sein. Tschüss.«

»Tschüss.«

»Tag.« Der schon etwas ältere Mann schaute mich an. Er sah müde aus. »Ich bin der August.«

»Gott sei Dank!«, brüllte ich. Der August von der Firma August war da. Der Chef persönlich! Juhu!

Der August war angesichts meines Gefühlsausbruchs ein wenig erschrocken und wich einen Schritt zurück. Ich musste mich zusammenreißen, nichts wäre schlimmer, als wenn er jetzt wieder gehen würde.

Zum zweiten Mal an diesem Tag sagte ich: »Die Brötchen sind schon fertig«, und Augusts Augen begannen zu strahlen. Offenbar ist es für Handwerker überlebenswichtig, dass die Brötchen fertig sind. Wieder was dazugelernt.

Bedächtig folgte August mir in die Küche, kam meiner Aufforderung nach, sich zu setzen, und begann dann, eine Brötchenhälfte nach der anderen zu vertilgen. Ach, was rede ich, er verschlang sie, als hätte er tagelang nichts zu essen bekommen.

Sofort schwelgte ich in Vermutungen: War er einsam, hatte er keine Frau zu Hause, die auf ihn wartete, die ihm ein Frühstück, ein Mittag- oder ein Abendessen zubereitete, wenn der August fix und alle aus der Firma kam? War er eventuell geschieden und kam immer noch nicht mit der Mikrowelle klar?

Vielleicht hatte sie ihn wegen eines anderen verlassen, und er, der August, saß nun jeden Abend alleine vor dem Fernsehapparat, weil er niemanden hatte. Oder er sah sich alte Fotos an, aus Zeiten, in denen noch alles in Ordnung war. Ob seine Kinder sich von ihm abgewandt hatten, weil sie zur Mutter hielten, egal, was passiert war? Der arme, arme August.

Dann waren die Brötchen alle, und es war Viertel vor zwölf. August hätte wohl noch mehr essen können, aber ich wollte, dass er mit der Arbeit begann.

»Kommen Ihre Kollegen später?«, fragte ich, aber August schüttelte den Kopf.

»Kollege unterwegs«, meinte er. »Ich bin heute allein.«

»Aha.« Nun gut, die hatten sich ja wohl abgesprochen. Vielleicht musste der August allein anfangen, weil er eben immer allein anfing. Mir war alles recht, wenn er nur endlich mal anfangen würde.

»Dann kann es ja jetzt losgehen.« Ich stand auf und zog den August mit mir ins Wohnzimmer.

»Sie wissen ja am besten, was zu tun ist.«

Der August nickte unbeholfen und offenbar ein Stück weit ratlos.

Ich verließ das Wohnzimmer, um erst mal einen Kaffee zu trinken. Den hatte ich ja wohl verdient. Dann rief ich Gaby an.

»*Einer* ist gekommen.«

»Wusst ich's doch.«

»Aber die anderen fehlen noch.«

»Wenn erst mal einer da ist, kommen die anderen hinterher. Das ist *immer so*.«

»Was machst du?«

»Ich putze Glühbirnen mit Glasreiniger.«

★

Gegen eins wurde ich unruhig, weil aus dem Wohnzimmer nichts zu hören war. Ich hätte natürlich auch die Wohnung verlassen können, aber so gut kannte ich den August ja jetzt auch noch nicht. Außerdem heißt es ja: Vertrauen ist gut, aber Kontrolle ist besser.

Langsam schlich ich mich zur Wohnzimmertür und öffnete sie geräuschlos, was aber gar nicht nötig war.

Der August lag auf meinem Sofa und schlief sehr fest. Er hatte sich mit einer meiner Lieblingskuscheldecken zugedeckt, obwohl wir draußen schätzungsweise 28 Grad hatten, und sah sehr glücklich aus.

Ich war alles andere als glücklich. Natürlich habe ich Verständnis für Menschen, die Schlaf brauchen, aber bitte nicht auf meine Kosten.

Ich sah mich um und musste feststellen, dass August noch nicht einmal ansatzweise mit irgendwelchen Renovierungsarbeiten begonnen hatte, und dann wurde ich sauer.

Mit, wie ich hoffte, festen Schritten ging ich zum Sofa und weckte ihn mit kalten, unbarmherzigen Worten.

Der August schlug die Augen auf und fing an zu weinen.

*

Eine halbe Stunde später stand ich in der Küche und briet Gulasch an, das ich schnell vom Schlachter besorgt hatte. Der August hatte nämlich Hunger, schlimmen Hunger!

Der arme August! So ein schreckliches Leben, das dieser Mann führen musste. Wie ich schon geahnt hatte – seine Frau hat ihn verlassen, nun hat er einen Haufen

Schulden und weiß gar nicht mehr weiter. Seine Firma hat er aufgeben müssen, deswegen kam er auch alleine.

»Ich konnte die Löhne nicht mehr bezahlen«, hatte der August mir gequält und leidend offenbart. »Und jetzt bin ich allein auf weiter Flur.«

Auf weiter Flur – wie dramatisch sich das anhörte. Wie bei Bambi, als die Mutter von bösen Jägern erschossen wurde. Furchtbar!

»Das riecht aber gut«, sagt der August, und ich freute mich.

»In einer halben Stunde ist es fertig. Möchten Sie Klöße oder Kartoffeln dazu?«

»Ach, wenn Sie mich so fragen, am liebsten selbst gemachte Semmelknödel, und dazu einen Feldsalat mit Speckwürfeln.«

Gaby hätte selbstredend alles im Haus gehabt, ich natürlich nicht. Außerdem hatte ich Klöße noch nie selbst gemacht. Aber auch das würde ich hinbekommen. Der August, der arme gebeutelte Handwerker, er hatte es einfach verdient.

»Ich esse selten warm«, sagte er dann, und ich raste schuldbewusst aus der Wohnung, um eine Viertelstunde später mit sämtlichen benötigten Zutaten wiederzukommen. Der August sollte bei mir nicht leiden. Ihm sollte es so gutgehen wie schon lange nicht mehr!

Der August saß immer noch in der Küche, vor ihm stand eine bisher unangebrochene Cognacflasche, die jetzt geöffnet war. Ich hatte sie mal zu Weihnachten geschenkt bekommen und nie aufgemacht, weil, so hatte ich es gesagt bekommen, dies ein teurer Cognac für ganz besondere Gelegenheiten wäre. Also hat die Flasche ihr Dasein in meinem Küchenbuffet gefristet.

Jetzt war ihr großer Tag gekommen.

Der August aß drei Portionen Gulasch, sechs Knödel und dreihundert Gramm Feldsalat. Ich aß nichts, weil nichts mehr da und es sowieso viel zu heiß für Gulasch war. Aber ich freute mich, dass es ihm schmeckte.

Nachdem ich noch mal losgegangen war, um Mohn- und Käsekuchen zu besorgen (Der August sagte: »Jahrelang habe ich keinen solchen Kuchen nicht mehr gegessen, genau gesagt, nachdem meine Frau weg ist. Ach, wie sehr vermisse ich Mohn- und Käsekuchen!«), nachdem dieser gegessen und Kaffee (natürlich frisch gekochter) getrunken war, hielt ich es dann doch mal für angemessen, nach dem weiteren Tagesablauf zu fragen.

»Ach«, meinte der August. »Der Tag ist doch noch jung.«

Da hatte er Recht. Außerdem war es ganz schön warm. Wer konnte schon bei solch einem Wetter arbeiten? Zum Glück hatte ich mir frei genommen, ich hätte jetzt auch keinen klaren Gedanken fassen können.

Der August machte ein kleines Nickerchen, und ich rief Gaby an.

»Na, kommen sie voran?«, wollte Gaby wissen.

»Nicht wirklich, es ist ja so heiß. Außerdem ist es immer noch nur einer. Er schläft jetzt.«

»Das ist *immer so*«, sagte Gaby. »Handwerker schlafen gern.«

»Was machst du?«

»Ich sauge gerade den Kühlschrankboden ab.«

★

Der August wachte so gegen fünf Uhr nachmittags wieder auf. Ich hatte mir mittlerweile alle möglichen Erklärungen zurechtgelegt, warum er nicht arbeitete. Die Hitze. Der Alkohol. Eine Allergie gegen den Feldsalat und/oder die Speckwürfel. Kreislaufprobleme. Der Ärger mit der Frau. Zu viel/zu wenig Kuchen. Meine Wohnung gefällt ihm nicht. Er ist einsam ohne seine Kollegen und kommt damit nicht klar.

Andererseits: Der August wurde von mir bezahlt. Neuer Anruf bei Gaby: »Handwerker sind faul. Das ist *immer so*«, was mich auch nicht wirklich weiterbrachte.

Verdammt, meine Wohnung wartete darauf, grundsaniert zu werden, und der Handwerker pennte auf meinem Sofa.

Warum war ich keine knallharte Frau, der man gleich ansieht, dass sie zuschlägt, wenn ihr etwas nicht passt? Aber nein, ich hab sogar noch Ökofleisch gekauft, damit der August nicht noch vom Gammelfleisch krank wurde.

»Na«, machte der August, als er aufwachte.

»Na«, sagte ich hoffnungsfroh. Vielleicht arbeitete er lieber nachts. Kein Thema, ich nannte Silikon-Ohrstöpsel mein Eigen.

»Das hat gutgetan«, sagte der August.

»Das freut mich«, sagte ich lauernd. In meiner überbordenden Fantasie sah ich einen August vor mir, der Leitungen unter Putz verlegte oder Tapeten abriss, einen August, der Farbkleckse im Gesicht hatte, aber stolz war auf das, was er geleistet hatte.

»Kann ich mal baden? Ich hab lang nicht mehr gebadet«, sagte der August, und meine Fantasievorstellung fing ganz schnell zu bröckeln an.

Der August badete mit meinem besten Badeschaum, und ich rief Gaby nicht an, weil ich mir nicht anhören wollte, dass das mit den Handwerkern immer so ist.

Aus dieser Nummer musste ich allein rauskommen. Ich hatte genau eine Woche Urlaub, und in dieser Woche sollte alles über die Bühne gehen. Es war einfach ein mathematisches Gesetz, dass ich nächste Woche wieder in die Redaktion musste.

»Was halten Sie davon, jetzt einfach mal anzufangen?«, fragte ich den August freundlich, aber bestimmt.

Sofort fing er wieder an zu weinen. Seine Vergangenheit schien ihn arg mitzunehmen, bestimmt war alles in ihm hochgekocht, während er mir seinen Leidensweg geschildert hatte.

»Haben Sie einen Fernseher?«, fragte der August. Natürlich, ich hätte Nein sagen können, aber mein großer Flachbildfernseher, mein ganzer Stolz, stand abgedeckt im Wohnzimmer, und ein Blinder mit Krückstock hätte erkannt, dass das ein Fernseher war.

★

Nach *Explosiv*, *Exclusiv*, *Wer wird Millionär* und vor *Bauer sucht Frau* hatte der August wieder Hunger, und ich bereitete ihm ein schmackhaftes Abendbrot zu, das aus zweierlei Brotsorten, Butter, Aufschnitt, Käse, Gewürzgürkchen, Silberzwiebeln und Bier bestand. Und natürlich garnierte ich das Ganze mit Petersilie, denn das Auge isst ja auch mit, wie wir wissen.

Der August aß und aß und aß, trank Bier, rülpste, dann begann *Extra,* und dann meinte der August, er würde jetzt gehen.

»Aber morgen kommen Sie doch wieder?«, fragte ich panisch.

»Na klar«, sagte der August. »Hundertprozentig.«

Ich war erleichtert.

Morgen, morgen würde es endlich losgehen.

Ich rief Gaby nicht an, weil ich nicht hören wollte, dass es morgen eventuell nicht losgehen könnte, weil das *immer so* ist. Ich wollte auch nicht hören, dass sie die Metallscharniere an ihrem Klodeckel gerade einölte oder Gewürze alphabetisch sortierte. Ich wollte nur, dass der August wiederkam.

*

Pünktlich morgens um sieben Uhr stand der August auf der Matte. Er hatte Kaffeedurst, wie er mir versicherte, und auch nichts gegen Rührei mit Schinken.

Außerdem hatte er Wäsche mitgebracht.

»Ich komme damit nicht klar«, erklärte er mir. »Ich komme mit gar nichts mehr klar.«

Klar also, dass ich die Wäsche wusch. Immerhin besaß ich eine funktionstüchtige Waschmaschine und einen Trockner. Der arme August sollte nicht leben wie ein Hund.

Heute habe er Appetit auf eine leckere Gemüsesuppe, mit vielen frischen und leckeren Zutaten, ob ich das könnte?

»Aber ja.« Und er würde jetzt mit der Renovierung anfangen.

Ich ging einkaufen. Ich kam zurück und fand August in meinem Schlafzimmer auf dem Bett liegend.

»Das ist eine gute Matratze«, sagte der August leidend. »Ich habe schon lange nicht mehr so gut gelegen. Die war bestimmt teuer.«

»Ja, das war sie«, nickte ich verzweifelt und stellte die Plastiktüten mit Lauch, Erbsen, Broccoli, Blumenkohl und Bohnen ab.

Der August blieb einfach liegen und sagte nichts mehr. Er hatte die Augen geschlossen und schien zu dösen.

Ich rief Gaby an.

»Du bist zu nachsichtig«, war nun ihre Meinung. »Du musst lernen, dich durchzusetzen. Gib ihm einen Tritt in den Hintern und sag ihm, dass du schließlich und endlich seine hohe Rechnung bezahlen wirst.«

»Wie soll ich denn was in Rechnung stellen?«, fragte ich ganz durcheinander. »Hier ist doch noch gar nichts passiert.«

»Beschwer dich bei der Geschäftsführung.«

»Er ist ganz allein, er musste seine Mitarbeiter entlassen. Er hat Schulden wegen seiner Frau, das hat ihn arg mitgenommen nach der Trennung.«

»Oh«, machte Gaby. »Mist. Zu meiner Zeit waren da noch zehn Leute beschäftigt, wenn nicht noch mehr.«

»Was soll ich denn jetzt nur machen? Vielleicht ist das ja *immer so*?«

Gaby sagte gar nichts mehr.

*

Am Donnerstag war ich mit meinen Nerven am Ende.

Ich bin nett, wirklich, heute würde ich sagen, ich bin zu nett. Nicht umsonst sagt Gaby oft zu mir: »Du musst Grenzen setzen.«

Sie hat gut reden. Ihr passiert so etwas ja nicht. Nur mir. Immer und immer wieder nur mir.

Um es in Worte zu fassen: Es war immer noch nichts renoviert, es wurde bislang auch nicht einmal ansatzweise damit angefangen.

»Mir macht das nichts aus«, hatte August gesagt. »Ich bin Durcheinander gewöhnt.«

»Das glaube ich Ihnen«, antwortete ich ihm, während ich die Lieblingsspeise seiner Kindheit zubereitete, nämlich Kalbsmedaillons in einer Champignonrahmsoße mit Schwarzwurzeln und natürlich selbst gemachten Spätzle (ich hatte mir extra eine Spätzlepresse zugelegt).

Wenn das so weiterging, war ich bald eine richtig gute Köchin.

Wenigstens das.

»Es ist so gemütlich bei Ihnen«, meinte August später, nachdem er die dritte Portion vertilgt hatte und auf den obligatorischen Kaffee wartete.

»Und diese Matratze!«

»Hm.« Mir tat der Rücken weh, denn August hatte mich gefragt, ob er in meinem Bett schlafen dürfe; er habe schon so lange nicht mehr richtig gut geschlafen, weil seine eigene Matratze so durchgelegen sei, eine wahre Katastrophe.

Ich wiederum übernachtete auf meinem Sofa, das zwar für ein Mittagsschläfchen sehr bequem ist, sich aber nicht für acht Stunden Nachtschlaf eignete.

Ich war am Ende mit meinem Latein, als es an der Tür klingelte.

Es war Gaby. Ich hätte sie küssen können.

Ich küsste sie.

»Was ist denn hier eigentlich los?«, wurde ich gefragt, nachdem Gaby mit mir in die Küche gekommen war und August vorfand, der sich schon wieder an der Cognacflasche zu schaffen machte.

»Moin«, sagte der August und tippte sich an seine nicht vorhandene Mütze, während er sich eingoss.

»Das ist doch dieser teure Cognac«, stellte Gaby fest, und ich wurde rot, während ich nickte.

»Das ist wohl *immer so*, dass Handwerker Cognac trinken«, rechtfertigte ich mich mit ihren Worten, in der Hoffnung, Recht zu haben.

»Wer sagt das?«, fragte Gaby böse und sah den August mit zusammengekniffenen Augen an. »Jetzt mal bitte der Reihe nach.«

»Ich hab nix gemacht«, sagte der August und hob beide Hände.

»Das allerdings stimmt«, lachte ich hysterisch.

»Aber gut gegessen hat er«, informierte ich Gaby nicht ohne Stolz. »Wenn du willst, kann ich dir was in Tupper …«

Gaby hob abwehrend beide Hände. Dann sagte sie zu August: »Dich kenn ich doch.«

Der August wurde knallrot. »Nö, glaub nicht«, lautete seine etwas zerknirschte und auch unsichere Antwort.

Ich wiederum war gespannt wie ein Flitzebogen. Woher kannte der August und Gaby sich? Na ja, es könnte ja sein, dass er bei ihr renoviert hatte. Ich konnte mir das zwar nicht vorstellen, aber immerhin wäre es möglich.

Gabys Gesicht war jetzt direkt vor Augusts.

»Du bist nicht von der Firma August«, sagte Gaby böse.

»Hab ich auch nie behauptet«, sagte der August.

»Ja, aber, woher kommt er denn dann und wer ist er?« Wen hatte ich im guten Glauben daran, er wäre ein armer Handwerker, der von seiner Frau über den Tisch gezogen wurde, tagelang verköstigt und sogar bei mir übernachten lassen? Vom Wäschewaschen und dem mentalen Beistand mal ganz zu schweigen.

»Du sitzt doch immer an der Hoheluftbrücke.« Gaby war nun sehr sauer. »Stimmt's oder hab ich Recht?«

»Äh«, machte der August schuldbewusst.

»Das kann ja wohl nicht wahr sein.« Das galt mir. »Kannst du mir bitte erklären, wie es dazu gekommen ist? Du hast einen Obdachlosen beherbergt.«

»Nein, das ist auch nicht wahr«, versuchte ich mich zu verteidigen. »Der August hat gesagt, er kommt von der Firma August.«

»Hab ich nie gesagt«, sagte der August. »Ich hab hier nur geklingelt, um zu fragen, ob sie 'nen Euro hat oder so.«

»Dann bin ich eben im Glauben an das Gute im Menschen davon ausgegangen.« Mir war das alles so peinlich, ich wäre am liebsten im Erdboden versunken.

»Es wäre alles anders gekommen, wenn die richtige Firma August am Montag auch aufgetaucht wäre«, sagte ich zu Gaby.

»Genau«, meinte der August. »Ich hab nix gemacht.«

»Das hat ja auch keiner gesagt«, beruhigte ich ihn, obwohl er mich ja sozusagen reingelegt hatte. Vortäuschung falscher Tatsachen nennt man das wohl.

»Hast du bei der Firma angerufen?«, wollte Gaby wissen.

»Natürlich. Gleich am Montag, als die Männer nicht kamen. Ich habe meine Nummer auf den Anrufbeantworter gesprochen.«

»Und?«

»Nichts und. Keiner hat zurückgerufen, und du selbst hast doch dauernd gesagt, dass das immer so ist mit den Handwerkern.«

»Aber so doch nicht!«, rief Gaby aufgebracht.

»Gibt's denn gleich Kaffee?«, fragte der August, der sich nun wieder auf die wesentlichen Dinge des Lebens konzentrierte.

»Gleich. Hör mal, Gaby, versetz dich doch bitte mal in meine Lage. Ich …«

»Entschuldige bitte, keiner, den ich kenne, ist so blöd.«

»Aber du selbst …«

»Ich kannte ja das ganze Ausmaß nicht.«

»Die Matratze ist wirklich gut«, sagte der August. »Ist Gold für meinen Rücken.«

»Du hast ihn also auch noch bei dir schlafen lassen?«

»Äh …«

In diesem Moment klingelte das Telefon.

»Kind«, sagte meine Mutter. »Gerade komme ich von meinem Wellness-Trip aus Travemünde zurück, und was höre ich da auf dem Anrufbeantworter? Du willst, dass ich mit Männern komme und bei dir renoviere? Was hat das zu bedeuten?«

Ich schloss die Augen. Warum hatte ich versehentlich meine Mutter angerufen?

»Das war ein Missverständnis«, sagte ich lahm und bereute es, auf der Welt zu sein.

»Das glaube ich allerdings auch. Du, es war so schön. Wir sind jeden Tag mit der Fähre rüber auf den Priwall gefahren und haben gebadet. Meiner Haut tut das Salzwasser so gut. Margarethe hat gesagt, das müssen wir jetzt öfter machen. Wir haben ja Zeit. Und wenn die Männer hier mit der Renovierung fertig sind, dann schicke ich sie zu dir. Ich hab das alles extra zeitlich so gelegt, dass ich nicht zu Hause bin.«

»Welche Männer?«

»Na, die Firma August. Die machen bei mir die Böden, und gestrichen werden muss auch. Dann noch dies und das, du kennst das ja. Eigentlich wollten sie erst nächste Woche Montag kommen, aber dann standen sie doch schon an diesem Montag auf der Matte. Auch gut, ich wollte gerade fahren. Der Herr Kaiser von gegenüber hat alles beaufsichtigt, und jetzt sind sie fast fertig. Toll, was? Deswegen war ich ein bisschen irritiert, als du was von Handwerkern und Renovierung gefaselt hast. Du hast sehr durcheinander gewirkt. Also ehrlich, die Luft da oben an der Ostsee ist herrlich! Da können wir auch mal zusammen hinfahren und …«

»Ja, Mutti. Ich melde mich später.«

Ich legte langsam auf. Glasklar. Meine Mutter und ich hatten a) denselben Nachnamen und b) hatte die Firma August wohl unsere Adressen verwechselt und c) war es eine Ironie des Schicksals, dass meine Mutter sie zur selben Zeit wie ich mit ihrer Renovierung beauftragt hatte. Plötzlich bereute ich es, dass ich meine Mutter nicht so oft anrief. Dann hätte sie mir das erzählen können, und das wäre alles nicht passiert.

So aber stand ich hier in einer unrenovierten Wohnung mit einer Freundin, die mich für bekloppt hielt, und einem Obdachlosen, der Kaffee wollte.

Gut. Alles der Reihe nach. Es musste ja niemand außer Gaby wissen.

Jetzt würde ich erst Kaffee kochen und dann den August irgendwie herauskomplimentieren, und dann würde ich bei der Firma August anrufen, um einen neuen Termin zu vereinbaren.

Es klingelte wieder an der Tür.

Da standen zwei Männer.

»Ich bin der Max«, sagte der eine.

»Ich bin der Ferdinand«, sagte der andere.

In ihren Händen hielten sie Plastiktüten mit Schmutzwäsche.

Ich schloss kurz die Augen.

»Der August hat gesagt, morgen würde es Rinderbraten mit Nudeln und Gurkensalat geben«, sagte der Max.

»Und Ihre Matratze soll so gut sein«, kam es vom Ferdinand.

Ich ließ sie reinkommen.

Ich hatte resigniert.

Vielleicht war das ja *immer so*.

Ich würde es herausfinden.

Aber zuerst musste ich Kaffee kochen.

Die Autorinnen

Susanne Becker

Susanne Becker, 1974 in Landshut geboren, studierte Germanistik und Kommunikationswissenschaft. Sie lebt in München und arbeitet als Requisiteurin für Film und Fernsehen. Im Diana Verlag erschien 2010 ihr erster Roman *Dann gute Nacht, Marie*.

Rebecca Fischer

Hinter dem Pseudonym Rebecca Fischer verbirgt sich die erfolgreiche Autorin Gabriella Engelmann. Die gebürtige Münchnerin lebt heute als freie Autorin in Hamburg, schreibt Romane, Kinder- und Jugendbücher und arbeitet als Literaturscout für Agenturen. 2011 erscheint ihr neuer Roman *Nur lieben ist schöner* im Diana Verlag. Weitere Infos zur Autorin: www.gabriella-engelmann.de

Stefanie Gerstenberger

1965 in Osnabrück geboren, studierte Deutsch und Sport, bis sie erkannte, dass sie keine Lehrerin werden wollte. Nach einem Wechsel in das Hotelfach lebte und arbeitete sie auf Elba und Sizilien, in der Karibik und in San Francisco. Während der folgenden Jahre als Requisiteurin für Film und Fernsehen musste sie viele Drehbücher lesen und begann selbst zu schreiben. Ihre beiden erfolgreichen Romane *Das Limonenhaus* (2009) und *Magdalenas Garten* (2010) sind im Diana Verlag erschienen. Heute lebt Stefanie Gerstenberger mit ihrer Familie in Köln.

Anette Göttlicher

Anette Göttlicher, 1975 in München geboren, ist Journalistin, Autorin, Schreibcoach und Fotografin. Bekannt wurde sie mit den Büchern um Paul und Marie, der fünfte Band *Mensch, Paul!* erscheint im Sommer 2011. Sie lebt mit ihrer Familie in München. Mehr unter: www.anette-goettlicher.de und www.goettlicherschreiben.de

Manuela Golz

Manuela Golz wurde 1965 in Berlin geboren. Sie studierte Germanistik, Erziehungswissenschaften und Psychologie. Mit *Ferien bei den Hottentotten* schrieb sie ihren ersten Roman, der auf Anhieb ein Bestseller wurde. 2009 erschien mit *Gemeinsam sind wir unausstehlich* ihr vierter Roman. Sie lebt mit ihrem Mann in Berlin.

Bettina Haskamp

Bettina Haskamp arbeitete als Journalistin für den NDR und Radio Bremen, bereiste drei Jahre lang mit einem Segelboot die Welt und begann danach zu schreiben. Bekannt wurde sie durch die beiden Romane *Alles wegen Werner* und *Hart aber Hilde*. Bettina Haskamp lebt in Hamburg und Portugal.

Birgit Hasselbusch

Birgit Hasselbusch, geboren 1969, hat mehrere Jahre in Frankreich gelebt und dort beim Radio und Fernsehen gearbeitet. Seit vielen Jahren moderiert sie beim NDR und ist – als ehemalige Handball-Jugendmeisterin – auch als Sportreporterin unterwegs. Daneben schreibt sie Kinderbücher und witzige Zeitschriftenkolumnen. Mit ihrem Mann und den beiden Kindern lebt sie in Hamburg. Mehr unter: www.birgit-hasselbusch.de

Regina Kramer

Regina Kramer ist in Düsseldorf geboren, hat in Heidelberg studiert und ihr Übersetzer-Diplom ganz allein und ordentlich mit Fußnoten versehen gemacht. Wollte dann lieber journalistisch arbeiten, mal frei, mal fest, zuerst in München, dann in Berlin. Ist seit gefühlten hundert Jahren BRIGITTE-Autorin. Und wenn es ausnahmsweise nichts zu sagen gibt, fotografiert sie.

Hera Lind

Hera Lind studierte Germanistik, Musik und Theologie und war Sängerin, bevor sie mit ihren zahlreichen Romanen von *Das Superweib* bis *Die Champagner-Diät* sensationellen Erfolg hatte. Auch mit ihren Tatsachenromanen *Der Mann, der wirklich liebte* und *Himmel und Hölle* eroberte sie wieder die SPIEGEL-Bestsellerliste. Ihr neuester Roman *Der Überraschungsmann* erscheint ebenfalls im Diana Verlag. Hera Lind lebt mit ihrer Familie in Salzburg. Mehr unter: www.heralind.com

Kate Morton

Kate Morton wuchs im Südosten von Queensland, Australien, auf und studierte Theaterwissenschaften und Englische Literatur. Ihr Debütroman *Das geheime Spiel* (Diana Verlag 2007) eroberte weltweit ein Millionenpublikum, ebenso wie ihr zweiter Roman *Der verborgene Garten* (Diana Verlag 2010), der monatelang unter den Top 5 der SPIEGEL-Bestsellerliste stand, gefolgt von *Die fernen Stunden* (Diana Verlag 2011). Kate Morton lebt mit ihrem Mann und ihren beiden Söhnen in Brisbane.

Vera Sandberg

Vera Sandberg, geboren 1952 in Berlin, absolvierte ihr Journalistik-Studium in Leipzig und war zwölf Jahre lang Redakteurin einer Tageszeitung in Ost-Berlin. Im Juni 1989 wurde ihr die Ausreise bewilligt, seit 1990 ist sie Autorin bei BRIGITTE und hat mehrere Bücher geschrieben, zuletzt *Frauen nach der Paarungszeit* (Diana Verlag 2010). Vera Sandberg ist Mutter von zwei inzwischen erwachsenen Kindern und lebt seit 2000 bei Berlin.

Barbara Schaefer

Barbara Schaefer, geboren 1961 in Heidenheim, lebt in Berlin und bereist die Welt. Sie studierte nach der Redakteursausbildung Theaterwissenschaft und Germanistik in München, Bologna und Perugia. Die freie Autorin schreibt seit vielen Jahren Reisegeschichten und Reportagen unter anderem für BRIGITTE, die *Frankfurter Allgemeine Sonntagszeitung,* die *Süddeutsche Zeitung* und die *taz*. Im Diana Verlag erschien zuletzt *Das Mädchen, das gehen wollte.*

Claudia Toman

Claudia Toman, geboren 1978 in Wien, arbeitete als Inspizientin, Regieassistentin, Regisseurin und Librettistin in Wien, Tokio und Tel Aviv. Sie publizierte Kurzgeschichten und Lyrik in verschiedenen Anthologien, bevor sie sich mit *Hexendreimaldrei* und *Jagdzeit* dem Romanschreiben zuwandte. In ihrem dritten Roman *Goldprinz* erzählt sie mehr über ihre Heldin Olivia und deren Begegnungen mit dem Magischen. Weitere Infos und Kontakt zur Autorin: claudiatoman.blogspot.com

Steffi von Wolff

Steffi von Wolff, geboren 1966, arbeitet als Redakteurin, Moderatorin, Sprecherin, freie Autorin und schreibt auch Comedy. Sie hat zahlreiche erfolgreiche Romane veröffentlicht, zuletzt erschien 2010 *Saugfest*. Steffi von Wolff wuchs in Hessen auf und lebt mit ihrer Familie in Hamburg.

Die Herausgeberin

Uta Rupprecht studierte in München Germanistik und übersetzte einige Jahre lang Literatur aus dem Englischen. Von 1996 bis 2009 war sie Verlagslektorin in München und Berlin. Sie lebt als Übersetzerin und freiberufliche Lektorin in München.